Wolfgang Fendt

Maskenspiel und Straßenstaub

Impressum

Autor: Wolfgang Fendt

Verlag: BAUER-VERLAG, Gennachstraße 1, 87677 Thalhofen
www.bauer-verlag.de

ISBN: 978-3-95551-068-8

Maskenspiel und Straßenstaub

Ein autobiographischer Roman

über fünfzehn Jahre Leben mit der Straßenkunst

Vorwort

Manchmal fragen mich Leute, ob ich wirklich mehr erlebe als die meisten Menschen. Wenn ich genügend Zeit habe und der Zuhörer interessiert genug ist, gebe ich eine zweiteilige Antwort:

Ich glaube nicht, dass ich mehr erlebe als andere. Aber ich glaube, im Detail sehr schnell das Große, das Ungewöhnliche zu entdecken. Diesen Details gebe ich Raum in diesem Buch. Sie sind aber das kleine Fenster zu einer riesigen versteckten Welt. Sie rühren uns an, machen uns stutzig, erheitern uns, beklemmen uns. Was im Großen passiert, geschieht genauso im Kleinen. Deshalb schenke ich dem Unscheinbaren meine Beachtung. Deshalb erlebe ich so viel.

Da denke ich an das „Mädchen in Opatija". Ich hätte das Mädchen mit einer unwirschen Handbewegung wegschicken und vergessen können. Es ist nicht viel passiert. Aber für mich bleibt das Mädchen ein Leben lang unvergessen. Der Blick eines Menschen, ein „Augenblick", öffnet ein Stück weit seine bisher unerforschbare Seele. Alles, was mir bisher rätselhaft erschien, liegt wie ein weites Land vor mir. So blieb auch der Blick des Mädchens in meinen Augen stehen. Es weiß nicht, dass es einen eigenen Raum in mir, in meinem Leben hat. In solchen Momenten spüre ich keine Schwerkraft, fühle mich körperlos. Wie sich die „Frau mit der Rose" abdreht, wie ein Kind nach dem Münzeinwurf zur Mutter hüpft... Manche Musiker erklären, dass ein paar Mal im Leben in einem Konzert ein Zustand des Absoluten erreicht wird. Da hört der Atem auf, das Herz setzt drei Schläge aus. Dafür lohnt es zu leben. Solche Momente erlebte ich immer wieder in einfachen Szenen auf der Straße. Lasst mich davon erzählen.

Aber, und das ist der zweite Teil der Antwort, vielleicht erlebe ich wirklich ziemlich viel, da ich mir kleine Verrücktheiten erlaube, vorausgesetzt, sie sind nicht gefährlich und tun niemandem weh. Dann betrete ich die Welt des Nicht-Alltäglichen, in der Verblüffendes passiert. Ich denke dabei an meine Reise nach Wien oder an den Auftritt im Gärtnerplatztheater. Ich gesellte mich zu den Menschen auf der Straße. Ich atmete den Straßenstaub. Ich wirbelte ihn auch auf. Das war die größte Verrücktheit meines Lebens.

Karl Valentin sagte einmal: „Alles im Leben hat drei Seiten, eine positive, eine negative und eine komische." Was durchaus nicht komisch wirkt, hat trotzdem etwas Komisches an sich. In vielen, vielleicht sogar langweiligen Alltagssituationen steckt zuweilen das Kuriose. Ich werde da oft schnell fündig. Wenn Sie das Komische in unerfreulichen Ereignissen entdecken, wird Ihnen sofort leichter. Natürlich funktioniert das nur bis zu einem gewissen Grade. Aber man kommt dabei doch etwas leichter durchs Leben.

Alles, was ich in diesem Buch schreibe, habe ich erlebt. Viele Aussagen zitiere ich fast wortwörtlich, da ich mir nach jedem Auftritt Notizen machte, ohne je daran zu denken, dass sie einmal Grundlage eines Buches werden könnten.

Ich trete in Maske vor den Menschen auf – und diese lassen die Masken fallen. Sie wollen es nicht, es passiert ihnen. Warum? Weil ich ihnen eine nicht-alltägliche Situation anbiete. Damit reagieren die Menschen anders als in der eingeübten Routine. Deshalb sind viele Geschichten so wunderlich, manchmal kaum glaubhaft. Die Menschen öffnen den Türspalt zu ihren sorgsam gehüteten Geheimnissen, nur für einen Moment. Aber das reicht. So liefern sie mir Details zur Erklärung menschlicher Eigentümlichkeiten, den Stoff für mein Buch.

Der Kontext meiner Geschichten ist literarisch ausgebaut, hat aber wahre Hintergründe. Er ist das Wasser. Darauf schwimmen meine Geschichten wie Leuchtkerzen, fröhlich flackernd, still leuchtend, scharf brutzelnd. Orte, Schauplätze und Namen habe ich dann geändert, wenn es zum Schutze von Einrichtungen oder Personen nötig war. In diesem autobiografischen Buch trete ich nicht mit meinem Namen auf. Die längeren Geschichten, die ich erzähle, sind nicht in Anführungszeichen gesetzt.

Ich danke all den Menschen, die meine Kulisse bildeten. Sie sind die eigentlichen Schöpfer dieses Buches.

Wolfgang Fendt

„Soso, Überraschung, da bin ich mal gespannt", denkt sich Katharina. „Dann wird Herbert wohl jetzt endlich die Katze aus dem Sack lassen."

Diesen Gefallen tut ihr Herbert nicht. Er liebt Überraschungen. Deshalb bekommt mit der Ausschreibung niemand einen Wochenplan zugeschickt. Er begnügt sich, wie diesmal, mit allgemeinen Hinweisen: „Wir werden wieder wandern, das Allgäu näher kennenlernen, aber auch genügend Zeit zum Entspannen haben." Herbert liebt es, Unternehmungen erst einen Tag vorher anzusagen. So kennen ihn alle. Man hat sich daran gewöhnt.

Herbert macht es spannend. Er beginnt, langsam und getragen, ganz anders: „Vor über hundert Jahren lebte ein Mann namens Schül Massnee. Und weil der ein Franzose war, schreibt man ihn Jules Massenet..."

„Wer kennt nicht Schül Massnee!", wirft Heiner ein, ohne die Augen zu öffnen.

Heiner ist einer von fünfzehn Teilnehmern, Künstler sind's, genauer gesagt Maler, die sich im Turnus von zwei Jahren im Sommer zu einer gemeinsamen Freizeit treffen. So viel wie heuer waren es noch nie. Sie liegen am Osthang des Ofterschwanger Horns auf einer Almwiese direkt unterhalb der „Hörneralp". Die meisten haben die Augen geschlossen und hören auf Herbert. Das Bergpanorama sehen sie nicht. Sie spüren, wo sie sich befinden.

Alle genießen die absolute Stille hier auf dem Bergrücken. Geräusche der Natur stören diese Stille in keiner Weise. Zu den Naturgeräuschen zählt auch das Geläut der Kuhglocken, zumindest hier im Allgäu. Ein hauchendes Rauschen aus dem nahen Wäldchen, das dauernde Zirpen der Grillen hört man nicht bewusst. Das zählt zur Allgäuer Atmosphäre. Manchmal zieht ein surrendes Insekt Kreise über dem Kopf eines Teilnehmers, um dann rasch weiterzufliegen. Aber es ist still.

„Er schrieb viele Opern, achtundzwanzig, um genau zu sein. Er war zu seinen Lebzeiten wahrscheinlich bekannter als heute, denn fast alle Opern werden kaum mehr aufgeführt. Eine davon heißt ‚Thaïs'. Die Handlung ist bewegend und interessant:

Ein Mönch will eine Frau, die ein recht liederliches Leben führt, bekehren. Es gelingt ihm tatsächlich. Die Frau heißt Thaïs. Thaïs geht ins Kloster, aber der Mönch entdeckt sich als Mann. Durch Thaïs erlebt er die Liebe als die größte Gabe Gottes. So kann's gehen. Er träumt, sie läge im Sterben. Er besucht sie in ihrem Kloster und muss mit ansehen, wie sie von Gott ins ewige Leben gerufen wird. Der Mönch bricht zusammen.

In dieser fast nie aufgeführten Oper gibt es ein Stück, das zu den schönsten Violinstücken gehört, die je geschrieben wurden. Es heißt ‚Meditation' – sprechen wir es in der Sprache Massenets aus: ‚Meditasioo'."

Nun liegen zwölf Frauen und drei Männer auf der Bergwiese, entspannt wartend, was wohl folgen würde. Herbert setzt den kleinen Recorder auf der Fensterbank der Alp in Gang. Ansatzlos setzt sie ein, die Violine. Zusammen mit dem leisen Wind streichen die zarten Töne über die Gruppe hinweg. Ein oft von Celli dominiertes Orchester liefert den Grundton und die Solovioline zieht einen unendlich feinen Melodiefaden darüber. Er droht, sich im Pianissimo ganz aufzulösen, um sich dann wieder neu zu entwickeln. Die Harfe haucht den abschließenden Akkord und das Pianissimo der Violine verschmilzt mit der Stille. Meditasioo. Da vergisst man zu atmen.

Erst nach geraumer Zeit setzt einer nach dem anderen nach einem tiefen Seufzer mit der regelmäßigen Atmung wieder ein. Alle fühlen sich aber so entspannt und schwer, dass sie liegen bleiben. Alle. Würde einer jetzt aufspringen, bekäme er Kreislaufschwierigkeiten.

Sicherlich will sie Herbert nur einstimmen, um seiner Nachricht entsprechende Tiefe und Würde zu verleihen. Er habe eine besondere Überraschung, sagte er schon dauernd. Auch in der Ausschreibung formulierte er geheimnisvoll: „Diesmal haben wir einen Gast bei uns, der... nein, ich will nichts verraten. Ihr werdet aber staunen. Nehmt einfach teil an unserer diesjährigen Freizeit im Allgäu."

Vielleicht hat das Geheimnis dieser Einladung so viele ins Allgäu gelockt.

Ich bin also dieser Herbert, Herbert Wassermann. Herbert gefällt mir nicht besonders. Ich heiße so wie mein Vater. Was meine Eltern damals geritten hat, als sie mir den Namen meines Vaters gaben, weiß ich auch nicht. In der Generation meines Vaters hießen einige Herbert. In seiner Klasse gab es drei Wolfgang und drei Peter. Der Rest hieß eben

Robert oder Herbert, Helmut, Gerhard, Werner, Walter, Hermann, Karl oder Kurt, Jürgen, Günther oder Heinz und ich habe eine Generation später, in der die meisten Stefan, Thomas oder Markus heißen, noch so einen dieser altmodischen Namen bekommen. Ich glaube, mein Vater würde mich jetzt nicht mehr Herbert nennen. Ohne dass ich es ihm je mitgeteilt habe, weiß er, dass ich mit dem Namen nicht besonders glücklich bin, dabei meine ich nicht die ständigen Erklärungen, dass ich Herbert Wassermann Junior und nicht Senior sei. Wassermann gibt es in unserer Gegend relativ viele, mehr als anderswo, glaube ich zumindest. Ich stamme nämlich aus dem Allgäu, aus einem Dorf bei Memmingen. Da geht es mit dem Allgäu so langsam los, mit den Wiesen und Kühen und so. Und da gibt es den Namen Wassermann recht häufig.

Ich zeige Ihnen meine Visitenkarte.

Dr. Herbert Wassermann
Akademie der Bildenden Künste, Stuttgart ...

Neben meiner beruflichen Arbeit an der Akademie habe ich einen großen Kreis von Künstlern um mich versammelt, Maler aus der Stuttgarter Gegend. Zumeist sind sie als fortgeschrittene Autodidakten zu mir gestoßen. Alle vierzehn Tage treffen wir uns und malen, und ich bin ihr ständiger Berater.

Und warum sind wir hier in den Bergen, fragen Sie? Ganz einfach. Ich organisiere alle zwei Jahre eine gemeinsame Fahrt. Ach, wo wir schon überall waren. Zwischen Jütland und der Toskana, dann können Sie sich vorstellen, dass wir auch ein unternehmungslustiges Völkchen sind. Von wegen nur im Häusle hocka oder im Gärtle hacka. Sie mit ihren Vorurteilen stellen sich das so vor. Gemalt wird in unseren Freizeiten kaum. Bitte, wer einen Malblock mitnehmen will, der kann es tun. Aber es gibt dort keinen Unterricht. Augenblick, später erzähle ich weiter. Ich werde die Leute langsam wieder aus ihrer Traumwelt erwecken.

„Sooo, wir liegen hier auf einer Bergwiese. Hört ihr das Zirpen der Grillen, die Kuhglocken? Langsam strecken wir uns."

Die Teilnehmer öffnen die Augen, kippen die Pupillen nach oben, massieren mit beiden Händen das Gesicht, strecken sich mehr oder weniger geräuschvoll und richten sich langsam auf. Wo bin ich eigentlich, denkt mancher.

Endlich sitzen alle, bis auf eine.

„Stupft mal dort vorne Katharina. Sie hört mich wohl nicht."

„Die schläft", antwortet leise ihre Nachbarin.

„Ausgerechnet unsere Musiklehrerin. Leider musst du sie aufwecken, weil ich etwas erklären will."

Aha, endlich. Er hat uns mit dem Geheimnis schon zu lange hingehalten.

„Schaut euch um. Ich will euch genauer erklären, wo wir uns befinden. Wir werden jetzt eine Woche lang hier sein. Da sollt ihr euch in diesem Gebiet auskennen..." Das Geheimnis, das Geheimnis... wann gibt er es endlich preis? Aber er führt aus: „Tief unter uns liegt eine Stadt. Das ist..." „Sonthofen", ruft Heiner dazwischen, obwohl es letztlich alle wissen.

„Und in dem Tal seht ihr zwischendurch etwas glitzern. Das ist die Iller. Sie hat drei Quellflüsse. Die Breitach, die Trettach und die Stillach. Ein Teil der Breitach bietet eines der aufregendsten Naturschauspiele Deutschlands, die Breitachklamm. Die Breitach hat sich im Laufe der Evolution eine enge, fast hundert Meter tiefe Schlucht gegraben. Da bekommt man Ehrfurcht vor der Schöpfung. Du fühlst dich zusammen mit einem tosenden Wasser eingeklemmt im Bauch der Erde. Die Felsen links und rechts berühren sich fast. Die Breitach vereinigt sich bei Oberstdorf mit Stillach und Trettach zur Iller. Oberstdorf sieht man von hier aus nicht. Es liegt hinter dem Bergrücken im Tal. Nach etwa 150 Kilometern fließt die Iller bei Ulm in die Donau. Damit es nicht zu viel wird, erkläre ich euch die Berge ein andermal."

Dann steigt die Gruppe nach oben zur Hütte zurück.

Die Hütte ist schon eher ein Haus. Sie wird bewirtschaftet vom Ehepaar Gantner, von Kathrin und Philipp Gantner. Philipp, der Betriebswirtschaft studiert hat, ist der Verwalter und Kathrin die Seele des Hauses. Man spürt ihre Handschrift überall, vom kleinen Vorgarten am Eingang, über die vielen kleinen Bildchen an der Wand, die sie teilweise selbst gemalt hat, bis hin zur vorzüglichen Allgäuer Küche.

„Hereinspaziert", ruft Kathrin über den Abhang, „der Gast ist schon da."

„Welcher Gast? Ach so, die Überraschung!", entfährt es Edith.

Edith ist seit etwa zehn Jahren in der Gruppe und ist Malerin aus Leidenschaft wie eigentlich alle anderen auch. Die Gruppe ist aus sehr unterschiedlichen, sehr markanten Persönlichkeiten zusammengesetzt. Sie harmonieren aber hervorragend. Stelle ich gleich mal Edith vor. Sie gehörte der Generation der „Emanzen" an. Sie wissen schon, die Frauen, die sich den Weltfrieden nur in einem Matriarchat vorstellen konnten, wo nur ein paar Männer der Fortpflanzung wegen „gehalten" werden sollen, wo Gott keinen Sohn, sondern eine Tochter hat... Heiner, der Edith schon aus Jugendzeiten kennt, tut das fast leid, dass sie immer gemäßigter wurde und jetzt ein anderes Weltbild hat, denn ihm machte es immer Spaß, Kontra zu geben und er erzählte ihr genüsslich von den Zickenkriegen seiner Sekretärinnen. Einmal legte er Edith einen Zeitungsausschnitt vor, in dem belegt wird, dass es Mobbing unter Frauen häufiger gibt als unter Männern. Von wegen, Frauen das ausgleichende Geschlecht... Aber diese Zeiten sind vorbei. Heute schreibt Edith Gedichte, sehr schöne und geistreiche übrigens. Sie stammt aus Papenburg nahe der holländischen Grenze, kam aber noch während der Schulzeit mit ihren Eltern nach Stuttgart. Sie gehört zu denen, die zu ihrem Vornamen irgendwann einmal abgekürzt den Zweitnamen hinzufügten. Das hebt ein bisschen von der Gewöhnlichkeit ab. Auf manche Menschen soll das gar wie ein kleiner Doktortitel wirken. Auf ihrem Visitenkärtchen steht jedenfalls Edith R. Schön.

„Edith R. Schön" sieht durch die offene Tür des Speiseraumes einen Mann bei Philipp Gantner stehen, der altersmäßig etwa in ihre Gruppe passen könnte. Könnte ein Künstler sein.

Nach und nach treffen die anderen in der Hütte ein, auch Herbert. Er fasst den Besuch an beiden Schultern.

„Grüß dich, Michael, altes Haus, schön, dass du da bist."

„Hallo Herbert, wie geht es dir?" Die zwei scheinen sich näher zu kennen. „Ich zeige dir dein Zimmer und komm' dann runter, es gibt eh gleich das Abendessen."

Kurze Zeit später treffen sich alle im Speiseraum. Gleich neben dem Schankfenster, der Durchreiche zwischen Küche und Speiseraum sitzen Herbert und Michael – und Hilde.

In jeder Gruppe gibt es jemanden, der den Ton angibt. Er sammelt Geld ein, hat im Bus am Mikrophon etwas zu sagen, organisiert einen Abschlussabend. Das ist in dieser Gruppe Hilde. Sie bemerkt alles, kommentiert alles, weiß alles, kann alles, kennt jeden. Hilde ist die

Hurtige, die Frohsinn versprühende. Letztlich ist sie sehr beliebt, denn sie packt auch an. Sie ist hilfsbereit und umtriebig.

Hilde ist auch stets schön anzuschauen. Sie trägt fast nur Kleider, selbst bei Wanderungen im Gebirge. Im Sommer sind es bunt geblümte Stoffe. Ihre Bewegungen sind fröhlich und spontan, manche auch eingeübt. Zum Beispiel kreuzt sie gerne die Arme, hakt die Hände an den Schultern ein, schaut zum Himmel empor und dreht sich glücklich im Kreise. Wenn sie dabei singt, was sie hin und wieder tut, erscheint sie wie ein aufgezogener Singkreisel (Kinderspielzeug aus der ersten Hälfte des 20. Jahrhunderts). Der Rock dreht sich einem bunten Kettenkarussell gleich. Alles ist ein bisschen Theater. Wie leicht und schön ist das Leben, wenn Hilde dabei ist.

Jedenfalls sitzt Hilde bei Herbert und Michael.

Die anderen verteilen sich gleichmäßig auf die Tische. Die drei Männer – so viele waren noch nie dabei – bilden einen eigenen Tisch.

Das sind Heiner, Roman und Gisbert, auch völlig unterschiedliche Charaktere.

Heiner ist Architekt und ein hervorragender Zeichner. Er ist einundfünfzig Jahre alt, schlank, immer picobello gekleidet. Die blonden kurzen Haare werden über der Stirn allmählich lichter. Er bevorzugt helle Hosen und himmelblaue Hemden, bei denen er die Ärmel stets einen Schlag nach oben stülpt. Er trägt die oberen Knöpfe offen, was den Blick auf Teile der Brust und das Goldkettchen freigibt. So kennt man Heiner. Immer ein bisschen zurückgelehnt, ein Bein im Winkel übers andere gelegt. Er weiß auf jedes Thema etwas zu sagen. Ein bisschen zu viele Sätze beginnen mit „Ich".

Roman ist eine Persönlichkeit. Er ist einfach da, ruhig und gelassen. Das reicht. Roman macht von sich kein Aufheben. Er ist ein wunderbarer Zuhörer. Er unterbricht nicht mit Worten wie „Kenn' ich schon. Das habe ich auch schon mal erlebt", (Heiner ist da eher anfällig). Nach einer Viertelstunde des Zuhörens nickt er höchstens aufmunternd mit dem Kopf. Schöne Geschichte, erzähl weiter, soll das heißen. Roman wollte zuerst Architekt werden, weil ihm immer vorschwebte, Baukunst mit Natur zu verbinden und weil er schon zu Schulzeiten gerne zeichnete. Er war jahrelang der Karikaturist der Schülerzeitung. Dann zog er doch das Jurastudium vor. „Die Gerechtigkeitsliebe gab dann den Ausschlag. Ich litt schon immer, wenn Unrecht geschieht", erklärt er seine Berufsentscheidung. Er war bis zu seiner Pension der wohl bekannteste und vielleicht auch beste Anwalt Stuttgarts. Er ist ein schöner, edler Herr, groß und auffallend schlank. Seine schütteren grauen Haare sind zurückgekämmt. Nun, im Alter von siebzig Jahren, fallen seine Schultern doch leicht nach vorne. Seine Arme sind lang, auffallend lang. Sie schwingen beim Gehen in weicher Zeitlupe wie das lange Pendel einer Standuhr am Körper entlang, die Handflächen stets leicht nach vorne gedreht. Überhaupt sind alle seine Bewegungen schwingend und ruhig, als würde er auf einer Moorwiese gehen.

Früher rauchte er noch Pfeife. Das verstärkte den Typus eines weisen Ratgebers. Roman, der Mensch, den alle still bewundern. Er hat noch nie einen Menschen, noch nie, abgewertet, überhaupt noch nie beurteilt. Das macht ihn zusätzlich so vertrauenswürdig. Wenn man sich einem Menschen anvertraut, dann Roman.

Gisbert ist mit seinen vierundvierzig Jahren einer der jüngeren und noch nicht lange dabei. Er kam vor zwei Jahren aus Remscheid nach Böblingen, wo er eine Stelle als Leiter einer Sparkassen-Zweigstelle übernommen hat. Er ist Vater zweier Töchter, die beide ins Albert-Einstein-Gymnasium in Böblingen gehen. Er ist ein stiller Zeitgenosse. An Diskussionen beteiligt er sich nicht. Wenn er aber konkret etwas zu sagen hat, dann redet er schon. Dabei stellt man bei ihm fest, er verfügt über ein phänomenales Zahlengedächtnis. Im Kurs ist er aus zwei Gründen. Er hat in seiner Freizeit schon immer gern gemalt. Er sucht in der Stuttgarter Gegend Anschluss bei Menschen, die seine Interessen teilen.

Hilde klingelt ein kleines Messingglöckchen, das an der Theke steht. Unnötigerweise ergreift sie statt Herbert das Wort.

„Ihr habt schon gemerkt, dass wir einen Gast unter uns haben. Doch Herbert wird ihn nun vorstellen."

Herbert scheint überrascht, dass er nun das Wort ergreifen soll. Dann sagt er: „Liebe Freunde, ein langjähriger alter Bekannter sitzt neben mir – Michael Venn. Er wird uns die ganzen Tage über begleiten und uns von einer Kunst erzählen, die uns wahrscheinlich ziemlich fremd ist – der Pantomime." Herr Venn steht auf und verbeugt sich kurz.

„Ohhhh, ahhhh." Die Kursteilnehmer zeigen sich sehr angetan und zollen dem Gast Beifall.

Die Gruppe reagiert mit allseitigem Raunen und verteilt dann Gulasch,

Spätzle und den gemischten Salat. Dabei sagt Edith zu Beate: „Der kommt mir irgendwie bekannt vor."

*

„Nach diesem vorzüglichen Abendessen - nochmals vielen Dank an die Küche - wird uns Herr Venn an seiner Kunst teilhaben lassen – an der Pantomime. Ich habe nicht vor, lange zu reden und übergebe das Wort an unseren Gast."

„Und damit bedanke ich mich bei Herrn Wassermann für die Einladung, der ich sehr gerne nachkomme, auch deshalb, weil das Hörnergebiet meine zweite Heimat ist. Jährlich veranstaltete ich in dieser Gegend Schülerfreizeiten, sowohl im Sommer, als auch Winter. Damals konnten die meisten im Allgäu Skifahren, und der Skikurs stand im Mittelpunkt der Freizeit. Und damit habe ich mich schon ein wenig vorgestellt. Ich bin Lehrer, inzwischen pensioniert. Als Pantomime bezeichne ich mich erst seit kurzem, seit ich als ‚Mimo' auf der Bühne stehe. Im großen Stil kann man diese Kunst auch nicht nebenberuflich betreiben. Die kleinere Fassung, die ich fünfzehn Jahre lang betrieb, war die Straßenkunst. Um es genau zu sagen, wirkliche Kunst ist das nicht. Wissen Sie, wie man mich am stärksten beleidigen kann? Wenn ich sage, ich bin Pantomime und dann eine Antwort folgt: Kenne ich, in Barcelona stehen sie reihenweise auf der Straße. Als Statue auf der Straße zu stehen hat nichts mit Pantomime zu tun, wenigstens fast nichts. Inzwischen gibt es unzählige Straßen-Statuen und fast keine echten Pantomimen, ich meine solche, die die Kunst des stummen Theaters beherrschen, so dass viele Menschen glauben, still zu stehen sei Pantomime. Ja, aber ich begab mich auf die Straße. Da staunt ihr. Ich staune auch selbst über mich, und kann es kaum glauben, dass ich das tat. Verrückt. Meine Straßenkunst und alles was damit zusammenhängt war eine Lebensschule. Nach dieser Woche werden Sie wissen warum. Wollen Sie eine Frage stellen? Bitte."
„Ich bin Heiner und habe eine Frage..."
„Ach ja, noch etwas anderes. Wir sind eine Woche lang beisammen. In den Bergen ist sowieso das ‚Du' üblich. Ich bin Michael. Ist es Ihnen recht so?"

„Natürlich, wenn es *Ihnen* recht ist. Also ich bin Heiner und mich interessiert sehr, wie ein Lehrer zur Straßenkunst kommt."

„Das habe ich mich selbst schon gefragt. Ich bin Sportler, Sportlehrer, gut, hatte auch mit Leistungssport zu tun, habe aber das Rückenmark eines Künstlers. Es steckte schon immer etwas in mir, das nach Verschmelzung von Sport und Kunst verlangte. Den Sport verstehe ich als körperliches Erlebnis. Ich gierte danach, die Bewegung zu erleben. Ich kenne auch die Anstrengung bis hin zur Verausgabung. Den Skilauf verstehe ich als Tanz und wende bei einer längeren Abfahrt viele verschiedene Schwungarten und –rhythmen an. Beim Tennisspiel neige ich immer zum Kunstschlag, der aber weniger effektiv ist.

Wann habe ich Sport und Kunst verbunden? Was schon immer in einem schlummert, bricht in einem Moment durch, bei mir während der Balkankriege in den Neunziger Jahren. In dieser Zeit war ich öfter in Kroatien, natürlich an Stellen, wo kein Krieg tobte - und trotzdem erlebte ich das Kriegsleid. Auf der Insel Lošinj war's. Ich blende zwanzig Jahre zurück..."

*

„Haben wir noch genügend Brennholz?", fragt Ante Baranović.

„Ja schon, wir haben jetzt März, die Tage werden wärmer. Es dürfte reichen." Vesna Matić verschwindet mit einem großen Korb im Kellerabgang.

Der Raum, in dem Vesna ihre Kinder unterrichtet, muss noch geheizt werden. Ante Baranović kehrt zurück in sein Zimmerchen. Es ist kärglich eingerichtet, zumindest nicht so, wie man sich das Zimmer eines Schulleiters vorstellt. Bücher, Aktenordner fehlen. So etwas wie ein Sekretariat gibt es nicht. Den Schreibkram erledigt Ante Baranović selber. Er ist auch nicht mehr in seiner Schule in Topusko, sondern auf der kroatischen Insel Lošinj in einer verlassenen Klinik.

Wir schreiben das Jahr 1992. Nach dem Zehn-Tage-Krieg in Slowenien rückt nun die serbische Armee nach Kroatien vor. Die Städte Osijek und Vukovar stehen in Flammen. Die ersten Granaten schlagen in der Hauptstadt Zagreb ein. Da beschließt Herr Baranović, Schulleiter der Grundschule des Städtchens Topusko, südlich von Zagreb gelegen, mit allen Schülern und einem Teil der Eltern zu fliehen. Hier auf Lošinj in der verlassenen Klinik kann er einen notdürftigen Unterricht weiterführen. Kinder und Lehrer wohnen in den umliegenden verwaisten ‚Odmaralište', Häuser, die als Erholungsheime genutzt wurden und jetzt leer stehen. Drei Lehrer und etwa zwanzig Kinder sind hierher geflohen.

Durch Zufall hatte ich diese Schule kennengelernt. Nun sitze ich am Hafen des kleinen Ortes Veli Lošinj und denke noch über das Schicksal dieser Kinder nach, da tappen noch kleinere, immer zu zweit, Hand in Hand durch den Ort.

Ich beobachte die Kinder, die still einer Frau folgen. Ein Schweigemarsch. Ich erkundige mich bei Einheimischen. „Das sind Kriegswaisen. Ihre Eltern sind umgekommen oder nicht mehr auffindbar. Diese Kinder fanden in den Kriegswirren auch keinen Anschluss an Verwandte oder Bekannte. Nun hat man sie hier gesammelt."

Ich bleibe stehen, rühre mich nicht mehr und sehe dem unendlich traurigen Umzug der Kleinen nach, bis er in der nächsten Gasse verschwindet. Eine Blockade all meiner Gelenke hindert mich am Weitergehen.

*

Es ist lange still. Erst nach einer Weile hat sich Heiner wieder gefasst. „Es ist schwer, nach deiner Geschichte den Faden wieder zu finden, aber trotzdem frage ich, was hat das mit Pantomime zu tun?"

Da wir viel Zeit haben, genehmige ich mir, die Zusammenhänge zu erklären.

Alles war Zufall und doch kein Zufall. Wie man's nimmt. Die meisten Zufälle haben eine logische Vorgeschichte, so dass der „Zufall" nur die zwingende Konsequenz daraus ist. Die Pantomime ruhte in mir und wartete nur auf einen Fingerzeig, um ausbrechen zu können.

Dazu brauchte es ein weiteres Schlüsselerlebnis. Ich werde im Laufe der Woche immer wieder von Schlüsselerlebnissen sprechen.

Anfang der Neunzigerjahre tummelten sich schon viele Straßenkünstler in den Fußgängerzonen. Da tauchten die ersten „Statuen" auf. Die Münchner Fußgängerzone schien zu den lukrativsten Revieren zu zählen. Hier pendelte ich öfter auf und ab. Wie ein Kind blieb ich dort stehen, wo etwas los war. Es gab wahre Könner zu bestaunen, Virtuosen auf den verschiedensten Instrumenten, Komiker, Folkloristen, aber auch echte Nieten. Woher diese Menschen die Courage nehmen, sich mitten ins Herz Münchens, auf den Marienplatz, zu stellen, bleibt ihr Geheimnis. Zwei Pantomimen erregten damals große Aufmerksamkeit. Einer war für die damaligen Verhältnisse großartig. Auf einem rund zwei Meter hohen, kunstvoll verzierten Sockel stand er mit zerknittertem Anzug und steifer Melone auf dem Kopf, Charly-Chaplin-Stock in der Hand. Da man durch die Höhe die Details seines Gesichts nicht ausmachen konnte, rätselten die Leute ständig um die Echtheit dieser Gestalt. Rätselhaft blieb auch, wie er hier hoch kam. Bei einem Münzeinwurf tat sich nicht viel. Die Figur kippte in der Hüfte nach vorne und dann wieder zurück in die Ausgangsposition. Die Leute hatten ihr Vergnügen.

An anderer Stelle stand ein Mann, als Hexe verkleidet, auf einem Sockel. Sein Gesicht war hinter einer billigen Faschingsmaske versteckt. Ein bisschen minderwertig wirkte diese Erscheinung schon. Aber beim Münzeinwurf ertönte von einem unsichtbaren Wiedergabegerät ein schallendes Gelächter. Ein einfacher Gag, aber er ließ die Menschen mitlachen. Sie warfen immer wieder ein und lachten jedes Mal.

Mein musikalisches Repertoire reicht nicht aus, um in der Öffentlichkeit auftreten zu können, wenigstens an meinen Ansprüchen gemessen. Pantomimisch traute ich mir schon einiges zu. Ich konnte mich auf Erfahrungen aus meiner Jugendzeit stützen. Rund dreißig Jahre früher, also in den Sechzigerjahren, als es noch keine Fußgängerzonen gab, Straßenkunst schon gar nicht, sorgten wir in meiner Heimatstadt Memmingen für eine Attraktion...

Dort gab es zu meiner Jugendzeit zwei große Bekleidungshäuser. Da es die beiden nicht mehr gibt, kann ich sie nennen. Zuerst gab es da das Bekleidungshaus „Allgöwer", erst später kam das Bekleidungshaus „Schedel" dazu. In der „Schedelpassage" stand stets eine Schaufensterpuppe auf einem Sockel. An Sonntagen war der Sockel leer.

Jetzt könnt ihr euch vorstellen, welche Idee mein Freund und ich hatten. Wir stellten uns gemeinsam auf den Sockel, völlig regungslos. Dass wir damals schon eine gute Körperbeherrschung besaßen, beweist die Tatsache, dass Leute an uns achtlos vorbeigingen. Auf eine Schaufensterpuppe achtet man auch nicht immer. Und diejenigen, die uns registrierten, nahmen uns nur als Puppen wahr. Eine Frau zum Beispiel begutachtete uns ganz genau und war an den Kleidungsstücken interessiert. Ich trug einen Popelinmantel, den ich mit der linken Hand einseitig offen hielt. Da ich ihn bei der Konkurrenz gekauft hatte, erstrahlte das Logo „Allgöwer" auf der Innenseite des Mantels und war weithin sichtbar. Das merkte ich aber erst zu Hause. Der Frau war es auch nicht aufgefallen. Sie prüfte aber zwischen Daumen und Zeigefinger den Stoff meines Mantels, dann den meiner Hose. Jetzt wurde es gefährlich! Ich zwickte meinen Freund. Wir blieben aber starr und steif.

Was ich noch erwähnen muss: Die Leute, die unser Spielchen bereits durchschaut hatten, gingen nicht weiter. Sie setzten sich auf den gegenüberliegenden Brunnen und verfolgten gebannt, was folgte. Sie freuten sich schon darauf, wie sich die Situation wohl lösen werde. Ich löste sie so, indem ich die Frau plötzlich mit starren, weiten Augen fixierte. Sie nestelte aber weiter an meinem Mantel herum. Doch dann, es musste so kommen, schaute sie nach oben.

Mein Blick durchbohrte die Frau. Totenstille - drei Sekunden lang. - Ein spitzer Schrei. Die Frau riss beide Arme nach vorne und floh. Die Zuschauer am Brunnen konnten sich kaum mehr auf dem Brunnenrand halten. Andere hängten sich zum Lachen übers Geländer des Memminger Stadtbaches. So war's. Die Frau sah ich übrigens kurze Zeit später, recht gut erholt, bei den anderen am Brunnen. Sie war neugierig auf die folgenden Spaziergänger und freute sich mit den anderen köstlich, wie auch die nächsten auf unseren Gag hereinfielen. So sammelten sich immer mehr Leute. Unser Spektakel wurde zum Stadtgespräch. So etwas gab es noch nie in der Kleinstadt Memmingen.

„Habt ihr euer Schauspiel wiederholt?", fragt Claudia. Mimo wartet noch mit der Antwort, da Hilde immer wieder von einem neuen Lachanfall geschüttelt wird.

Ja, aber leider nur einmal. Es war an Christi Himmelfahrt. Aber lasst mich die nächste Geschichte aus der Jugendzeit erzählen.

Mit Edi, meinem Jugendfreund, der bis heute mein Freund ist, kann man durch Dick und Dünn gehen. Der Stadtjugendring Memmingen veranstaltete eine Reise nach London. Wir zwei waren dabei. Wir trugen Lederhosen mit den üblichen hirschbewehrten Hosenträgern, was man halt so trägt, wenn man sich in London als Allgäuer präsentieren will. Ein Besuch des Wachsfigurenkabinetts von „Madame Tussoud" gehörte zu unserem Programm.

Schon in der Eingangshalle sahen wir Menschen auf Bänken Platz nehmen, die nicht merkten, dass sie neben einer Wachsfigur saßen.

Eine „Wachsfigur" war echt. Es war der Wärter, der sich den Spaß erlaubte, regungslos in der Eingangshalle zu stehen. Natürlich kam uns eine Idee. Wir suchten uns verschiedene Plätze. Dort blieben wir erstarrt mit aufgerissenen Augen stehen. Es dauerte nicht lange, da begutachteten mich zwei Mädchen. „Ist der echt oder nicht? Das muss irgendein Alpenmensch sein." Ich zwinkerte nicht mit den Augenlidern. „Soll ich oder soll ich nicht?", fragte die eine die andere. „Jetzt mach' schon." Zögernd näherte sich eine der beiden mit ausgestrecktem Zeigefinger meiner Wange. „Ich trau mich nicht." Sie zog den Finger zurück. Doch sie kam wieder. Tatsächlich drückte sie den Finger in meine Wange, aber so kräftig, dass mein Gebiss auseinanderklappte. Ihr Schrei war über alle Stockwerke zu hören. Ich bewundere mich noch heute, mit welch stoischer Ruhe ich stehen blieb. Auch mein Freund in der anderen Ecke zuckte nicht. Aber der Zwischenfall hatte anscheinend diesen Wärter aufmerksam gemacht. Ich hatte ihn nicht kommen sehen. Er kam von hinten und packte mich am Genick. Er drohte mir mit sofortigem Hinauswurf, wenn ich so etwas noch einmal mache. Schade, dabei hatte er mich auf die Idee gebracht. Die Museumsbesucher fanden unseren Auftritt köstlich, und ich fand den Wärter ausgesprochen humorlos.

Nach etwa einer Stunde, wir befanden uns gerade im dunklen Keller bei den bösen Buben, Massenmördern und solchen. Wir schauten uns an. Komm, wir versuchen es noch einmal. Diesmal stellten wir uns zwischen die Wachsfiguren. Die Besucher betrachteten uns und konnten mit den beiden Lederhosenbuben nichts anfangen. Manche zogen ihren Museumsführer heraus. Nummer 91 Idi Amin, ugandischer Diktator, der rund 300.000 Menschen umbringen ließ, Nummer 92, Jack the Ripper, Sexualmörder, der in London sein Unwesen trieb. Übrigens, den Begriff Sexualtäter gab es damals noch nicht. Wir als Kinder wussten aber, dass es den „Frauenschreck" gibt. Kurz und gut, zwischen diesen beiden steht so ein Allgäuer. Den findet man nicht im Museumsführer, er hat auch keine Nummer. Es war dort sehr dunkel, so dass wir kaum als „lebendig" auszumachen waren. Und dann, das hatten wir abgesprochen, sportlich wie wir sind, ließen wir uns stocksteif nach vorne Richtung Besucherschar fallen und fingen uns erst im letzten Moment mit den Unterarmen ab. Die Leute spritzten auseinander.

„Also, jetzt übertreibst du wirklich, oder ist das überhaupt wahr?" Claudia lachte und schüttelte gleichzeitig den Kopf.

Ihr werdet in dieser Woche noch einige solcher Geschichten hören. Sie sind alle so passiert und auch nicht übertrieben. Das hier ist nur so eine Verrücktheit, die ich mir erlaubte. Als die Menschen sich lachend verlaufen hatten, wiederholten wir das gleiche Spiel. Und dann stand der gleiche Wärter von vorhin vor uns. Hat der nicht im Parterre Dienst? Mit einer eindeutigen Armbewegung wies er uns aus dem „Kabinett". Unser Charme und unsere Überredungskünste reichten gerade noch aus, um den Ordnungshüter so weit zu beruhigen, dass wir wenigstens noch kurz hier bleiben durften. Wir würden sowieso gemeinsam mit unserer Gruppe bald das Haus verlassen, versicherten wir ihm.

Auch wenn es nichts mit Pantomime zu tun hat, aber die Fortsetzung möchte ich noch erzählen, nur damit ihr wisst, was für Typen von Jugendlichen wir waren. Unsere nächste Station war der Hydepark, genauer gesagt, Hyde-Park-Corner. Mein Freund Edi hatte immer seine Trompete dabei und ich, wenn der Fußweg nicht zu weit war, mein Akkordeon. Unser Aufzug, Lederhose, „Tirolerhut", ließ die Londoner stutzen. Bei unseren ersten Juchzern blieben sie stehen. Dann ging's los. „TaritItaaa, taratatam", wir schmetterten das „Tompetenecho", dann das Lied aus Südtirol „Wohl ist die Welt so groß und weit". Unsere Memminger Gruppe begann spontan zu tanzen und schon mischten sich Londoner Spaziergänger mit dazu. Alle lachten, alle kreiselten. Wunderbar. So stelle ich mir Völkerverständigung vor. Plötzlich stand, wie aus dem Boden gestampft, ein Polizist vor uns. Sein Befehl war eindeutig. Wir mussten auf der Stelle aufhören. Unser Hinweis, dass wir nur den Leuten eine Freude bereiten wollten, nutzte nichts. Wir legten unsere Instrumente ab und setzten uns in die Wiese. Einige fremde Leute taten das Gleiche. Nach einer Weile, der Polizist war längst außer Sichtweite, holten wir wieder unsere Instrumente hervor. Wir konnten's nicht lassen. Zu schön war's gewesen. „Taritataaa, taratatam..." Die Stimmung sprang sofort von Null auf Hundert, die Leute tanzten, und nach einer Minute wieder zurück auf Null, denn wieder tauchte der Polizist auf. Er kam gemeinerweise von der anderen Seite. Er sprach nicht mehr. Er stoppte uns mit ausgestrecktem Arm und hochgekippter Hand. Er fackelte nicht lange. Mit den Fingern zwischen den Zähnen tat er einen lauten Pfiff. Aus den Büschen rollte ein grauer Kastenwagen mit vergitterten Fenstern heran. „Prison", sagte er kurz und scharf.

So etwas Überzogenes erlebt man selten. Mir kam die Szene vor, als würde ein Polizist einen Falschparker mit einem Maschinengewehr bedrohen.

Es begann eine unschöne Diskussion. Auch unsere neuen englischen Freunde unterstützten uns. Eine Frau hakte sich bei mir ein. „Sooo liebe Menschen. Die gebe ich nicht her." Nun, ins Gefängnis mussten wir nicht. Aber ich musste aufpassen, dass ich die englischen Ordnungshüter nicht generell als humorlos einstufte.

*

Aber wo war ich stehen geblieben. Ach ja, bei dem traurigen Umzug der Kinder. Ich hatte endlich eine Idee, wie ich den Kindern in dem geplagten Kriegsland helfen konnte. Münze für Münze wollte ich für sie sammeln.

Zwei Schlüsselerlebnisse, einmal Lošinj, zum anderen die Straßenpantomime in München, trafen zusammen. Das war die Geburt meiner Straßenkunst.

So fuhr ich mit einer beträchtlichen Summe nach Kroatien. Es war wie an Weihnachten. Herr Baranović, seine Lehrer und die Kinder versammelten sich im Aufenthaltsraum. Die Kinder umringten mich. Jedes gab mir etwas Selbstgebasteltes als Dankeschön und Gruß an die Kinder meiner Schule mit, denn die hatten zusätzlich gespendet.

Irgendwann war der Krieg zu Ende. Die Schüler kehrten nach Topusko zurück. Wie ich später erfuhr, konnten sie nicht gleich mit dem Unterricht beginnen, da die Schule vom Beschuss serbischer Geschosse stark beschädigt war.

Aber meine Pantomime blieb, fünfzehn Jahre lang. Zu sehr fand ich Gefallen an der Straßenkunst. Mit den Einnahmen konnte ich noch fünf weitere Projekte mit erheblichen Geldbeträgen unterstützen.

Eine Frau hebt die Hand. „Ich bin Edith. Fünfzehn Jahre lang. Unglaublich. Das ist viel mehr als Spaß am Stillstehen. Da muss etwas in dir passiert sein. Kannst du uns das erklären?"

*

Wieder kann ich nicht in ein paar Sätzen antworten. All meine Schilderungen in dieser Woche beschäftigen sich mehr oder weniger mit der Beantwortung dieser Frage. Aber eine kurze Zusammenfassung kann ich zu Anfang geben.

Ich war einem Zauber erlegen.
Dem Zauber der Musik,
dem Zauber der Bewegungsharmonie,
dem Zauber meditativer Ruhe.
dem „Zauber der Maske". Ich habe erst nach und nach erfahren, dass es diesen auch gibt. Den werdet ihr im Laufe meiner Erzählungen zur Genüge kennen lernen.

Meine Pantomime ist mit Musik kombiniert, da ich mich ungeheuer gern auf Musik bewege. Ich gehe noch weiter. Ich interpretiere die Musik. Somit hat die Pantomime auf mich musiktherapeutische Wirkung. Das ist das Erste. Zweitens: Die Freude der Menschen macht mich glücklich. Drittens: Ich erlebe ungeheuer viele „Geschichten aus dem Leben". Viertens: Ich kann Menschen helfen mit einer Tätigkeit, die mich fasziniert. Fünftens: Das Staunen der Kinder ist mir ein Geschenk. Ihr seht, was mich alles antreibt. Das alles in einem Paket übt auf mich eine zwingende Kraft aus. Ich musste es tun! Genau. Ich musste es tun!

Vieles ist so wundersam. Meine Art der Pantomime habe ich nirgendwo in ähnlicher Form gesehen. Ich habe einen uralten, auf dem Dachboden gefundenen Koffer, meinen „Künstlerkoffer" mit zwei sinnreichen Verschlüssen aus Metall, wie man sie von den Uraltkoffern kennt. Er besteht aus gepresster Pappe und ist mit einem kleinkarierten Stoff überzogen. Die Ecken des Koffers sind mit Leder verstärkt. Mit diesem Koffer in der Hand wirke ich wie eine Figur aus einer alten Zirkuswelt. Im Koffer sind untergebracht: ein Kassettenrekorder und mein „Künstlergewand". Es besteht aus einem mehr als bodenlangen, kaftanartigen Gewand. Dabei habe ich vier Farben zur Auswahl, Silber, Gold, Weiß und ein glänzendes Nachtblau. Ich besitze auch vier Masken in den gleichen Farben. Das macht die Figur komplett und auch so rätselhaft. Es sind einfache weiße Plastikmasken, die ich um ein paar Mark in einem Laden für Künstlerbedarf erstanden habe. Ich sprühte sie in der Farbe der Kleidung an und malte mit einem schwarzen Filzstift die Gesichtskonturen nach, was den Gesichtsausdruck so lebendig machte. Richtig, Handschuhe in den gleichen vier Farben gehören ebenfalls zu meiner Ausstattung. So stelle ich mich auf meinen Hocker oder meine Bierkiste. Lange Zeit war es auch ein Werkzeugkoffer in der Form eines Schemels. Den hatten mir Bekannte für meine Straßenkunst zum Geburtstag geschenkt. Ganz nebenbei: Der steht inzwischen in Linz auf einem Parkplatz. Da hatte ich ihn nach einem Auftritt neben dem Auto stehen lassen. Meine Bekannten werden mir das hoffentlich verzeihen. Dieses Podest verhänge ich mit dem gleichen Stoff, aus dem mein Gewand geschneidert ist. Mein überlanger Kaftan hängt über dem Schemel. Damit bin ich ellenlang, wie eine Schnitzfigur von Modigliani.

*

Ich steige ein in zwei Szenen im Englischen Garten in München. Sie passierten innerhalb von zehn Minuten. Sie erklären die ganze Spannweite der Ereignisse im Wirkungsfeld meiner Kunst.

Selten stehe ich im Trubel einer Fußgängerzone. Was soll ich in einer Innenstadt? Der Alltag frisst die Menschen auf. Sie tragen Plastiktüten in der einen Hand, Bankauszüge in der anderen. Muße für die Kunst gibt es dort kaum. Wie viele bei mir stehen, ist mir egal, es müssen Menschen sein, die Muße, Zeit und Verständnis mitbringen. Nur solche lassen sich vom pantomimischen Zauber streicheln.

Ihr kennt nun mein Erscheinungsbild, und jetzt stellt euch vor, ich stehe auf einer Blumenwiese, an einem See, in einem Schlosspark unter einem Magnolienbaum. Seht ihr's?

Alle haben die Augen geschlossen und sagen nichts. Das ist eine klare Antwort.

In der Natur überträgt sich die Aussage meiner Bewegungen aufs Publikum hervorragend. Finanziellen Profit gibt es dort nicht. Dafür sind dort zu wenig Leute unterwegs. Aber aus dieser Stimmung schöpfe ich mein persönliches Glück. Nur darum geht es mir. An den zwei Begegnungen im Englischen Garten wird deutlich, wie verschieden Menschen auf mich reagieren. Ich habe keinen Einfluss darauf. Ich bin immer der Gleiche. Die Menschen sind so verschieden.

Es ist ein Tag, an dem kaum Menschen unterwegs sind. Ich stehe mutterseelenallein im riesigen Park unter einer mächtigen Trauerweide an einem stillen, aber rasch fließenden Fluss. Ich hatte mein Silbergewand gewählt. Der Park ist leer. Weit entfernt sehe ich einen Mann spazieren. Ich hoffe immer, dass im richtigen Moment die geeignete Musik erklingt. Wenn der Mann im gleichen Tempo weitergeht, dann müsste er genau zu Beginn der „Meditation" - ihr kennt sie von vorhin - bei mir ankommen. So ist es. Ich habe Glück. Es ist ein Mann mit einem Hang zur Sinnlichkeit. Er bleibt in genügendem Abstand vor mir stehen, aus Respekt, aber auch, um den Einklang der Silberfigur mit der Musik, der Kulisse, Weide und Fluss, zu erleben. Er schließt die Augen, öffnet sie wieder. Und nun setzt sie ein, die Sologeige mit einem langen, im Pianissimo gehaltenen Ton. Mich friert es. Ich glaube, den Mann auch. Die Wellen des Flusses, die pendelnden Lianen der Trauerweide und die minimalen Bewegungen meiner Hände verschmelzen zu einer Harmonie. Dann folgt eine unglaubliche Musikstelle. Nach einem Zwischenspiel stockt die Violine, dann stockt sie noch einmal, auf dem gleichen Ton, dann noch einmal, mein Unterarm tickt jedes Mal ein Stückchen höher. Erst dann öffnet sich die Schleuse und die Melodie zieht im Grundthema davon. Gut fünf Minuten dauert die „Meditation". Wir beide kommen mit minimalem Atem aus. Und als der letzte Ton mit der Stille des einsamen Englischen Gartens verschmilzt, bleibt der Mann mit geschlossenen Augen stehen.

Nach langer Zeit meditativer Ruhe haucht er: „Unfassbar." Da erlebten wir beide dieses Absolute, von dem ich vorhin sprach. Wir beide waren zusammen mit Musik, Bewegung und Natur ein geschlossenes Ganzes. Allein im Englischen Garten. Diese Faszination ist es, warum ich fünfzehn Jahre später nicht von meinen Auftritten ablassen konnte, auch wenn meine Zeit aus verschiedenen Gründen schon abgelaufen war. „Ich bin Dirigent und Musikinterpret", sagt er, während er sich leicht verbeugt. Der Mann geht weiter, Schritt für Schritt, als würde er auf Wasser wandeln. Ich bin wieder allein.

*

Wenige Minuten später... Zwei junge Männer steuern von vorne schnurstracks auf mich zu. Einer wird in seinem Schritt immer schneller und stoppt erst kurz vor mir. Die Arme schräg nach außen gestellt, den Kopf wie ein fliegender Geier nach vorne geschoben, schreit er: „Hau bloß ab, du Sau, sonst kriegst du es mit mir zu tun!"

Weit und breit ist sonst kein Mensch.

„Ich will nur etwas Schönes vorführen und..."

Der Mann holt mit der Faust aus: „Abhauen sollst du, du dreckiges Aas, sonst haue ich dir eins in die Fresse."

Der andere Mann versucht, seinen Kumpanen zu beruhigen, und ich steige vom Hocker.

Ich sollte noch andere gefährliche Situationen zu überstehen haben, aber so ganz einsam stellte ich mich nie wieder auf. Jetzt habe ich euch ein paar zusammenhängende Minuten vor fünfzehn Jahren geschildert.

Zwei verschiedene Menschen erleben das Gleiche. Der eine schmilzt dahin und der andere ist hochgefährlich, eventuell unter Drogen stehend, nicht mehr Herr seiner Aggressionen.

„Das muss ich erst einmal verdauen", stöhnt Theresa und lehnt sich zurück. Sie ist in Dresden geboren und war bei der Wende achtzehn Jahre alt. Sie schloss die Schule dort ab und ging mit ihren Eltern in den Westen, nach Stuttgart, wo sie das Studium für Psychotherapie begann. Die Malerei ist bei ihr ein besseres Hobby. Da sie aber sehr begabt ist, fand sie sofort Anschluss an die Gruppe. Ihre Bilder sind die tiefgründigsten von allen.

„Jeder hat seine eigene Biografie, die ihn formt und prägt. Die Charaktere werden so unterschiedlich geschliffen", wirft Marion ein. Sie ist Deutschlehrerin an einem Gymnasium. Vor allem als Verbindungslehrerin hat sie Erfahrungen mit heranwachsenden Jugendlichen.

Erziehung, Lebensumstände sind das eine, Vererbung das andere. Ich erlebe schon bei Kindern riesige Unterschiede in ihrem Verhalten ganz allgemein und speziell in der Begegnung mit meiner Pantomime. Die meisten erstarren vor Staunen. Die sind die goldigsten. Dann gibt es scheue, freche... Kinder (!) - übrigens ein ganz wichtiges Kapitel in dieser Woche.

Von einer kurzen Begegnung möchte ich noch berichten, als Zeichen der Vielfalt der Menschen, mit denen ich zu tun habe. In dieser Gegend des Englischen Gartens wandelt täglich ein auffälliger Mensch umher. Er trägt ein langes, weißes Gewand, das von einem Gürtel gehalten wird. Sein fein geschnittenes, schmales Gesicht ist von schulterlangen Haaren umrahmt. Er schreitet bedächtig über die Wiesen, barfuß oder in leichten Sandalen. Man glaubt, Jesus persönlich zu begegnen. Es ist nicht zu vermeiden, dass er auch einmal auf mich trifft. „Du bist ein interessanter Typ", spricht er mich an, „du gehörst nicht zu der Masse der ätzenden Langweiler. Wir sind eine nette Gruppe. Komm doch zu uns. Wir treffen uns täglich oben am Monopteros. Natürlich rauchen wir da den einen oder anderen Joint..."

Katharina beugt sich nach vorne, legt die Unterarme auf die Oberschenkel und fragt neugierig: „Kannst du dich an deinen ersten Auftritt erinnern?"

Nein, im Detail nicht. Ich weiß nur, dass ich es mir lange überlegte, wo er sein sollte. Soll ich es in meiner Heimatstadt wagen? Nie und nimmer! Dann fahre ich doch nach Kempten; aber auch nach Kempten fahren viele aus meiner Heimatstadt, zumindest zum Einkaufen, als ob es in Memmingen zu wenig gäbe. Ich bin mir sicher, viele Kemptener waren noch nie in ihrem Leben in dem fünfzehn Autobahnminuten entfernten Memmingen. Ein Bekannter aus Kempten versicherte mir, überhaupt keinen Kemptener zu kennen, der schon einmal in Memmingen war. Eine entsprechende Umfrage würde mich sehr interessieren.

Zwischen Nachbarstädten gibt es häufig Rivalitäten, die zwischen Kempten und Memmingen - zumindest in meinem Umkreis - nicht bestehen. Es ist einfach so, dass man von der kleineren Stadt gerne in die größere fährt und selten umgekehrt. Wenn der Kemptener die nähere Heimat erkunden will, dann fährt er logischerweise Richtung Süden, also Richtung Alpen.

Ich beteilige mich grundsätzlich nicht an solchen Rivalitäten. Wahrscheinlich kenne ich deshalb solche Menschen nicht, die solche pflegen. Irgendjemand fängt mit Gerüchten an. Nimmt man die Gerüchte ernst, dann dauert es nicht lange, dann wird ein Gerücht Wahrheit, dann findet man den Menschen aus dem Nachbarort tatsächlich prinzipiell unsympathisch, ohne ihn wirklich zu kennen.

Ich höre zum Beispiel - es betrifft nicht diese beiden Nachbarorte – ich meine nur als Beispiel: Wenn einer blöd Auto fährt, dann musst du nur auf das Kennzeichen schauen, dann ist es immer, ja immer, einer von diesem Nachbarort. Das war bisher nie so, aber seit man eine Aversion gegen diese Nachbarn hat, dann fahren die so. Auto fahren können sie nicht, aber eingebildet sind sie alle, ist doch klar.

Es spielte sich nicht im Allgäu ab, aber eine schwelende Antipathie zwischen zwei kleinen Nachbarorten brach in einen offenen Streit aus, als eines der beiden Städtchen eine Ampelanlage installieren ließ und das andere noch keine hatte. Auf dieser Ebene spielen sich solche Feindschaften ab. Kempten und Memmingen sehe ich da weitgehend verschont. Vielleicht gab es einmal eine Zeitlang eine Fußballrivalität, als beide Mannschaften in der gleichen Klasse spielten.

Memmingen ist eine schmucke Kleinstadt. Wer in die Innenstadt gelangen will, muss von fast allen Seiten eines der gut erhaltenen Stadttore passieren. Der Marktplatz, die Memminger Stube, zählt wirklich zu den schönsten Plätzen Bayerns. Seit einem halben Jahrhundert sind die Oberbürgermeister sozialdemokratisch orientiert. Heimatfeste und den Zeitgeist versprühende Kultursommer präsentieren Tradition und moderne Frische. Im Jahre 1528 wurden in Memmingen die Zwölf Bauernartikel verfasst, das erste demokratischen Dokument auf deutschem Boden. Alle vier Jahre besucht der Bundespräsident die Stadt, um einer verdienten, oft weltbekannten Persönlichkeit den Memminger Friedenspreis zu verleihen.

Gerne hätte ich mit meiner Pantomime dazu beigetragen, moderne Lebendigkeit in die Memminger Fußgängerzone zu tragen. Ich tat es nicht. Meine pantomimische Karriere auf der Straße begann in Kempten an der Fischersteige, und zwar in meiner Total-Kostümierung, die mir zunächst nicht gefiel. Aber ich wollte mich, wie sagt man heute auf gut Deutsch, nicht outen. Ich getraute mich nicht anders, da, wie gesagt, vor allem an Samstagen auch viele Memminger in Kempten anzutreffen sind.

*

„Reagieren Frauen und Männer unterschiedlich auf deine Kunst?", will Edith wissen.

Ja, zumindest tendenziell. Pantomime, das ist meine Interpretation, hat etwas Sinnliches. Ich glaube, dafür lassen sich Frauen leichter gewinnen. Würde jemand auf der Straße eine Modelleisenbahn aufstellen, wäre es umgekehrt, denke ich mal. Es bleiben auch mehr Frauen bei mir stehen. Bei Paaren zeigt sich die Frau meistens interessierter. Nicht selten kann ich auch beobachten, wie Paare funktionieren, was mir oft missfällt. Das wird dich, Edith, besonders interessieren.

Das läuft ungefähr so ab:

Sie: „Horch, Gottfried, das ist der ‚Liebestraum' von Liszt."

Beide bleiben stehen.

Sie: „Und diese wunderschöne Statue. Bezaubernd!"

Er geht schon zwei Schritte weiter.

Sie: „Bleib doch stehen, Gottfried. Jetzt bewegt sie sich noch auf den ‚Liebestraum', herrlich."

Er: „So ein Schmarrn."

Sie: „Jetzt bleib halt stehen, ich will da zuschauen."

Er: „Mensch, Elsbeth, du nervst mich. Auf geht's. Weiter." Er macht sich davon. Und was tut die Frau? Sie geht auch weiter.

Ja, so ist's. Und das erlebe ich oft. Ich weiß, sie könnte ja sagen, mach eine kleine Runde und ich bleibe bei der Pantomime. Aber sie sagt es nicht. Dieser grantige Mann hat auch kein schlechtes Gewissen, wenn er seiner Frau einen Wunsch vermiest.

Edith schaltet sich ein: „Eine Beziehung kann doch nur funktionieren, wenn jeder so sein darf wie er ist."

„Ja, aber wenn es der Partner nur mit der Faust in der Hosentasche zulässt, dann wird das auch nichts. Er muss die Interessen des Partners mittragen, auch wenn es nicht die seinen sind. Mit Freude mittragen!", ergänzt Ruth.

„Mehr noch!", ereifert sich Katharina. „Eine gute Ehe funktioniert nur dann, wenn beide sagen können: Was dir gefällt ist oft gar nicht mein Ding. Aber ich freue mich an deiner Freude. Ich verliebe mich immer wieder neu in dich, wenn ich dich glücklich sehe. Das aber nur nebenbei, ich möchte dich nicht unterbrechen."

„Ich bin beim Thema „Frauen". Ich will es nicht in einem Block behandeln. Frauen waren's, die mit mir Verbindung aufnahmen. Nach und nach bekommt ihr Kostproben, zum Beispiel den ‚Frauenaufstand' in Bad Wörishofen."

*

Lydia rutscht unruhig auf dem Stuhl hin und her, weil sie unsicher ist, ob ihre Frage irgendwann einmal passt. Dann überwindet sie sich: „Ich hoffe, dich nicht zu sehr von deinem roten Faden abzubringen. Aber bevor du ins Detail gehst, möchte ich gerne wissen, was du überhaupt unter ‚Kunst' verstehst."

Oh, über dieses Thema wird schon seit Jahrhunderten diskutiert, philosophiert, gestritten. Wo soll ich anfangen? Zunächst einmal kann ich es nicht hören, wenn jemand in einer Diskussion einwirft „Kunst kommt von Können". Ich weiß nicht, warum sich diese unsinnige

Behauptung so hartnäckig hält. Natürlich muss ein Künstler etwas können, aber da, wo das Können aufhört, fängt die Kunst an. Reines angelerntes Können ist eben keine Kunst, allenfalls eine Fertigkeit. Wenn zum Beispiel in einer Manufaktur zehn völlig verschiedene Menschen exakt vorgeschriebene Körbe flechten, dann mag die Fertigkeit sehr hoch sein, Kunst ist es keine. Wenn jeder drauflos flechten darf, wie er will, dann entstehen zehn verschiedene Körbe. Jetzt sind wir bei der Kunst. Natürlich liegt eine Fertigkeit zugrunde, aber sie spielt hier keine Rolle. Versteht ihr? Was ein Mensch aus persönlicher Intuition entwickelt, ist Kunst und erhebt nicht den Anspruch zu gefallen. Ihr könnt schon sagen „diese Kunst gefällt mir nicht", aber das ist kein Bewertungsmaßstab für deren Qualität.

Pablo Picasso wurde im Alter von vierzehn Jahren in die Kunstakademie aufgenommen. Er legte ein Bild vor, das alle begeisterte und seine extreme Begabung erkennen ließ. Schaut euch mal das Bild an. Es ist der Stil großer alter Meister. Fantastisch detailliert gemalt. Auch sein Bild „Wissenschaft und Barmherzigkeit" würde ein Laie nie als einen echten „Picasso" einschätzen. Er würde eher auf Rembrandt tippen.

Deshalb wird Kunst oft missverstanden. Oft gefällt sie auch nicht. Kann ja gar nicht sein, weil sie der persönlichen Fantasie entspringt. Wenn ich als völlig anderer Mensch, mit anderen Empfindungen, Auffassungen, völlig anderer Biografie danebenstehe, dann empfinde ich völlig anders und kann mit dieser Kunst oft nichts „anfangen", muss ich auch nicht. Ich kann mich aber mit dieser Kunst auseinandersetzen, kann sie in mir wirken lassen und mich dadurch bereichern. Sollte mir das nicht gelingen, ist es auch egal. Kunst ist nicht messbar, wie die Weite eines Weitspringers. Wer meint, die Kunst eines anderen begreifen zu müssen, geht mit einer falschen Vorstellung in eine Kunstausstellung. Sobald sich jemand einem Trend, einer Norm anpasst, dann kommt er oft gut an, verlässt aber oftmals Pfade der Kunst. Kunst ist gelebte Individualität. So viele Menschen es gibt, so viele verschiedene Varianten von Kunstauffassungen gibt es. In einer Fertigkeit, die übrigens auch schön sein kann, entdeckt man keine Kunst.

Meine pantomimischen Fantasien treiben aber jetzt erst bei meinen Auftritten auf der Bühne in verschiedenen Städten und Ländern die schönsten Blüten. Fünfundzwanzig verschiedene Charaktere spiele ich dabei. Bei meiner Straßenkunst spielt dabei eine Rolle, ein Mysterium zu sein. Was anfangs nur ein Versteckspiel, ein Schutz war, gehört jetzt zu meinem Stil. Ich bin die geheimnisvolle, die unantastbare Statue. Das Reizvolle ist die Rästelhaftigkeit. Ich bin das Geheimnis. Ich stehe plötzlich da und verschwinde wieder im Häusermeer, bin nicht mehr aufzufinden.

Ich will nochmal das Thema Maskenspiel anschneiden. Eine Maske dient mir nicht allein als Versteck. Es ist bei mir ein künstlerisches Requisit. Ich entdeckte in ihr eine eigene Faszination. Eine Maske zu tragen ist unbequem. Man beraubt sich der Freiheit und Frische. Aber, das wird euch vielleicht überraschen, auch das Gegenteil stimmt. Ich fühle mich frei! Ja, frei! Ich muss diese Meinung genauer ausführen.

Vielleicht seid ihr auch einmal völlig unerkannt auf einen Fasching gegangen. Maske, puh. Das hältst du nur ein paar Minuten aus. So geht's mir auch. Gut, die Leute sind neugierig. Das ist spannend, aber letztlich bist du abgeschottet und niemand will wirklich etwas von dir wissen. Es gibt aber noch eine andere Seite, die bei mir noch stärker wirkt. Wie soll ich das beschreiben?

Zuerst einmal: Im Kindergarten musste ich einmal einen Zwerg spielen. Mein „Text" war ein kurzer Satz. Etwas so: „Ich bin das Zwerglein Sowieso und ich mache..." Meine Mutter platzierte sich ganz vorne, so dass sie ihre Füße fast auf der kleinen Bühne abstützen konnte. Als ich an der Reihe war, drehte ich mich um und sagte den Satz Richtung Bühne. „Ich bin das Zwerglein..." Ähnlich verhielt ich mich ein Leben lang. Schultheater! Oh Gott! Mich hätte niemand auf eine Bühne zerren können. - Das nur vorweg. Dann wisst ihr vielleicht, worauf meine Erklärungen hinauslaufen. Ich weiß, wovon ich rede, selten in meinem Leben war ich so aufgeregt wie vor meinen Straßenauftritten. Erst wenn ich die Maske über den Kopf gezogen habe, atme ich auf und sage manchmal laut „geschafft" oder etwas Ähnliches. Dann bin ich im anonymen, im geretteten Land. Ich bin geschützt, geflohen in einen Raum der Unantastbarkeit. Natürlich bin ich nicht unantastbar, aber ich fühle mich so. Jetzt gibt es eine Zweiteilung, ich drinnen, die draußen. Dann schaue ich durch die zwei Öffnungen und bedauere sie, die Menschen in ihrer Hektik, in ihrer Ausgesetztheit und Verwundbarkeit. Wie ruhig und beschaulich ist es doch in meinem Raum. Ich schließe die Augen und entspanne mich. Ich fühle mich unangreifbar und frei, wirklich frei. Könnt ihr euch dieses Gefühl vorstellen?

Roman meldet sich zu Wort. „Jeder von uns hätte in dieser Situation ein anderes Empfinden. Aber wie du das schilderst, kann ich dir nachfühlen. Ich kenne eine Schneiderin in München, eine hervorragende. Sie betreibt in erster Linie einen Kostümverleih. In einer großen deutschen Zeitung lese ich ein Portrait von ihr. Ich gebe ihre Erzählung in eigenen Worten wieder: Zwei Frauen betraten ihren Laden. Sie planten, in ein Land zu reisen, das sie sehr reizt, die Landschaft, die Kultur. In diesem Land herrsche aber eine für uns Mitteleuropäer unerträgliche Männerdominanz. Bei ihrem letztjährigen Aufenthalt wurden sie von einem bestimmten Männertypus als Freiwild betrachtet, noch viel mehr, als sie es aus ihrer deutschen Heimat kennen. Ablehnung können diese Frauenjäger nicht mit ihrer Ehre vereinbaren und sie macht sie noch hartnäckiger. Und was bestellten die Damen bei der Schneiderin? Könnt ihr kaum erraten... zwei Burkas. Ja, wirklich. Die Schneiderin erfüllte den Auftrag. Los ging die Reise. Heißa! War das ein Spaß, sich in einer Burka durch die Menschenmasse zu bewegen. Abgeschottet vom Gedränge, von beurteilenden Blicken! Diese Unabhängigkeit, diese Selbstständigkeit, diese Freiheit! Richtig! Freiheit war's. Und warum? Weil sie die Burka trugen - freiwillig, das ist wichtig - und sich dadurch loslösten von der bedrängenden Masse. Mit einer Burka ist man gar nichts. Fern von Einschätzungen. Mit einer Burka trägt man den Schutz der eigenen Behausung in die Stadt mit. Herrlich. Sie trugen diese Burka natürlich nur, wenn es ihnen sinnvoll erschien. Aber ich denke, mit den Erfahrungen der beiden Damen deine Aussagen ergänzen zu können."

„Die Idee mit den Burkas werde ich mir merken", sagt Edith ganz langsam, setzt mit der Stimme ab, so dass alle zuhören, was kommt. „Ich habe mir vorgenommen, in ein solches Land nicht mehr zu reisen, oder es eben mit einer Burka zu versuchen. Gute Idee. In einem solchen Land, habt ihr es gelesen, nahm eine Norwegerin eine Stelle an. Sie wurde von ihrem Chef vergewaltigt. Und sie zeigte ihn an. Richtig so. So etwas gab es in diesem Land wohl noch nie. Aber wisst ihr das Ergebnis? Jetzt kommt's. Diese Frau wurde zu vierzehn Monaten Haft verurteilt. Wegen außerehelichen Geschlechtsverkehrs! Jaaa, so läuft es da. Der Chef wurde nie zur Rechenschaft gezogen. Wenigstens fand die Frau gnädige Richter. Nach vier Monaten wurde sie begnadigt. Oh, wie fein."

Ruth hatte sich als Erste wieder gefangen. „Ja, es gibt noch genügend Länder mit solcher Rechtssprechung. Aber es gibt kleine Fortschritte. Vor kurzem las ich in der Zeitung, in eben einem solchen Land habe die Grapscherei in den chronisch überfüllten Bussen derart zugenommen, dass sich mutige Frauen bei den Behörden der Stadt beschwerten. Sie fanden Gehör. Jetzt gibt es eigene Busse für Frauen. Ich muss zugeben, die Haltung dieser Männer wird dadurch nicht geändert."

„Zu einem Ehebruch gehören immer zwei..." Heiner macht eine kleine Kunstpause, um sich noch mehr Gehör zu verschaffen. Die verdutzten Blicke bedeuten „Ja und, was willst du damit sagen?" Er fährt fort: „Und es gibt noch genügend Länder, in denen es nur Ehebrecher*innen* gibt. Unerträglich. Vielleicht hat es schon manchen ‚Ehebrecher' unter den Steinewerfern gegeben."

Herbert gibt der Gruppe noch Zeit für weitere Beispiele und greift dann ein: „Zu sehr wollen wir auch nicht vom Thema abschweifen, aber wir haben das Argument von Mimo wohl verstanden, dass ein Versteck auch Freiheit bedeuten kann, auch in unserer Gesellschaft, vor allem, wenn man sich jedem beliebigen Menschen auf der Straße aussetzt."

Und ihr werdet noch seltsame Geschichten hören, die zeigen, dass ich so sehr geschützt auch wieder nicht war. Inzwischen arbeite ich auf der Bühne – „ungeschützt", da mir die Mimik wichtig ist. Nie im Leben hätte ich gedacht, dass ich je einmal auf einer Bühne stehe, als Solist, aber erst Jahrzehnte nach meinem Kindheitserlebnis als Zwerg.

Vor dem Auftritt gehe ich das Stadtviertel ab, suche nach einem geeigneten Standplatz. Meist ist meine Nervosität noch so hoch, dass ich es unmöglich schaffe, gleich Position zu beziehen. Ich sitze auf einer Bank, beobachte das Treiben. Sind genügend Leute unterwegs? Kann sich hier ein Halbkreis bilden? Störe ich eine Arztpraxis? Manchmal frage ich die Menschen, die in der Nähe arbeiten, um Genehmigung. Es dauert bis zu einer Stunde, bis ich mit einem Platz vertraut bin. Dann muss ich über meinen eigenen Schatten springen. Nie im Leben war ich so aufgeregt, wie kurz vor meinem Auftritt. Ich weiß, wovon ich spreche. Es reicht zum Beispiel, wenn es keinen geeigneten Platz zum Umziehen in der Nähe gibt. Mehrmals bin ich auch wieder umgekehrt und wieder heimgefahren. Das Auto wäre ein geeigneter Platz zum Umziehen. Aber, in dieser auffälligen Verkleidung vorher weit zu meinem Standort zu wandern, halte ich nervlich nicht durch.

Deshalb suche ich immer zuerst den Standort und danach den Platz zum Umkleiden. Doch zumeist habe ich mich überwunden. Dabei sage ich mir: Du lebst nur einmal! Was kann dir wirklich passieren? Ja, solche Grundsätzlichkeiten sage ich mir gebetsmühlenartig vor. Habe ich einmal den Entschluss gefasst, dann geht alles sehr schnell. Die Maske ziehe ich so schnell über den Kopf, wie man einen Hut aufsetzt. Dabei überkommt mich immer das gleiche Gefühl: Gerettet! Jetzt bin ich in meiner geschützten Welt. Wie gesagt, ich bin nicht geschützt, aber ich fühle mich so. Das bodenlange, sehr weit geschnittene Hemd flutscht über den Körper. Das alles dauert nur Sekunden. Dann fehlen nur noch die Handschuhe. Aber wie aus dem Erdboden gestampft, stehe ich plötzlich in der Menschenmenge, öffne meinen „Künstlerkoffer" und stelle mich auf meine Bierkiste.

Jeder hat seinen Stil, erwähnte ich zu Anfang. Manche enthüllen sich wieder vor dem Publikum. Ich nicht, niemals. Ich verbeuge mich, den Beifall des Publikums genießend. Die Menschen bleiben stehen und warten.

„Ich kann mir vorstellen, warum", sagt Claudia.

„Du glaubst, die Menschen sind neugierig und wollen mich sehen. Da hast du recht. Und jetzt soll diese Frage unbeantwortet bleiben? Doch, ich zerteile die Menschenmenge – sie weicht auch anstandslos zurück – und ich schreite von dannen."

„Du lässt die Menschen aber enttäuscht zurück. Ich wäre es jedenfalls", meint Beate.

„Mag sein, aber das Publikum in seiner Spannung, in seinem Staunen zurückzulassen, hat für die Menschen etwas Bleibendes. Ist ein Rätsel gelöst, kann man sich anderen Dingen zuwenden. Dann ist es etwas zum Vergessen. Etwas nicht zu bekommen, hält sie aber in lebendiger Spannung. Ich ziehe es vor, etwas Unerreichbares zu sein. Mit Illusionen zu leben ist schöner als mit Reizlosigkeit."

Beate wiegt misstrauisch den Kopf.

Am Anfang war mir ziemlich gleichgültig, ob mich die Menschen anschließend noch in Original erlebten. Aber jetzt komme ich auf ein Erlebnis zurück, wieder einmal ein „Schlüsselerlebnis". Es war in Kempten, an der Fischersteige. Ich beende meine Vorstellung, zerteile die Menge und gehe die Fußgängerzone entlang, um einen geeigneten Platz zum Umziehen zu finden. Es gibt immer Leute, die mir folgen, sie geben aber bald auf. Diesmal bleibt eine Frau hartnäckig. Irgendwann biege ich in einen Innenhof ein und ziehe mich in einer Ecke um. Ich beeile mich nicht, in der Hoffnung, dass die Frau, sie hat ein kleines Kind an der Hand, die Geduld verliert und weitergeht. Ich verlasse mein Versteck und sehe mich getäuscht. Sie steht in der Toreinfahrt. Ich spreche sie an: „Na, sind Sie jetzt zufrieden?" Die Frau lächelt und sagt nichts. Ihre Mundwinkel zucken beim Lächeln, als wolle sie eine Enttäuschung unterdrücken. „Was ist mit Ihnen? Sie wollten mich doch sehen. Warum machen Sie ein gequältes Gesicht?" Dann sagt die Frau den Satz, der bei mir zu diesem Schlüsselerlebnis werden sollte und weshalb ich von nun ab streng darauf achte, dass ich ein Geheimnis bleibe. Sie sagt: „Meine Neugierde wurde befriedigt, aber meine Illusionen wurden zerstört."

Betroffen gehe ich weiter, winke kurz und lasse die Frau zurück. Lange dachte ich über diesen Satz nach.

„Oh ja", redet Beate weiter, „jetzt weiß ich, was du meinst."

Theresa äußert ihre Schlussfolgerungen: „Es ist ja kein Ungeheuer unter der Maske hervorgekrochen. Welche Illusionen hatte sie?"

„Stimmt, halt ein Mensch, was sollte anderes dahinterstecken", wundert sich auch Katharina.

„Ich vermute", beginnt Beate in bedeutungsvollem Ton, „der Frau ging es wie den meisten anderen. Man entfernt sich von der nüchternen Vorstellung, dass ein Mensch wie du und ich dieses Wesen sein soll. Dir ist es gelungen, ein Märchen wahr werden zu lassen, das Kind in der Frau zu wecken. Vielleicht steckt es ja nicht nur im Manne. So außergewöhnlich finde ich das nicht. Und dann hast du dich gezeigt und sie wurde jäh in eine ganz irdische, gewöhnliche Welt zurückgeholt. Es kam gar kein Märchenwesen hervor."

„Das Thema ist noch nicht ganz zu Ende besprochen", meldet sich die Musiklehrerin Katharina zu Wort. „Es ist keine Bildungslücke, wenn man Nadeschda Filaretovna von Meck nicht kennt. Aber diese außergewöhnliche Frau schrieb Liebesbriefe wie: ‚Ich kann ohne Ihre Musik nicht mehr leben... auf meinem Sterbebett möchte ich sie noch hören... ich liebe Sie so wie Ihre Musik, denn man kann ein geschaffenes Werk nicht vom Schöpfer trennen... ich bin in Urlaub und Sie dürfen meine Villa bewohnen... schicken Sie mir Ihre Werke, ich möchte sie selbst auf dem Klavier spielen... ich werde Ihnen ständig so viel Geld zukommen lassen, dass Sie für immer ausgesorgt haben... in unendlicher Liebe...' So ging das jahrelang. Und wer war der

Adressat? Peter Iljitsch Tschaikowski. Und jetzt folgt das Wundersame. Sie vereinbarten, dass sie sich im Leben nie treffen sollten. Man kann diese Abmachung tausendfach interpretieren. Aber sie hatten damit auch vereinbart, den anderen als Wesen außerhalb der gewöhnlichen Welt zu belassen. Den Menschen in seiner täglichen Gewöhnlichkeit zu erleben, würde den Glanz der Erhabenheit zerstören. Nun, eine solche Beziehung ist sehr seltsam, gründet sich aber ein bisschen auf deiner Theorie der Faszination eines Geheimnisses."

„Richtig. Und jetzt komme ich noch einmal zu unserem Thema. Lieber hätte die Frau in Kempten an das Märchenwesen geglaubt. Sie wäre beeindruckt nach Hause gegangen", resümiert Theresa.

„Und darum sehe ich es als besser an, mich nicht zu zeigen. Maskenspiel, ein wunderbares Spiel. Der Zauber der Maske schließt die Unantastbarkeit des Trägers mit ein."

„Und deshalb zeigst du dich nicht. Ganz richtig." Edith betont den Satz wie ein Schlusswort. Und das war es auch.

„Heute verziehe ich mich in den hintersten Winkel, bis ich den letzten Hartnäckigen abgeschüttelt habe. Und die Allerletzten trickse ich aus. Das sind die, die dann auf der Straße warten, bis ich erscheine. Ich ziehe mich im Hinterhof oder in einem Hauseingang um, lasse aber dort meinen Koffer stehen und gehe in Zivil auf die Straße. Wie jeder andere Hausbewohner gehe ich an ihnen vorbei. Die wartenden Menschen haben keine Ahnung, dass ich die geheimnisvolle Statue war. Dann beobachte ich sie. Wenn der Letzte die Geduld verloren hat und geht, dann hole ich meinen Koffer.

Ich glaube, wir haben jetzt eine Pause verdient. Wir treffen uns heute Abend im Aufenthaltsraum. Über die Pantomime haben wir jetzt viel geredet. Jetzt folgen die Erlebnisse. Ich erzähle sie sehr gerne, weil ich sie wieder erlebe, wenn ich sie in die Erinnerung zurückrufe. Ich freue mich selbst."

*

Pünktlich sitzen alle an den Tischen im Aufenthaltsraum. Die drei Herren haben sich ein Bierchen eingeschenkt, die Damen trinken Wasser, Tee oder einen „Gespritzten". Bevor Hilde das Wort ergreifen kann, stellt Theresa, die Psychotherapeutin, eine direkte Frage: „Die Pantomime lebt doch von der Mimik...?"

Ich weiß, worauf du hinaus willst. Bei mir fehlt die Mimik. Ich bin kein Mime, sondern ein „Panto"Mime. „Panto" kommt aus dem Griechischen und heißt so viel wie „alles". Ich zeige „Mimik" mit dem ganzen Körper, was vor allem jetzt auf meine Tätigkeit im Theater zutrifft. Inzwischen verstärke ich mit Farben die Gesichtskonturen, um den lebendigen Gesichtsausdruck zu betonen.

Meine Verkleidung, die ich weder männlich noch weiblich einschätzte, ließ doch verschiedene Deutungen zu. An eine Dame mit völlig falscher Witterung erinnere ich mich sehr gut. Es war eine Klofrau.

Mein Künstlergewand, so nenne ich es, trage ich manchmal auch an Fasching. Nicht zum Tanzen oder so, sondern auf dem Münchner Straßenfasching. Da sind wir eine Gruppe. Alle kleiden sich ähnlich, ausladende Gewänder, ein bisschen venezianisch. Ich glaube, dann könnt ihr euch unseren Aufzug schon vorstellen. Kurz und gut, wir gingen in ein Weinlokal von der Größe einer Bierhalle, das aber in den historischen Gemäuern recht edel wirkt. Dann ging ich auf die Toilette. Ich öffnete gerade die Türe. „Halt, halt, halt, solche G'schichten fang mer glei gar net an. Do gehst raus!" Die Klofrau packte mich am Arm und zog mich ins Frauenklo. Dann war ich eben im Frauenklo. So war's. Das ging ganz schnell. Was ich jetzt tat, war schon ein wenig kühn. Ich blieb. Ja, kommt denn niemand auf die Idee, dass sich einer wie ich hier herumtreibt! Niemand kümmerte sich um mich. Ich betrachtete mich noch einmal im Spiegel. Gut, eine mysteriöse Gestalt steht da, aber weil sie schon mal hier ist, ist's auch eine Frau. So dachten wohl alle. Ich stellte mich in die Schlange. Da es viele Kabinen gab, musste ich nicht allzu lange warten. Die nächste Minute überspringe ich in meiner Beschreibung, aber mir war schon sehr seltsam zumute. Am Spiegel ging jetzt an Fasching munter zu. Die bunten Gesichter wurden aufgefrischt. Parfümwolken erwischten mich. Frauen, die zusammen ankamen, warteten aufeinander und verließen gemeinsam die Toilette. Treffpunkt Frauenklo. Mir wurde mulmig. Dann drängte ich mich mit den anderen hinaus. Mit einer freundlichen Verbeugung verabschiedete ich mich von der Klofrau, die glaubte, recht getan zu haben. Meine neue Duzfreundin hob noch mal die Hand und schüttelte den Zeigefinger. „Du, du, du, so frech bist du mir aber nicht noch einmal." Ich war frech - aber nur, weil ich ihr gehorchte.

„Glaubst du, ein Publikum mit besonderer Charakteristik zu haben, das sich von einem anderen unterscheidet?", fragt Claudia.

Ja. Es ist verrückt, was eine Verkleidung ausmacht. Alle wissen, dass hier ein Schauspiel abläuft, dass jemand nur in der Verkleidung steckt. Und trotzdem bin ich für einen Teil des Publikums nicht echt, nicht ganz wenigstens. Sie behandeln mich wie eine aufziehbare Stofffigur. Zum Beispiel fassen mich viele recht ungeniert an, was sie bei einem Akkordeonspieler nie tun würden. Jedenfalls erlebe ich ein relativ geringes Distanzgefühl, was ich als deutlichen Unterschied zu meinem zivilen Leben erkenne. Vielleicht können sich manche nicht vorstellen, dass ich lesen und schreiben kann, dass ich Hunger habe, schwimmen kann oder eine Schule besucht habe. Eine Statue hat doch keine Eltern und kann auch keine Kinder kriegen. Können Statuen heiraten? Höchstens wieder eine Statue. So ist es nicht, aber ein bisschen schon.

Ich weiß, dass die Maske diese Vorstellung nährt. Das Leben als Statue ist schwer, weil du in einer realen Welt auftrittst, aber als ein Wesen aus einer virtuellen Welt behandelt wirst, ein Wesen, das nur so halb lebendig ist, zumindest nur als das starre Wesen, das das Publikum sieht, und nicht als Herr Venn.

Es gibt Eltern, die ihre Kinder in einem Kaufhaus nicht ermahnen, wenn sie mit ihren pappigen Fingern die Kleider anfassen oder an einer Schaufensterpuppe zerren. Genauso zerren sie an mir. Das würden sie bei einem „lebendigen" Menschen nicht tun.

Manche werden nervös, wenn ein Unerreichbarer vor ihnen steht. Diese Menschen sprechen mich zuweilen an, nicht weil sie gespannt sind, was ich auf ihre Frage antworte, sondern um ihre Anspannung zu lösen. Ist diese Figur überhaupt lebendig? Wenn ja, dann beobachtet uns ein Mensch wie du und ich in aller Ruhe. Auch die Neugierde steigert sich bei manchen Menschen ins Unerträgliche. Ist er jung oder alt, Mann oder Frau, auch die Größe ist durch den fließenden Übergang zum Sockel schwer zu schätzen. Nicht auszuhalten!

Was öfter passiert... Da trägt ein Vater sein Kind ganz dicht an mich heran, zu dicht. Ich fühle mich unwohl und das Kind auch. Er will das Kind nicht detailliert aufklären und auch nicht verängstigen. Er versucht nämlich, seine Spannung abzubauen und das leblose Wesen zu enträtseln. „Schau, die macht gar nichts. Sie gibt mir sogar die Hand."

Ich ergreife nicht seine ausgestreckte Hand. Fällt mir doch gar nicht ein. Aber er fasst meine an. Er selbst will das Rätsel dieses Wesens lösen. „Das ist sowieso eine Männerhand", urteilt er. Das Kind hat inzwischen längst zu heulen begonnen.

Es gibt viele, die mir irgendeine belanglose Frage stellen. Zum Beispiel „Schwitzen Sie nicht?" Diese Menschen interessieren sich nicht für die Antwort. Wenn ich dann zum Beispiel antworte „Ich schwitze nicht", dann folgt die Erlösung: „Aha, er kann ja reden! Es ist ein Mann", informiert er dann das Publikum, falls es Zweifler gab.

Lange Zeit gab ich immer Antwort, und jedes Mal fühlte ich mich danach entblößt. Ich gab etwas von mir preis, das ich für mich behalten wollte. Ich informierte letztlich Menschen, die von meinem Auftritt wenig wissen und mich „ausziehen" wollen und den Effekt meiner Darbietung zerstören. Jetzt antworte ich nicht mehr. Sollen sie eben enttäuscht abziehen. Sie haben den Sinn meiner Handlung nicht verstanden.

Warum kann man nicht einfach genießen, ohne dauernd ein Rätsel lösen zu wollen? So wie sich viele von Zauberkunststücken nicht verzücken lassen, weil sie ununterbrochen und zu sehr mit der Frage beschäftigt sind, wie er das wohl macht. Kopfmenschen zerstören die Stimmung, die ich mühsam aufbaue. Ich bin dann froh, wenn diese von ihrem Forscherdrang ablassen und weiterziehen.

Das war für euch der eher anstrengende, nüchterne Teil meiner Ausführungen.

Mimo lehnt sich weit zurück. Diese Geste deuten alle richtig. Sie sagt, es sei für den Anfang mehr als genug.

„Lassen wir den Tag in kleinen Kreisen ausklingen. Wenn das der nüchterne Teil sein soll, dann sind wir sehr gespannt auf morgen", beschließt Herbert das Programm.

*

Die Sonne fingert sich über den „Großen Daumen" und beleuchtet die Hörnerkette, den Weiherkopf, das Rangiswanger Horn, das Sigiswanger Horn und das Ofterschwanger Horn. Zuerst sind es nur die Gipfel, dann die Wiesenhänge. Die ersten Strahlen dringen auch durch die kleinen Fenster der Hörneralpe. Herbert betrachtet das helle durch die Fenstersprossen geviertelte Quadrat an der dunklen Wand. Tag für Tag fasziniert ihn dieser Morgengruß der Sonne. Und jedes Mal schlummert Herbert wieder ein. Er verlässt sich auf das morgendliche Türenschlagen und die Stimmen auf dem Gang, die ihn wecken.

„Erkundung der näheren Umgebung" hat er sich für den ersten Tag als Programm ausgedacht. Das Ofterschwanger Horn ist ein flacher Bergrücken mit einer runden Kuppe als Gipfel und gleicht einem liegenden Löwen, der den Ort Sonthofen bewacht. Die Hörneralpe liegt etwa zweihundert Höhenmeter unter dem Gipfel. Zuerst führt der Weg in steilen Serpentinen bis zum Rückgrat des Löwen. Auf ihm entlang zu wandern gehört für einen Spaziergänger zu den großen alpinen Erlebnissen, obwohl es nur ein harmloser flacher Buckel ist. Bei Föhn hat man eine Fernsicht fast bis in die Donauauen. Linker Hand begleitet den Bergwanderer ständig das Panorama der gesamten Allgäuer Alpen bis weit nach Österreich hinein. Rechts kippen die Hänge in ein stilles Hochtal hinab, in das Gunzesrieder Tal.

„Ich denke, ihr habt bestens gefrühstückt. Damit sind wir für eine kleine Wanderung gestärkt. Unser Ziel ist ein kleiner Gipfel, vierzehnhundertundsechs Meter hoch. Ihr werdet staunen, was uns da erwartet. Um halb zehn Uhr treffen wir uns vor dem Haus", informiert Herbert seine Freunde.

Kurz nach neun Uhr sitzt schon Ruth vor dem Haus und genießt den atemberaubenden Blick. Ruth ist in ihrem Leben sicherlich noch nie zu spät gekommen. Sie gehört zu den bemerkenswerten Charakteren.

Es ist so wie in einer Schulklasse. Es gibt markante Typen, die dem Lehrer gleich am ersten Tag auffallen und andere, wo der Lehrer erst bei der Korrektur der ersten Probearbeit merkt, dass sie sich in der Klasse befinden. Sie stören nicht, sie glänzen nicht, sie melden sich nicht, unscheinbares Äußeres, mittelgroß, braune, mittellange Haare, sitzen irgendwo mittendrin. Ruth wäre so eine Unscheinbare, wenn das Unscheinbare an ihr nicht schon wieder so markant wäre.

Ruth heißt mit Nachnamen Holle, ist knapp sechzig und relativ groß. Sie hat in Esslingen ein großes Atelier. Ihre akribisch angefertigten Gemälde erinnern ein wenig an „Naive Malerei". Der Betrachter staunt dabei immer über die winzigen, detailliert gemalten Figürchen auf den Bildern. Ruth hat ihre festen rotblonden Haare immer streng zurückgekämmt und am Hinterkopf hart verknotet. Alles an ihr wirkt eckig. Ihre randlose, rechteckige Brille verstärkt diesen Eindruck. Der verkniffene Mund gleicht einer dunkelroten Schnur. Er öffnet sich beim Reden nur minimal und, wie bei Marionetten, nur im Kiefergelenk. Auch die Körperformen wirken eckig. Man glaubt, sie hätte in ihrer flaschengrünen Bluse den Kleiderbügel vergessen. Der oberste Knopf zwischen den kleinen spitzen Krägelchen ist immer eng zugeknöpft. Allein wenn man sie anschaut, bekommt man Atemnot. Wegen ihrer Zuverlässigkeit überträgt ihr Herbert öfter organisatorische Aufgaben.

Beate tritt vors Haus und leistet Ruth Gesellschaft. Sie pflegen gute Kontakte, nicht allein deshalb, weil sie beide in Esslingen wohnen, sondern weil sie es lieben, tiefgründige Gespräche zu führen. Beate, Bankkauffrau, verheiratet mit einem Notar, besitzt neben ihrer Wohnung in Esslingen ein Haus mit großem Atelier im Schwarzwald bei Freudenstadt.

„Ich glaube zu wissen, woher ich unseren Pantomimen kenne", beginnt sie.

„Und...", sagt Ruth, ohne den Blick vom Rubihorn zu lösen.

„Also, wenn mich nicht alles täuscht, kenne ich ihn vom Pantomimentheater in Stuttgart."

„Stuttgart? Gibt es da ein eigenes Theater für Pantomime? In Prag und Paris, ja, aber..."

„...auch in Stuttgart", ergänzt Beate.

Um halb zehn Uhr stehen alle erwartungsfroh vor dem Haus. Hilde witscht als Letzte ins Freie. Sie hatte noch mit Kathrin etwas zu besprechen, was es auch immer gewesen sein mag.

Die Serpentinen führen steil bergauf, bis etwa zum „Steißbein" des Löwen. Von dort aus überblickt man den ganzen langen Rücken. Da entfährt es Herbert: „Ach Gott, das ist ja das Letzte!" Dort, wo man früher quer über die Bergwiesen spazierte, führt nun eine Asphaltstraße den Grat entlang. Die „Wirbelsäule des Löwen" ist nun geteert. Daneben wühlen sich Bagger in seine Flanke. Gerade hier wollte Herbert innehalten und die Wunder der Bergwelt erklären. Doch nun stapft er wie hypnotisiert an der Teerstraße entlang. Ihm geht es so wie einem Menschen, der in die Stadt seiner Kindheit zurückkehrt und erleben muss, dass die Spielwiesen von damals nun Tankstellen, Parkplätzen und Supermärkten gewichen sind. Michael geht direkt hinter Herbert. Er richtet seinen Blick ständig auf die Bergkette gegenüber, damit sich der jetzige Zustand des Berges nicht zu sehr in sein Bewusstsein eingräbt.

Alles in allem habe er „ein Jahr seines Lebens" hier zugebracht, sagt er immer. Skikurse im Winter und Wanderfreizeiten im Sommer hat er traditionsgemäß hier abgehalten. Zwanzig Minuten später sind sie am „Nacken des Löwen" angelangt. Hier befindet sich inzwischen der Start der Weltcupabfahrt. Der Weltcupzirkus hat auch das beschauliche Ofterschwanger Horn erreicht. Zehn Minuten später hat die Gruppe auch das mittlerweile glatt gebügelte „Löwenhaupt" erklommen. Auf der Abfahrtsspur wachsen keine Pflanzen mehr. Der Gipfel ist eine abwechslungsreiche Hügellandschaft geblieben, ein guter Platz zum Verweilen.

Bis Hilde einen Platz gefunden hat, dauert es eine Weile. Dann schweigen alle. Zu überwältigt sind sie von der Fernsicht. Niemand spricht, um das Schweigen der majestätischen Natur nicht zu stören.

Erst nach einer halben Stunde regt sich in der Gruppe wieder Leben. „Hast du dich auch einmal mitten in die Natur, so wie diese hier, gestellt?"

Mimo setzt sich auf einen kleinen Felsen. „Wollt ihr ein bisschen hören?"

„Aber natürlich", antwortet Hilde, gewissermaßen als Sprecherin für alle.

Ja, die Natur suche ich. Vorausgesetzt, in dieser Natur bewegen sich auch Menschen, sonst macht mein Auftritt ja keinen Sinn.

Es war nur in einer anderen Natur als hier. Stellt euch vor: Das schäumende Meer klatscht an die Felsen. Direkt am Ufer steht eine mächtige Pinie. Diese Pinie zerteilt einen Spazierweg wie ein Fels einen Flusslauf. Von hier aus führen breite Stufen hoch zu einer Villa aus der Glanzzeit der K.u.K.-Monarchie. Ihre Fenster sind riesig. Sie wirken wie Eulenaugen, nur rechteckig, mit denen die Villa hinüber auf die Inseln Krk und Cres lugt. Genau an dieser Stelle unter dem Pinienbaum steht eine silberne Statue. Der Kaftan flattert leicht. - Und das ist die Geschichte dazu...

*

Meine Schwiegermutter lebt alleine in ihrer Wohnung im Rijeka, der großen Hafenstadt im Norden Kroatiens. Wie gerne lässt sie sich von uns ausführen. „Heute fahren wir nach Opatija", überrascht meine Frau ihre Mutter. Flugs zieht sie ihr Ausgehkleid an und steht strahlend vor uns. Die kleine Henkel-Handtasche hält sie fest in der Hand wie einen Koffer. Los geht's. Es ist so schön, ihr eine Freude zu bereiten.

In Opatija offenbart sich immer noch der Prunk der K.u.K.-Monarchie. Eine Villa reiht sich an die andere. Eigentlich sind es kleine Schlösser. Die Hotels, im Jugendstil gebaut, bewahren jetzt noch den Glanz des Hochadels oder den Muff des Hochadels, je nachdem, wie man dazu steht.

Einer der schönsten Wege der gesamten Adria ist sicherlich die vierzehn Kilometer lange Uferpromenade von Volosko nach Lovran. Sie führt auch durch Opatija. „Lungo Mare" nennt man diesen Weg.

Wir sind bereits in Opatija. Gleich am Anfang sage ich: „Ich habe noch etwas zu erledigen. Geht ihr inzwischen weiter. Wir treffen uns im Park beim Freilichtkino."

Meine Schwiegermutter wundert sich ein bisschen, sagt aber nichts. Sie biegt mit ihrer Tochter in den „Lungo Mare" ein.

Jetzt aber schnell. Ich haste zum Auto zurück, ziehe den Künstlerkoffer heraus und nehme eine Abkürzung zur Pinie am Meer. Ich hatte mit meiner Frau vereinbart, dass sie langsam geht, immer wieder stehen bleibt, Architektur und Meer genießt. So bleibt mir genügend Zeit, mich umzuziehen. Die Pinie, die Villa, das Meer sind meine Theaterkulisse. Spaziergänger umringen mich, staunen und erfreuen sich an meinen musikalischen Interpretationen. Dann sehe ich sie schon von weitem, meine Frau, wieder im langen Sommerkleid, entspannt schwingend, meine Schwiegermutter, neugierig alles betrachtend, als würde sie Opatija zum ersten Mal sehen. Die Henkel des Handtäschchens erdrückt sie fast. Ein herrlicher Anblick sind die zwei.

Meine Frau entdeckt mich sofort, meine Schwiegermutter schaut gebannt in die Gischt. Wasserstaub benetzt ihr Gesicht. Jetzt sind sie dicht bei mir.

„Oh, was ist denn das? Schau mal." Meine Schwiegermutter braucht erst einmal Zeit, um sich zu fangen. So etwas hat sie noch nie gesehen. Regungslos beobachtet sie meine Bewegungen.

„Das ist ja eine richtige Ballerina", entfährt es ihr nach einer Weile.

„Jaaa. Da kannst du auch was einwerfen."

„Oh nein, nein." Wie ein Kind, das der Mut verlässt, macht sie einen Schritt zurück. Sie hält sich mit einer Hand am Promenadengeländer.

Ihre Handtasche umklammert sie noch fester.

Ich könnte sie umarmen. In all ihren Reaktionen hat sie so etwas Liebenswertes.

„Wenn das der Michael sehen würde... Schade, dass er nicht da ist."

„Ja, dem würde das sicher sehr gefallen. Aber vielleicht kommt er noch." Meine Frau wirft mir schmunzelnd einen bedeutungsvollen Blick zu.

„Also, du willst wirklich nichts einwerfen."

Mütterchen umkrallt das Geländer.

„Dann werfe ich etwas hinein."

Die Spannung ist für Mütterchen nicht mehr auszuhalten.

Kling! Als gäbe es in der Statue den Mechanismus einer Spieluhr, beginnt sie zu tanzen. Oder wer schon einmal den Schäfflertanz auf dem Münchner Rathausturm gesehen hat, kann sich das Schauspiel vorstellen. Die Statue dreht sich, stoppt und klickert weiter, dabei winkt sie auch dem lieben Frauchen am Geländer zu, das geniert zu Boden und dann wieder entzückt auf die Bewegungen der lebendig gewordenen Figur schaut. Werden ältere Menschen wieder wie Kinder? Bei Mütterchen gibt es diese Tendenz sehr deutlich. Herzerweichend ist sie. Klick. Die Figur rastet wieder ein. Mütterchen rührt sich nicht.

Erst allmählich kommt wieder Leben in sie. Meine Frau: „Ist das nicht schön?"

„Mhm." Und als sich Mütterchen wieder gefangen hat: „Schade, dass Michael nicht gekommen ist."

„Ja, schade."

„Aber wir werden es ihm erzählen."

Die zwei Damen entfernen sich langsam. Erst, als sie hinter dem Konzerthaus verschwinden, husche ich davon.

Eine Weile später treffe ich auf die beiden. Sie sitzen auf einer Parkbank vor der Freilichtbühne, plaudernd, auf die Kvarner Bucht blickend.

„Hallo, da bin ich wieder. Es hat nun doch ein bisschen länger gedauert. Ich war noch..."

„Michael, wir haben etwas Großartiges gesehen... eine Ballerina mitten auf dem ‚Lungo Mare'."

„Wie, was... kann ich mir nicht vorstellen."

„Da stand eine, wunderschön, ganz in Silber, und wenn man Geld in ihren Koffer warf, dann tanzte sie."

„Das glaube ich nicht, das musst du mir schon zeigen."
„Natürlich kann ich sie dir zeigen. Gleich dort um die Ecke."
Erwartungsfroh marschiert Mütterchen vorne weg. „Da!... Oh, jetzt ist sie weg."

Die Geschichte ist noch nicht zu Ende. Am selben Abend: Die zweite Überraschung war mit meiner Frau abgesprochen.

Wir sitzen zusammen beim Abendessen. Wie es an der kroatischen Küste üblich ist, gibt es Fisch. „Bijeli i plavi", sagt Mutter und tupft stolz mit dem Finger auf das große Stück Weißfisch und den Blaufisch. Auf diese Mischung legt sie immer Wert. Jeder von uns Dreien hat noch einen Schluck kroatischen Rotwein im Glas. Da gehe ich gleichgültig aus der Küche. Wenige Minuten später:

Meine Frau sagt zu ihrer Mutter: „Komm bitte mit, ich möchte dir im Schlafzimmer etwas zeigen."

Mit einem fragenden Blick folgt sie ihr. Was soll denn das? Die Tür geht auf.

„Oh, ah, oh... das ist sie, das ist sie!", ruft Mütterchen laut und zeigt mit gestrecktem Arm auf mich.

Ich hatte mich in meiner Verkleidung auf die Hinterkante des Betts gestellt und stehe wie ein Engel hoch über den beiden. „Das ist sie, das ist sie... die Ballerina." Mütterchen fragt nicht, wie die wohl hierher kommt.

Sie staunt und starrt. „Wo ist Michael? Michael, komm, da ist sie!"

Ich gebe ihr noch ein paar Sekunden des fassungslosen Staunens. Dann ziehe ich ganz langsam Maske und Kaftan herunter. Ganz gemächlich... Da stehe ich leibhaftig vor ihr. Mütterchen krallt sich an ihrer Tochter fest.

„Michael, Michael, da bist du ja! So eine Statue war heute in Opatija. Die sah genau gleich aus." In ihrem Schreck hat sie immer noch nicht die Zusammenhänge kapiert. Dann stockt sie. „Ach so, duuuu warst das in Opatija. Duuuuu!"

Mit einem Freudenhüpfer springe ich vom Bett und drücke Mütterchen.

*

Während der Erzählung auf dem Gipfel kommen noch zwei ältere Ehepaare hinzu. Die lachen auch. Sie haben wohl mit einem Ohr zugehört. Doch Mimo erzählt weiter:

Betörend schöne Natur findet man in Slowenien, zum Beispiel in Bled, gelegen an einem traumhaften, in die Julischen Alpen eingebetteten See. Der hat alles, was man zu einer Bilderbuchkulisse braucht. Am Ufer eine trutzige Burg, hoch oben auf einem senkrecht abstürzenden Felsen, mitten im See eine malerische Insel mit der Marienkirche, umsäumt von Nadelwäldern. Die Parkanlagen in Bled sind gepflegt. An einer Stelle steht ein braun eingelassenes Holz-Kunstwerk. Es sind mächtige geschwungene rechteckige Holzsäulen, sehr harmonisch in die Landschaft integriert.

Genau vor diesem Kunstwerk stehe ich, in Nachtblau von Kopf bis Fuß. Der hohe Hut wirkt wie eine Krone. Das Blau ist eine Ergänzung zum tiefblauen, welligen See. Starker Wind pfeift, so dass das lange Gewand wie Wäsche an der Leine flattert. Es existieren höchst beeindruckende Fotos davon. Statuen sind in dieser Zeit auf Straßen schon etwas Gewöhnliches, nicht aber diese. Ihr Anblick betört, verwirrt aber auch. Also bleiben nicht wenige Spaziergänger stehen. Es geschieht nichts Besonderes, gäbe es da nicht eine Frau in einer langen giftgrünen Hose, bei der ich mit meinem Äußeren, meiner Musik und meinen Bewegungen wohl einen Nerv getroffen habe. Mann und Kind sind dabei. Die Frau beginnt mit Handküssen, dreht sich wie ein Karussell im Kreise, tanzt, mit menuettartigen Tanzschritten schreitet sie über die Wiese. Sie richtet sich auf, fliegt auf mich zu, um geduckt in kleinen Tippelschritten wieder zurückzuweichen. Eigentlich schön, aber irgendwie übertrieben. Die Frau ist total aus dem Häuschen. Jetzt ist sie mir ganz nahe, kniet vor mir nieder und küsst meinen Rocksaum. Ja, schon gut, schon gut, denke ich. Dann bleibt sie vor mir stehen, schließt die Augen und schon gibt sie mir einen Kuss auf die Plastikmaske. Ich verstehe Slowenisch nur einzelne Brocken, aber so etwas wie „Ich schließe Sie in mein Herz und werde Sie nie vergessen", sagte sie schon. Mit dem eingefrorenen, glatten Lächeln einer Turniertänzerin wirbelt sie von dannen, tanzt noch eine Weile auf der Wiese, bis sie ihren Mann entdeckt, der vor Scham im Boden versinken wollte.

Das sind solche Zwischenfälle, von denen ich nicht weiß, was ich davon halten soll. Man wundert sich halt ein bisschen. Ich bewerte sie nicht, schreibe sie nur amüsiert in mein Tagebuch. So blieb mir auch dieser Tanz erhalten. Doch in erster Linie erinnere ich mich an das schäumende tiefblaue Wasser.

Wenn es möglich ist, suche ich die Natur. Einmal stellte ich mich im Winter auf einen zugefrorenen See, im Silbergewand natürlich. Die Eisläufer tanzten um mich herum. Wer kennt schon den Komponisten Emil Waldteufel. Nicht sehr viele. Aber seinen „Schlittschuhläuferwalzer" hat jeder schon einmal gehört. Der tönt aus meinem Koffer. Eingenommen habe ich gar nichts. Aber Figur, Eis und Schlittschuhläufer waren ein Ensemble, und ich fühlte mich sehr wohl.

*

„Nun erkläre ich euch die Allgäuer Bergwelt. Dieser schöne bewaldete Kegel vor uns ist das Sigiswanger Horn, rechts dahinter das Rangiswanger Horn. Die Sicht hier oben ist wunderbar, aber ich weiß eine Stelle, wo der Rundblick noch umfassender ist." Die Gruppe spaziert gemächlich den Löwenrücken zurück. Beim „Steißbein" bleibt Herbert stehen.

„Stoooopp, stopp, stopp. Das hier ist meine Lieblingsstelle. Schaut bitte nicht rückwärts. Die Teerstraße verdirbt uns noch die Stimmung. Aber hier gibt es den besten Rundblick. Schaut gerade übers Tal. Markanter als der Grünten, zumindest von hier aus betrachtet, kann ein Berg kaum sein. Er steht einzeln, so dass man ihn als ‚Wächter des Allgäus' bezeichnet. Und wenn ihr jetzt über Sonthofen hinausschaut, dann seht ihr Bad Hindelang und dahinter das Tannheimer Tal. Den Abschluss dieses Tales bildet dann, von hier aus gesehen, der Aggenstein, ein bizarrer Felsbrocken, bereits auf der Höhe von Pfronten. Jetzt zähle ich die wichtigsten Berge auf, soweit sie mir bekannt sind. Die Rotspitze steht uns gegenüber, und der breite Rücken zu ihrer rechten Seite ist der Große Daumen. Einer von den Zacken rechts daneben ist das Nebelhorn, der vielleicht bekannteste Berg der Oberstdorfer Gegend, da er auch bei Skifahrern beliebt ist. Der bewaldete Kegel davor ist das Rubihorn, das schon Richtung Oberstdorf hineinläuft. Oberstdorf selbst liegt hinter dem Hügel mitten im Tal. Ganz markant hinter Oberstdorf der Große Krottenkopf, der Kratzer und – mehr oder weniger das Wahrzeichen des Allgäus – die Mädelegabel mit der Trettachspitze. Schauen wir nach links hinüber über das Gunzesrieder Tal hinweg. Ganz vorne der Mittag, dann der Steineberg und Stuiben. Diese kleine Spitze ist der Zedererstuiben, dann das Rindalphorn, Buralpkopf und am Schluss der Hochgrat. Das ist schon die Gegend von Oberstaufen."

Herbert hat gerade seine Erklärung beendet, da ist auch Lydia schon fertig. Lydia hat immer einen kleinen Malblock in ihrem Rucksack. Sie braucht nur wenige Striche, um treffsicher eine Landschaft oder eine Szene zu skizzieren. Im Nu hat sie mit einem ultramarinblauen Farbstift das gesamte Alpenpanorama aufs Papier gezaubert.

Lydia ist eine feine Mittfünfzigerin, mittelgroß von Wuchs, zart ihr Körper. Sie war in ihrer Jugend Balletttänzerin. Das spürt man auch heute noch. Wie sie die Hände führt – sie hat wunderbare Hände! –, wie sie den Kopf dreht. Wenn sie geht, schreitet sie. Die Feinheit ist ihr Wesen. Sie ist feinsinnig und feinfühlend. Sie gibt immer eine kluge Antwort. Sie redet wenig und kann gut alleine sein. Ihre musische Begabung dringt im Alltag ständig durch. So nebenbei bastelt sie aus einem Stück Baumrinde, einem Ästchen und einem Blatt ein Segelschiff. Sie findet immer einen schönen Stein, ein winziges Tierchen und entdeckt in den Wolken Landschaften und Figuren. Und ebenso spielt sie Klavier. Ihre Hände! Frederic Chopin und Ludwig van Beethoven sind ihre Lieblingskomponisten.

„Sieben Minuten muss der erste Satz der Sonate in Cis-Moll Opus 27 Nr. 2 dauern. Alles andere empfinde ich als hektisch und ausdruckslos", urteilt sie über die „Mondscheinsonate". Doch gerade den dritten Satz spielt sie mit solcher Kraft und Virtuosität, als würde der ungestüme Beethoven selbst am Flügel sitzen. Während die Gruppe die restlichen Serpentinen hinabsteigt, packt sie ihre Malutensilien in ihren kleinen Rucksack und kommt zusammen mit Katharina, der Musiklehrerin, nach. Diese beiden können endlos über die „Schönste aller Künste", die Musik, diskutieren.

*

Es ist wieder Abend. Um Kathrin die Arbeit zu erleichtern, schiebt ein Abgeordneter eines jeden Tisches gesammelt das Geschirr durch das

Schiebefenster in die Küche. Bevor alle den Raum verlassen, schlägt Herbert mit dem Löffel an seine Tasse.

„Wir treffen uns um neunzehn Uhr dreißig im Aufenthaltsraum. Mimo wird den Abend übernehmen." Alle, auch Herbert, haben sich in dieser Woche den Namen „Mimo" statt Michael angewöhnt.

Nun sind sind sie wieder zu Mimos „Vorlesung" gekommen. Doch Mimo spricht frei. Sein pantomimisches Leben ist abrufbar im Gedächtnis abgespeichert. Einleitungslos beginnt er:

„Ich glaube, das zweite Argument für eine Maske könnt ihr auch nachvollziehen. Ich bin konzentrierter. Wenn die Musik einsetzt, bin ich mit ihr im Einklang. Die Maske macht das aus. Es gibt keine Ablenkung. Jedes Tremolo, jeder Stopp, jede Synkope überträgt sich unmittelbar auf meinen Körper. Ich denke nicht nach. Der Körper reagiert lediglich. Es gab eine Lehrmethode, die vor allem bei extrovertierten Tänzern Anwendung fand, bei solchen, die glaubten, hauptsächlich sich selbst darstellen zu müssen. Man verpasste ihnen beim Üben eine Maske, damit sie bei sich bleiben und dadurch präziser werden und ihren Ausdruck verbessern.

Ich habe für heute bestimmte Themen vorbereitet, aber habt ihr Fragen? „

Katharina meldet sich. „Kam es vor, dass dir Bekannte Münzen eingeworfen haben, ohne zu wissen, dass du es bist?"

Das kam oft vor und gehört genau zu dem, was das Maskenspiel so reizvoll macht. Ich muss zugeben, dass mir bei diesem Spiel eine diebische Freude aufkommt. Jetzt sind wir beim dritten Grund, warum ich bald ohne Maske nicht mehr auftreten wollte. Ein paar Geschichten habe ich auf Lager. Die erste mit Mütterchen habt ihr schon erfahren. Allein an ihr versteht ihr die Faszination des Maskenspiels und warum eine Maske mein Markenzeichen wurde. Eine Ausnahme machte ich einmal, und dafür fuhr ich tausend Kilometer. Mein Auftritt in Wien passt nicht ins Abendprogramm. Ich freue mich aber darauf, euch ein andermal in meine Reise nach Wien einzuweihen. Maskenspiel soll heute das Thema sein. Nach etwa einem halben Jahr Statuenerfahrung wagte ich mich in meine Heimatstadt nach Memmingen. Viele Tage musste ich mich seelisch darauf vorbereiten. Die Aufregung war unbeschreiblich groß. Dann war's so weit.

Es ist der erste Advent 1995. Ich finde ein passendes Plätzchen in der Fußgängerzone. Wie es in einer Kleinstadt ist, dauert es nicht lange, dann bin ich umringt. In einer Kleinstadt ist ein unüblicher Straßenkünstler – so war es jedenfalls damals - ein Blickfang. Es dauert auch nicht lange, dann stehen Bekannte vor mir. Taucht eine Kollegin mit zwei Freundinnen auf. Deutsch, Geschichte unterrichtet sie. Sie sitzt im Lehrerzimmer an meinem Tisch.

„Ist der echt?", fragt sie ihre Freundinnen. „Probieren wir's mal aus." Sie kramt in ihrem Geldbeutel. Als sie auf mich zugehen will, verlässt sie ein wenig der Mut. „Soll ich?", fragt sie nach hinten. „Los! Feigling! Mach kein solches Theater! Der wird schon nicht beißen."

„Ach nein, ich schaue erst, was er bei anderen macht."

„Jetzt komm schon, ein Grapscher wird wohl nicht dahinterstecken. Außerdem ist das sowieso eine Frau, hahaha!"

Mit einer Münze zwischen Daumen und Zeigefinger geklemmt (es ist eine Mark) geht sie auf mich zu, Fuß für Fuß bewusst setzend. Kling! Begleitet von Karl Maria von Webers „Aufforderung zum Tanz" drehe ich mich im Walzerrhythmus auf meinem Sockel, um sie dann mit einem Handschlag zu begrüßen. „Schau, er will dir die Hand geben."

Sie berührt mit dem Finger nur kurz meine Handfläche und rennt davon.

Am nächsten Tag sitzt sie neben mir im Lehrerzimmer. Ich sage nichts.

Heiner lacht, wie alle anderen auch. Er lehnt sich zurück, hebt die Arme: „Oh ja, jetzt verstehe ich genau, was du mit ‚Faszination des Maskenspiels' meinst."

Viele, die um mich herumstanden, kannte ich. Allmählich wurde ich übermütig. Bei einem Münzeinwurf sagte ich einmal „Hallo, Karl-Heinz".

„Ehh..." Als wäre bei ihm ein Stecker herausgezogen, verharrt er in steifer, gebückter Haltung. Langsam erhebt er sich. Während er mich anstarrt, hängt sein Unterkiefer. Wie auf ein Ungeheuer gestoßen, geht er rückwärts, ganz langsam. Er tuschelt mit seinen Freunden. Ich kann mir vorstellen, was da gesprochen wird. Dann kommt Rudi. Er schaut vorsichtig nach links und rechts, als hoffe er, dass ihn niemand beobachtet. Als er mich erreicht, macht er eine hastige Wurfbewegung... aber er wirft nichts ein. Dieses Spielchen kenne ich schon. Als Statue verharre ich in stoischer Ruhe. Dann noch einmal und noch einmal. „Jetzt wirf schon", rufen seine Freunde; Stefan, Chris, auch Angela ist dabei. Ich kenne sie alle. Dann wirft er tatsächlich die Münze ein.

Wie ein klarer Himmel stehen die Klänge von Edward Griegs „Morgenstimmung" über dem kleinen Platz. Ich fühle mich von ihnen gezogen und forme aus Edvard Griegs Harmonien mit Armen und Körper die Bewegungen sich still fortsetzender Wellen. Toc. Ich erstarre wieder. Und Rudi steht wie hypnotisiert. Langsam löst er sich aus seiner Erstarrung, betrachtet mich von der Seite, von hinten, umkreist mich einmal, schaut noch mal zu mir empor und kehrt schulterzuckend zu den Freunden zurück. Ich bleibe ein Geheimnis. Maskenzauber.

„Hat dich einmal jemand erkannt?", fragt Theresa.

Nein, nie. Ich wollte es auch in meiner Heimatstadt nicht auf die Spitze treiben und trat dort höchstens drei Mal auf. Außerdem machte ich einen Fehler...

Wisst ihr, wie man sicher sein kann, dass ein Geheimnis bestimmt weitererzählt wird? Ihr braucht nur hinzufügen „Aber ja nicht weitererzählen!!!" Damit erhebt man das Geheimnis auf den Sockel einer spannenden Besonderheit – und es wird noch unerträglicher, es für sich zu behalten. Nun könnt ihr sicher sein, dass ein Geheimnis zum Lauffeuer wird. Alle erzählen es weiter und jeder fügt hinzu „Aber ja nicht weitererzählen."

Einer Kollegin vertraute ich mein Geheimnis an. „Aber ja nicht weitererzählen", mahnte ich. „Aber natürlich, das bleibt unter uns, ist doch klar!"

Sehr früh erschien diese Kollegin im Kreis der Zuschauer und blieb sehr lange. Sie warf mir zwischendurch ein unterdrücktes Grinsen zu, wie es eben eine Geheimnisträgerin tut.

Kurz und gut, am nächsten Tag wusste das halbe Kollegium von meinem Geheimnis.

Ach, eines habe ich noch vergessen... Bereits beim ersten Auftritt kreiste ein Herr auffällig um mich herum und fotografierte mich aus allen Perspektiven. Nach einer Weile warf er mir eine Visitenkarte in den Koffer und flüsterte, ohne zu mir zu schauen: „Bitte kommen Sie demnächst zu mir in die Redaktion."

Zwei Tage später. „Unglaublich! Sie sind's, das darf doch nicht wahr sein!", staunte der Chefredakteur, als ich sein Büro betrat. In einer Kleinstadt kennt man sich eben. Er gab zu, die ganze Zeit über gespannt gewesen zu sein, wer ihm wohl die Ehre gäbe. Aber mit mir habe er nie und nimmer gerechnet.

Er nahm sich viel Zeit für mich. Er fand es sensationell, dass ein Mensch wie ich, relativ stadtbekannt, auf solche Ideen kam. Er fragte nach dem Auslöser meiner Idee, meiner Motivation, meinen Erfahrungen. Dann erzählte ich ihm auch die Geschichte von Herrn Baranović. Es entstand ein schöner Artikel in der Tageszeitung, mit Bild natürlich, einer der wenigen, mit denen ich von Anfang bis Schluss zufrieden war. Meine Identität gab er vereinbarungsgemäß nicht preis.

„Dann wurde deine Heimatstadt zu deiner Lieblingsbühne", folgerte Heiner.

Nein, ich sagte schon, überall trat ich auf, nur nicht in Memmingen. Zum Beispiel hatte ich in Memmingen einmal eine Feindin. Ein anderes Wort als „Feindin" gibt es für das damalige Verhältnis nicht. Kommt sie daher und wirft mir ein. Ich winke ihr zu und sie winkt munter zurück, nicht ahnend, welche Kuriosität sich momentan abspielt. Das sind Geschichten, mein Lieber! Inzwischen zählt sie zu meinem Stammpublikum im Theater und wir verstehen uns übrigens bestens und freuen uns, wenn wir uns treffen. Mitten unter Bekannten aufzutreten hielt ich für zu gewagt, es überforderte mich auch nervlich. Außerdem hat meine plappernde Kollegin alles verdorben und die Möglichkeit eines Auftritts für immer besiegelt.

Apropos Maskenspiel. Ein wundersamer Zufall ereignete sich ganz woanders. Der Schauplatz liegt in Italien.

*

Das Publikum bildet einen großen Kreis mit einem Radius von zehn Metern, der links und rechts an meinem Schemel beginnt. Ich stehe auf dem zentralen Platz in Lazise am Gardasee. Eine herrliche Atmosphäre.

Natürlich wählte ich als musikalische Untermalung die „Italiener" Verdi, Vivaldi, Bellini und Puccini. Eine halbe Stunde stehe ich schon. Mein Blick streift am Zuschauerkreis entlang und dann, direkt rechts neben mir... das gibt es doch nicht... Das – gibt – es – nicht! Da steht er, Edi, mein bester Freund. Seit Jugendzeiten sind wir zusammen, auch heute noch. Mit ihm streute ich die Saat meiner Pantomime in Madame Tussauds Wachsfigurenkabinett. Eine Seelenverwandtschaft in fröhlicher Herzlichkeit und gegenseitiger Hochachtung verbindet uns noch immer. Von meiner Straßenkunst habe ich ihm noch nichts erzählt. Wie groß ist Europa? Und Edi steht exakt neben mir. Statistiker können ausrechnen, wie groß der Zufall sein muss, dass wir zwei unabgesprochen nebeneinander stehen.

Er stehe schon eine halbe Stunde neben mir, versicherte er mir später.

Rasterweise drehe ich mich zu ihm, kippe nach unten ab. Unsere Gesichter sind nur noch zwanzig Zentimeter voneinander entfernt. Die Zeit der gegenseitigen Fixierung ist nicht länger als drei Sekunden, erscheint beiden aber wie eine Ewigkeit.

„HALLO EDI", rufe ich aus nächster Nähe.

Er schnappt nach Luft. Dann, noch viel lauter und für alle vernehmbar: „I GLAUB, I SCHPENN!" („Ich glaub' ich spinn'!") Er weiß noch immer nicht, wer ich bin. „Edi, was machsch denn du in Lazise?", frage ich in unverstelltem breitem Memmingerisch. „Ja verreck. Mi haut's um. Des gibt's doch it. Duuuu!" Wir liegen uns beide in den Armen. Das Publikum kapiert gar nichts. Mit gekreuzten Armen vor der Brust gebe ich das Zeichen für „finito". Kann das wahr sein? Edi steht ahnungslos neben mir. „Komm mit, ich ziehe mich dort hinten um." Dann, in einem Winkel abseits der Menschenmenge, stehen wir voreinander. Wir schütteln uns gegenseitig, schauen uns in die Augen. Unglaublich, unglaublich! So feierten wir ein sensationell überraschendes, sehr fröhliches Wiedersehen.

*

Bevor ich euch die großen Zusammenhänge erkläre, möchte ich anhand von vier verschiedenen Kurzgeschichten, einen Vorgeschmack auf die aufregende Welt der Straßenkunst geben.

Ein kleiner Zettel liegt in meinem Koffer: „Hallo, schön, dass Sie wieder da sind! Wann kommen Sie wieder? Das will nämlich meine Tochter wissen. Sie will Sie erleben. Sie liegt seit neun Wochen im Krankenhaus. Wenn sie entlassen wird, will sie sofort zu Ihnen kommen. Ich hab ihr von Ihnen erzählt. Gruß von der ‚Bäckerei nebenan'."

*

Ein etwa fünfzehnjähriges Mädchen baut sich keck vor mir auf: „Sind Sie ein Mensch oder eine Puppe?" Was nun? Wenn ich schweige, bleibe ich für sie ein Rätsel. Wenn ich etwas sage, egal was, dann habe ich mich als Mensch entlarvt. Es folgt aber etwas Witziges. Ich sage: „Ich bin eine Puppe." Das Mädchen legt den Zeigefinger an die Wange, schaut in die Luft und sagt dann „Aha, also doch eine Puppe", und geht.

*

Es war in den Anfängen. Ich stand in Ulm. Es geschieht etwas Unscheinbares und doch Ergreifendes. Unter den vielen Menschen entdecke ich eine junge Frau. Ihre dunklen Haare sind kurz, so dass ihr fein geschnittenes, puppenhaftes Gesicht frei liegt. Diese Frau sticht von den anderen ab, die großen schwarzen Augen, die Klarheit ihrer Gesichtszüge sind in ihrer Schönheit fast unwirklich. Der lange, schwarze Mantel ist tailliert und betont den schlanken Körper. Sie steht im Hintergrund. Sie schließt die Augen und senkt den Kopf. Sie steht lange. Plötzlich ist sie verschwunden. Einige Zeit später steht sie wieder am gleichen Fleck. Dann zwängt sie sich durch die Menge und geht ruhigen Schrittes auf mich zu. Sie legt eine langstielige dunkelrote Rose sorgsam quer über den Koffer. Sie dreht sich um und geht. Ich sehe sie die ganze Fußgängerzone entlangschreiten. Sie blickt nicht mehr zurück.

„Wunderschön. Da friert es mich, sogar als Frau", sagt Lydia nach einer kurzen Pause.

„Und mich als Mann noch viel mehr", fügt Heiner hinzu.

*

In Biberach an der Riß gibt es in der Stadtmitte ein kleines, fast putziges Fachwerkhaus. Davor stehe ich erstmals. Da tritt aus dem Haus gegenüber eine Frau, groß, schön, mit einer wohltuenden Ausstrahlung, die mich sofort trifft. Sie wirft mir ein und sagt: „Ich beobachte Sie schon lange aus meinem Fenster. Sie sind ein Traum. Ich lade Sie gerne zu einer Tasse Kaffee ein." Ich finde die Dame auch traumhaft und nehme dankend die Einladung an, bleibe aber noch eine Weile auf der Straße, denn ich errege hier in Biberach wirklich hohe Aufmerksamkeit. Dann läute ich bei „Ilg". Oben am Treppenabsatz wartet schon die freundliche Dame und weist mir den Weg in die schöne Altbauwohnung. Noch ein bisschen zerzaust, den Künstlerkoffer in der Hand, trete ich ein. Es ist der Anfang einer langen, schönen Bekanntschaft. Auch ihr Mann, der dazukommt, beeindruckt mich durch seine Ruhe und Liebenswürdigkeit. Zu dieser Zeit war ich sehr oft in Biberach, und es war Tradition, bei Ilgs den Tag bei Kaffee und Kuchen abzuschließen. Die Dame des Hauses bewirtete mich fürsorglich, und ich muss zugeben, ich musste sie immer wieder anschauen. Sie liebte es, schöne Kleider zu tragen, auch zu Hause. Einmal empfing sie mich in einem eleganten Hosenanzug und trug dazu ein keckes Hütchen. Was sie trug war mehr als Kleidung, es waren Kreationen. Immer wieder gesellte sich Herr Ilg zu uns. Er zeigte mir seine selbst gezeichneten Karikaturen, die seine Frau stolz kommentierte und erklärte. Ein andermal war auch der Sohn, beruflich in Köln, zu Gast. Ein Höhepunkt war auch, als mich Frau Ilg ein Stockwerk höher leitete. Hier wohnte ihre über achtzigjährige Mutter. Die alte Dame, einstmals Organistin und Musiklehrerin, setzte sich ans Klavier und spielte mir ein Ständchen vor. Sie tat das mit Stolz und Hingabe und fügte, durch meinen Beifall ermuntert, noch eines hinzu, und noch eines und noch eines. Ich antwortete mit meinen bescheidenen Klavierkünsten. Jedenfalls fühlte ich mich im Kreis der Familie herzlich aufgenommen. So entstand im Zusammenhang mit meiner Pantomime eine unvergessliche Bekanntschaft. In Zukunft durfte ich auch den großen Eingangsbereich im Parterre des Hauses zum Umkleiden benutzen. Die Fotos, die Frau Ilg aus ihrem Fenster gleich am ersten Tag von mir machte, bewahre ich als kleinen Schatz auf.

*

Ich stehe in München in einer Fußgängerpassage. Die Läden haben geschlossen. Es ist fast niemand mehr unterwegs. Ich stehe eigentlich nur noch, weil ich meiner eigenen Musik zu Ende lauschen will. Biegt in die Passage ein Herr ein. Ein Herr, den ich einem deutschen Fernsehzuschauer nicht vorzustellen brauche. Keine deutsche Unterhaltungssendung kommt ohne ihn aus. Du brauchst nur das Samstag-Abend-Programm einzuschalten. Er ist immer dabei. Schon durch sein markantes Äußeres ist er fast so bekannt wie der damalige Bundeskanzler Helmut Kohl. Ich bin im Boulevard wenig bewandert, deshalb kenne ich seine Frau nicht. Hat er eine wesentlich jüngere? Ich weiß nicht, aber die Dame neben ihm windet sich miezenhaft räkelnd in seinem Arm. Der Herr erblickt mich sofort, hat aber noch ein gutes

Stück bis zu mir. Er hat also Überlegungszeit, wie er mit der Begegnung mit der Statue umzugehen gedenkt. Nur ich und die zwei. Sein lässiger Schritt steigert sich zu einem – eventuell auf der Bühne gelernten – geschmeidigen Samba. Er entschließt sich, vor der Dame den lockeren Typen zu markieren. Er greift in seine rechte Hosentasche – da hat er wohl das Kleingeld, wenn er schnell „was springen lassen" will. Er wirft die Münze lässig hoch (eine D-Mark, na ja, recht bescheiden für eine Berühmtheit), fängt sie gekonnt wieder auf und schnippt sie dann locker in meinen Koffer. Ein kurzer Blick zu der Angeschmiegten sagt: Solche Dinge löse ich mit der Nonchalance eines Stars. Ohne mich nochmal anzuschauen hebt er die Hand, schaukelt, in den Hüften wiegend, synchron mit seiner Dame, an mir vorbei. Er ist wirklich ein Star. Er wurde berühmt mit Liedern, die durch komplizierte Tonfolgen extrem schwer zu singen sind, mit hochintelligenten Texten - außergewöhnliche Textdichter wurden hier wohl berufen – die ihn zum gefragtesten Künstler Deutschlands machten. Als er weiterging, trällerte ich ihm eines dieser Lieder nach: „Ein bisschen Spaß muss sein, dann ist die Welt voll Sonnenschein..."

*

Es passiert nicht oft, aber es kommt immer wieder vor: Ein Hund schnüffelt an meinem Koffer. Die Menschen stecken die Köpfe zusammen und schauen mit geweiteten Augen auf den Hund. Alle schmunzeln. Ihr schmunzelt auch und denkt „jetzt macht er's", denkt das Gleiche wie mein erwartungsfrohes Publikum. Ja, ja, alle freuen sich auf den Höhepunkt, den sich alle gleich vorstellen. Wohl kaum einer denkt, hoffentlich tut er's nicht. Ich bleibe nervenstark ohne Regung stehen. Der Hund umkreist schnuppernd meinen Koffer. Der donnernde Akkordwirbel des ersten Klavierkonzerts von Franz Liszt stört ihn nicht im Geringsten. Ja, wann macht er's denn endlich, lese ich in den fröhlichen Gesichtern. Dass ich dann den Schlamassel habe, bedrückt niemanden, nein, nein, im Gegenteil, wie köstlich wäre es, wenn er tatsächlich hier sein Revier abstecken würde. Und dann geschieht nichts, gar nichts. Der Hund läuft einfach weiter. So war es immer. Noch nie hat ein Hund das Bein gehoben. Wie enttäuschend!

Das war die letzte Geschichte, die Gute-Nacht-Geschichte.

Für den dritten Tag hat sich Herbert eine Fahrt zum Freibergsee ausgedacht. Bergstiefel seien da nicht unbedingt erforderlich. Selbst die Serpentinen an der Schiflugschanze könne man mit festen Schuhen gemütlich begehen, meint Herbert.

Der leichte Dunst im Tal hat sich gelöst. Wir erkennen die Iller. Ein winziger leuchtend roter Zug fährt gerade in Altstädten ein.

„Der Bus ist da!"

Herbert hat sich für diesen Ausflug einen Bus geleistet. Das Angebot war sehr günstig, zumal der Fahrer, laut Ausschreibung, gleichzeitig der Reiseführer war. Ein weinroter Kleinbus steht vor dem Haus. Der Busfahrer steigt aus, ein kräftiger Mann, Mitte vierzig, sein Markenzeichen der dichte Vollbart und der kleine, kurzkrempige abgewetzte Filzhut. Der passt ja genau für eine Fahrt durchs Allgäuer Oberland. Er ist bekleidet mit einer grauen Hose, das Hemd, so wie man im Allgäu auch Bettüberzüge kennt, rot-weiß kariert, und einer grauen Strickjacke mit Hirschhornknöpfen. „Grießt's eich alle mitanand", mimt er den fröhlichen Allgäuer. Seine schweren Schuhe walken im Kies.

Jeder schnappt sich seinen Rucksack mit Proviant, Sonnencreme und was man sonst noch so alles braucht, und nimmt im Bus Platz. Man wartet nur noch auf Beate. Sie hat die Sonnenbrille im Zimmer vergessen. Wer wo im Bus sitzt und wer neben wem, wäre eine Persönlichkeitsanalyse wert. Wie in einer Schulklasse: Die Artigen, Ruhigen, die die Landschaft genießen wollen, sitzen vorne, die lustigen Gesellschafter lümmeln auf der letzten Bank. Hier in dem Kleinbus fällt so etwas weniger auf. Ruth in ihrer flaschengrünen Bluse und mit dem zusammengekniffenen dunkelroten Mund sitzt ganz vorne, die Männer ganz hinten. Hilde, die immer etwas zu organisieren hat, sitzt neben dem Fahrer, hat sich aber bei den Männern einen Platz reservieren lassen. Beate hüpft als Letzte abgehetzt in den Bus. Der Bus wendet langsam. Der Kies knirscht unter den Rädern.

Auf dem sogenannten Panoramaweg am Rücken des Ofterschwanger Horns rollt der Bus genau dem Grünten entgegen, dessen verblüffend symmetrische Westflanke einem Zelt gleicht. Die Fernsehantenne am Gipfel ist die Spitze. Wie Girlanden schwingen links und rechts die Wiesenhänge aus und werden von Felskanten wieder aufgefangen. Und dann, ebenso symmetrisch, gleiten die Hänge als riesiger Umhang bis ins Tal hinunter. Eingekuschelt in diesen Umhang liegt am Fuße des Grünten der Ort Burgberg. Es lohnt sich, auf der Hörnerkette zu wandern, allein wegen der Sicht auf den Grünten.

Der Zug in Altstädten fährt weiter Richtung Sonthofen. Er ist schon fast unterhalb der Ordensburg.

Im Tal schwenkt der Bus in die Bundesstraße Richtung Oberstdorf ein.

Die Busfahrer sind angehalten, die Gäste ordentlich zu begrüßen. Oft sind Busfahrer wenig beachtete Transporteure. Sie reden nicht viel, sie fahren halt. Bei einer Pause bleiben sie im Bus oder setzen sich an der Raststelle an einen eigenen Tisch. Bei einer Stadtführung entfernen sie sich von der Gruppe und setzen sich in ein Café.

Manche Fahrer halten eine kurze Ansprache, weil es eben zu ihren Aufgaben gehört. Andere brauchen diese Ansage. Sie ist ihr Auftritt.

Unser Fahrer gehört eindeutig zu der zweiten Kategorie.

Ein Mensch, mit dem Dialekt der Region aufgewachsen, wird plötzlich zum Dozenten. Deshalb redet er Hochdeutsch, sein Hochdeutsch.

„Grüß Gott, meine lieben Gäste, ich heiße Sie im Nama der Firma Allgäuland herzlich willkomma. Mein Name ist Horst Guggenmoos. Aber sagt einfach Horrrscht zu mir. Alle kennen mich als den ‚Fahrer mit dem Hiatle'." Er hebt seinen abgewetzten zerdatschten Filzhut und schwenkt ihn. „Bravo, bravo", rufen die Reisenden. Horst lacht und wippt zufrieden mit dem Oberkörper. „Ich fahre Sie nun über Sonthofa und Fischa nach Oberschtorf. Da ischt es nicht mehr weit zum Freibergsee. Ganz wichtig, bei der Fahrt muaß ma angeschnallt sein. Ich habe hier einen Kübel, da können Sie Abfälle neikeia, äh, hineinkeien, äh, also hineinwerfen. Ich bitte Sie, während der Fahrt hocken zu bleiben. Hant Sie noch irgendwelche Froga?" Horst wartet. Niemand antwortet. „Hant Sie noch irgendwelche Froga?" Horst wartet. „Also, wenn niemand me eine Frage hot, dann möchte ich Sie nur nochamol im Namen der Firma Allgäuland willkomma heißen und wünsche Ihnen eine gute Fahrt." Dann beugt er sich ganz nah ans Mikrofon: „Hollaradihüüüh, Juuuhuhu!!!" Horst schwenkt wieder sein „Hiatle". Alle klatschen. Alle lachen. „Jawoll, mir sind ja schließlich mitten im Allgäu." „Bravo, bravo", rufen die Gäste. Das gibt Horst Auftrieb. „Manchmal singe ich auch meine Ansage, soll ich?" Niemand antwortet. „Soll ich?" „Muss nicht unbedingt sein", brummt Heiner.

„Gut, gut, ich will mich ja nicht aufdrängen. Bitte, dann vielleicht ein andermal. Ich begrüße die Gäste zur Not auch auf Englisch. But only when Englanders or Amerikaners under us are." Er wartet einen Moment, ob nicht doch jemand eine Begrüßung auf Englisch verlangt... „Also good, than let I it be. - Ah, dass ich es nicht vergesse, im Bus haben wir keine Toilette nicht. Ich glaube, es geht auch so. Die Fahrt isch ja kuuuz." Horst hält schon an der Ampel in Fischen. Rechts führt eine Straße nach Obermaiselstein und über die steilste Straße des Allgäus, den Riedbergpass, gelangt man nach Balderschwang und weiter nach Österreich in den Bregenzer Wald.

Der Bus gleitet ruhig im Verkehrsstrom mit. Es sind nur noch wenige Kilometer. Horst meldet sich wieder. „Wir fahren jetzt rechts an Oberschtorf vorbei. Mir fahren jetzt bis zum Freibergsee dure, also durch."

Da meldet sich Edith: „Ich habe eine Frage, Hooaast" (Sie meint Horrrscht). „Ist das dort drüben die Schiflugschanze?"

„Noi, gnädige Frau, das ischt die normale Sprungschanze, die Schattenbergschanze, die Schiflugschanze sehen mir nochat (nachher)."

Schon verlässt der Bus das Illertal. Ein paar Serpentinen und dann steht der Bus vor einem Lokal mit einem wunderbaren Blick auf den fast kreisrunden Freibergsee. Er ist ein stilles Auge, umrahmt von einem Kranz von Wäldern. Was aber an diesem Blick einmalig und fast unwirklich ist, das ist die Sicht auf den Anlaufturm der Schiflugschanze, der aus den Wäldern ragt. „Wie eine Nadel, die schräg im Nadelkissen steckt", bemerkt Lydia.

Es ist nur ein kurzer Spaziergang zum Schanzentisch. Wenn man dann an dieser Stelle ins tiefe Stillachtal hinabblickt, dann überkommt jedem gewöhnlichen Bergwanderer eine tiefe Ehrfurcht, und Theresa spricht den Satz aus, den an dieser Stelle so oder ähnlich viele aussprechen: „Unglaublich, dass es Menschen gibt, die hier hinunterspringen."

Da greift Horst, der Reiseführer, ein. Er ist stolz, den Gästen aus dem Schwobaländle etwas aus seiner Heimat zu erzählen. „Schon als Bub hab ich mir alle Schispringen ang'schaut. Selber bin i auch mit de Schi aufgewachsa, aber da würde ich nie hinunterjucken. Diese Schanze hoißt Heini-Klopfer-Schanze, genannt nach dem Konschtrukteur dieser Schanze. Heini Klopfer war au selber ein Schischpringer. Der erste Schanzenrekord 1950 war 124 Meter, jetzt sind mir scho längscht weit über 200 Meter. Mit technische Data möchte ich euch aber nicht langweila. Genießen mir einfach den Augablick." Die nächsten Minuten sagt niemand ein Wort. Ist auch nicht nötig. Es ist still über dem Stillachtal. Nach einiger Zeit werden die ersten Gespräche eröffnet. Lydia wendet sich an Mimo: „Ich kann mir die Mimostatue gut in dieser Landschaft vorstellen. Je romantischer, desto passender."

„Da erinnere ich mich an La Palma. Nie war ich als Mimo so in Geborgenheit und Harmonie mit der Natur, einer überwältigenden Natur, wie auf La Palma."

Ein paar andere horchen mit einem Ohr zu, deshalb fragt Mimo, ob es von allgemeinem Interesse wäre. Nach einem einstimmigen „Jaaa" setzt sich Mimo auf einem Baumstumpf und erzählt:

„Zweihundert Vulkane zählt man auf der Kanarischen Insel La Palma. Unweit des Ortes Los Llanos befindet sich ein Ehrfurcht einflößender Abhang von frisch ausgeschleuderter kohlrabenschwarzer Lava. Eine neu gebaute Straße windet sich inzwischen genau durch diesen Hang. Auf dieser Straße fahre ich gerade. Was ich fast immer mit mir trage, ist mein Fotoapparat und diesmal - man muss schon ziemlich verrückt sein, wenn man den ‚Künstlerkoffer' im Flugzeug auf die Kanaren schleppt – auch meine ‚Statue'. Meine Frau und ich schauen uns gleichzeitig an. Wir haben den gleichen Gedanken. Ich halte an. Es entstehen nahezu surreale Bilder. Das erste Foto mache ich. Meine Frau barfuß im roten langen Kleid in der schwarzen Lava. Dann bin ich an der Reihe. Eine Statue im kalten Silber in der weiten Stille des Lavaberges. Unten an der Straße hält ein Auto. Ein Mann steigt aus. Er steht und schweigt. Die Bilder sind Kostbarkeiten.

Mehr habe ich in dieser Umgebung, hier am Freibergsee, nicht zu erzählen. Genießen wir den Spaziergang."

*

Der Ausflug an den Freibergsee war einfach nur erholsam. Er hat auch dem Stuttgarter Bürger oder auch Edith aus Papenburg begreiflich gemacht, dass der Allgäuer auf seine Heimat stolz sein kann. Horst, der Fahrer, sieht sich angesichts der prallen Fülle des Programms, für das die Gruppe mit Mimo selbst sorgt, nicht mehr so wichtig, aber da er schon als „Reiseleiter" gebucht war, beginnt er noch einmal: „An dieser Schtelle möchte ich a paar Worte zum Freibergsee verliera. Vor uns seht ihr das Reschaurant ‚Seeblick'. Mir könntet nochat da auch einkehra. Der Freibergsee ist ein Überbleibsel aus der letschten Eiszeit.

Der See hot keinen Zufluss nicht und auch keinen Abfluss nicht. Er wird geschpeist von unterirdische Quella. Der Wasserschpiegel ischt also unterschiedlich, je nachdem, wie die Verdunschtung ist..." Horst bemüht sich um einen dozentenhaften Ton. Seinen Ausführungen lauschen alle aufmerksam. Durch Fragen fühlt er sich geehrt und beantwortet diese mit dankbarer Zuwendung.

Auf der Heimreise ist Horst etwas ruhiger. Er drängt auch sein Englisch nicht mehr auf, gibt sich aber kommunikativ und aufmerksam. Am Ende, vor der Hütte, verabschiedet er sich mit dem „Königsjodler". Er nimmt dabei sein „Hiatle" ab und hält es vor die Brust. Horst singt wirklich sehr schön. Es ist ein Jubelgesang hoch über dem Illertal. Mit diesem originellen Gruß aus dem Allgäu verdient er sich noch ein gutes Trinkgeld.

*

Wie üblich trifft man sich an diesem Abend im Aufenthaltsraum. Alle sitzen bereits. Herbert braucht als Leiter nicht mehr einzugreifen.

Beate will das Umfeld der Straßenkunst ergründen: „Gibt es einen Kontakt zu den anderen Straßenkünstlern, wenn ja, wie ist er?"

Ich bemühte mich um einen Kontakt, deshalb glaubte ich, es gäbe einen. Ich merkte nicht, wie argwöhnisch mich die Kollegen beobachteten. Es war nämlich nur mein Bemühen um Gemeinsamkeit, die Realität sah anders aus. Mein Bemühen versiegte auch bald, weil ich als Antwort Neid, Rivalität und versteckte Bosheiten erntete. Zu all meinen Argumenten habe ich Beispiele.

In meiner Anfangszeit gehörte der Marienplatz in Ravensburg zu meinen Lieblingsorten. Ich trat hier jedes Mal am Samstag, am Markttag, auf.

*

Die Käseverkäuferinnen am Stand gegenüber kennen mich schon. Da erscheint eine Art Marktaufseher. „Bitte stellen Sie sich nicht an diese Stelle. Hier etwas näher am Mittelgang ist es besser." Wenn es weiter nichts ist. Also verrückte ich meinen Standplatz um ein paar Meter. Ich weiß zwar nicht warum, aber wenn es der Herr Aufseher so will, dann bitte. Der Marienplatz ist malerisch, eine Bühne mittelalterlicher

Historie. Und ganz aus der Ferne vom anderen Ende des Platzes höre ich undefinierbare Akkordeonmusik. Die Musik rückt näher. Jetzt sehe ich den Mann. Er ist sehr fröhlich, wirkt auf mich aber etwas narrenhaft.

Ich erkenne immer noch nicht, was für eine Art von Musik er spielt. Was spielt der eigentlich? Was singt der eigentlich? Er hat eine Ziehharmonika vor der Brust. Dass man hier ziehen kann, hat er schon verstanden, dass man aber auf der Harmonika eine Harmonie erzeugen kann, das nicht. Er singt keine Lieder, sondern plappert singend irgendetwas vor sich hin. „Ich bin so fröhlich, heissassa, tirallalla..."

Hat der nicht alle Tassen im Schrank, oder tut er nur so?

Plötzlich steht er fast vor mir. Obwohl er mich sieht und mitten in meinem Wirkungsfeld steht, spielt er weiter den Stadtclown. Er ist viel lauter als ich. Die Aufmerksamkeit meiner Zuschauer ist gespalten, dann völlig zerstört. Ich gehe zu dem Harmonikaspieler.

„Entschuldigen Sie, Sie stellen sich so dicht vor mir auf. Könnten Sie nicht einen der vielen anderen Plätze wählen?"

„Ich spiele, wo ich will, tri tra trullalla, tri tra trullalla..."

Ich versuche es abermals. „Ich bitte Sie noch einmal, könnten Sie nicht..."

„Das Leben ist so schön, tschinderassassa juheissassa..."

Entweder ist er nur böse, oder er hat wirklich einen Schuss.

Ich gehe zu der Aufsicht und beschwere mich.

Die antwortet: „Da kann ich nichts machen. Jeder kann auftreten, wo er will."

„Aber Sie haben bei mir doch auch eingegriffen."

Das erscheint dem Mann logisch. Also komplimentiert er den fröhlichen Herrn ein Stückchen weiter.

Etwas anderes will ich in diesem Zusammenhang sagen. Es war in Oberstdorf. Ich stand bei der Kirche. Ein Mann mit einer Gitarre in der Hand kam auf mich zu: „Könntest du nicht weggehen? Ich möchte an diesen Platz."

„Also, alles was recht ist, setze dich doch woanders hin. Wir können später wechseln." Ich blieb stehen.

„Ja, aber..."

„Nichts ja aber. Ich stehe hier und um elf Uhr wechseln wir."

Widerwillig zog der Gitarrist ab. Er kehrte aber nicht mehr zurück.

Ein andermal, es war ein sonniger Frühlingstag, eröffnete ich meine Saison am Lindauer Hafen.

Nach ein paar Minuten erscheint ein Mann „Könntest du nicht weggehen? Ich möchte an diesen Platz." War es glatt der gleiche Gitarrenspieler wie in Oberstdorf! Zehn Künstler tummeln sich am Hafen, und der will wieder genau an meine Stelle. Aber diesmal blieb ich den ganzen Nachmittag am gleichen Platz, an meinem Stammplatz vor dem Hotel.

Was ich auch sagen will: Die Platzsuche ist ein eigenes Thema. Grundsätzlich gilt das ungeschriebene Gesetz, dass keiner vom anderen vertrieben werden darf. Es gibt aber hinterhältige Methoden, um den Kollegen zu vertreiben. Zum Beispiel stellt sich der mit dem lauten Instrument oder eine ganze Musikergruppe nicht weit entfernt vom Flötenspieler auf. Der Flötenspieler hat gegen eine Kapelle keine Chance und muss weiterziehen. Einmal musste ich mit einem Trick arbeiten, um mit einen besonderen Sturkopf fertig zu werden. Immer der Reihe nach. Ich werde davon noch berichten. Welches ist der beste Platz? Bald wurde ich zum Routinier. Nur kurz: Es darf kein Ort sein, an dem die Menschen ein zu hohes Gehtempo haben, zum Beispiel auf einer geraden Straße ohne viele Geschäfte. Die Straße darf an der Stelle nicht zu eng sein und nicht zu weitläufig. Kreuzungen in Fußgängerzonen sind ideal. Da staut sich der Menschenstrom ein wenig.

*

„Ich bin mir sicher, mit seinem künstlerischen Auftreten entblättert der Mensch auch seinen Charakter", resümiert Marion.

Genauso ist es. Das sind exakt meine Erfahrungen mit meinen Kollegen auf der Straße. Ich traf einmal einen Menschen, der sang Schubertlieder, klangvoll und feinfühlig. Es war ein feiner, vorsichtiger Mensch. Zu der Kunst, die er darstellte, passte sein Charakter. Die meisten waren leider nicht von dieser Sorte. Viele empfand ich als sehr schwierig und wundersam. Ich erlebte hochbegabte Künstler auf der Straße. Warum sind sie auf der Straße und nicht woanders? Zwei Gründe habe ich gefunden. Erstens, weil die Straße ihre Welt ist. Sie haben bewusst die Straße gewählt. Das sind oft hochinteressante welterfahrene Menschen. Dann gibt es andere, die gehören in ein

Opernhaus, wollten dort auch sein. Warum sie dort nicht sind, stelle ich im Gespräch fest. Sie scheiterten wahrscheinlich nicht an ihrem Können. Sie wirken unstet, haltlos. Waren sie es schon immer, oder wurden sie es durch das Straßenleben? Wie dem aus sei, wirklich gefestigte Menschen traf ich selten auf der Straße. Von der dritten Sorte, der Mehrzahl, von den völlig gescheiterten Menschen, die auch kein Instrument spielen können, aber darauf herumlärmen, will ich jetzt nicht reden.

Ich war die Ausnahme. Ich hatte einen festen Beruf, der mich erfüllte, in hohem Maße sogar. Das war der entscheidende Unterschied. Ich brauchte die Straße nicht. Aber ich war von meinen Ausflügen in die fremde Welt, quasi inkognito, selbst begeistert. Ich habe auf gewisse Weise auf der Straße viel mehr an Lebenserfahrung gesammelt als in meinem geordneten Leben. Ich traf in meinem Berufsleben keine eifersüchtigen, hinterhältigen Menschen. Im Beamtenleben gibt es auch kaum Machtkämpfe. Ich staunte wie ein kleines Kind am Weihnachtsbaum, als ich in die Welt derer trat, die auf und von der Straße leben. Ich fand das alles so unglaublich, worauf ich mich einließ.

Ein weiteres Beispiel wunderlichen kollegialen Umgangs auf der Straße fällt mir jetzt ein. Es geschah in Bad Wörishofen, meinem Lieblingsort.

*

Die Auseinandersetzung mit dem Drehorgelspieler gehört zu den Kuriositäten meiner Zeit als Straßenkünstler. Die Turmuhr schlägt zehn. Ich bin schon umgezogen und beginne diesmal gegen meine Gewohnheit am Denkmalplatz, dem Zentrum der Kurstadt. Das erste Stück meiner Kassette „Spiel mir das Lied vom Tod" tanzt in meiner Klassiksammlung aus der Reihe. Es ist nicht das Stück mit der Mundharmonika, sondern der Zaubergesang einer Frau. Dieses Stück ist sehr geeignet, mich in Stimmung zu versetzen. - Da höre ich eine Drehorgel, ganz nah. Das darf doch nicht wahr sein! Ich habe ihn nicht kommen sehen. Schräg gegenüber von mir, etwa zehn Meter entfernt, beginnt einer zu orgeln. Die ganze Fußgängerzone ist leer, aber der stellt sich zu mir. Grundsätzlich ist eine Drehorgel wesentlich lauter als meine Musik, allein deshalb, weil ich nur einen kleinen Rekorder mit geringem Klangvolumen bei mir habe. Und der orgelt und orgelt. Es ist ein älterer untersetzter, unscheinbar gekleideter Herr. Sein blauroter

Kopf sitzt ohne Hals wie ein Dromedarhöcker zwischen zwei massigen Schultern. Die kurzen, festen Arme stehen schräg nach außen, als trüge er einen dicken Daunenanorak. Manche Drehorgelspieler haben einen gewissen Charme, aber der orgelt, als würde er mit einer Kurbel einen alten Traktor anwerfen. Merkt der denn nicht, dass ich hier stehe? Ich breche meine Vorführung ab.

„Entschuldigen Sie, es wird pro Tag nur eine Genehmigung ausgestellt. Ich habe sie bekommen. Sie treten hier eventuell unerlaubt auf."

Der Mann zieht einen Zettel aus der Tasche. „Ich habe eine."

Frau Demmler von der Stadtverwaltung ist eine zuvorkommende, liebenswürdige Frau, mit der ich beim Abholen meiner Genehmigung stets ein paar herzliche private Worte wechsle. Tatsächlich ist Frau Demmler diesmal ein Fehler unterlaufen und sie hat zwei Genehmigungen ausgestellt.

„Das ist doch kein Problem. Die Promenade ist einen halben Kilometer lang und hat viele geeignete Plätze. Ich war zuerst hier. Wenn Sie sich hier vorne an die Brücke stellen..."

„Nix da, ich soll hier spielen."

„Ja, auf der Promenade, aber doch nicht genau an dieser Stelle."

„Ich steh' hier, host mi." (Wieder so ein Duzfreund.)

„Wir kommen sicherlich gut miteinander zurecht. Wir können nach einer halben Stunde wechseln und..."

Der Mann kurbelt seinen Traktor an, beidhändig. Sein blauroter Kopf mutiert ins Blauschwarze.

Ich kehre wieder an meinen Platz zurück. Die ersten Passanten, die schon bei mir stehen und die Auseinandersetzung verfolgten, werfen demonstrativ bei mir ein. Der Mann kurbelt aus Leibeskräften. Das Gebläse der Orgel läuft auf Hochtouren. Die zarten Violinen aus meinem Künstlerkoffer hört niemand mehr. Auf die Dauer habe ich gegen diesen Sturkopf keine Chance.

Ein gewisser Trotz erwacht in mir und ich gehe aufs Ganze. Ich wechsle meinen Platz und stelle mich genau vor den Orgelkünstler. Inzwischen setzt bei mir das erste Klavierkonzert von Peter Iljitsch Tschaikowski ein. Ein gewaltiger trotziger Anfang, eine blanke Eruption. Die Spaziergänger auf der Promenade bleiben alle stehen. Die Neuankömmlinge werden von den Eingeweihten informiert, welches Kuriosum sich hier abspielt. Aus der Drehorgel hinter mir ertönt das Lied „Ein Jäger aus Kurpfalz", natürlich ohne Text, aber unwillkürlich ergänze ich den Text.

Jetzt mischt sich in meinem Konzert kraftvoll das Klavier ein. Wohl alle zehn Finger sind an den wuchtigen Akkorden beteiligt.

Hinter mir: „Ein Jäger aus Kurpfalz, der reitet durch den grünen Wald..."

Bei Tschaikowski betonen Orchester und Klavier donnernd jeden Akkord.

Hinter mir: „Halliii, hallooo, gar lustig ist die Jägerei..."

Nun weicht in Tschaikowskis Klavierkonzert das Orchester zurück und lässt den Pianisten mit seinen irren Fingerläufen allein – ein faszinierendes Solo.

„...allhier auf grüner Heid, allhier auf grüner Heid, halliii, hallooo..."

Wenn Tschaikowski wüsste, wofür sein weltberühmtes Konzert einmal herhalten muss! Die Menschen sind hoch amüsiert. Es werden immer mehr. Demonstrativ werfen sie alle bei mir ein.

Hinter mir: „...jetzt reit ich nicht mehr heim, bis dass der Kuckuck kuckuck schreit, er schreit die ganze Nacht..."

Als würde jemand rasend schnell treppauf, treppab sprinten, so jagen sich die Töne auf Tschaikowskis Tontreppe.

Das Jägerlied hinter mir ist zu Ende. Es folgt ein neues: „Wir san die lustigen Holzhackerbuam, holderäh duldiho holleräh duldihöh..."

Die schnellen Läufe sammeln sich wieder, verdichten sich zu Mehrklängen, nach kurzem Innehalten bricht wieder das bekannte Anfangsthema los. Die Kurgäste sind aufs höchste amüsiert. Einer nach dem anderen wirft bei mir ein und lässt den Orgelspieler in seiner Sturheit zurück.

„...holderäh dul- di- ho, hol- de- räh dul... di..." Der Kurbler hinter mir lässt die Kurbel hängen. Aus.

So einem Menschen kann man nicht helfen. Wer alle Angebote in den Wind schlägt und dann den Kürzeren zieht, der muss sogar mit ein wenig Schadenfreude rechnen. Vereinzelt zeigen mir Leute im Publikum mit zwei Fingern gar das Viktory-Zeichen. Sie fühlen sich mit ihrer Parteiergreifung für mich als Sieger.

Der Orgelkünstler zieht sein Instrument weiter, aber nicht an einen geeigneten Platz, sondern mitten in die Fußgängerzone an eine unattraktive Gerade. Er kurbelt noch bis zwölf Uhr. Kein Mensch bleibt bei ihm stehen. So seelenlos wie er seine Töne produziert, kann man niemanden unterhalten. So ein Mensch findet auch keinen malerischen Platz. Dabei gäbe es entlang des Baches so viele.

„Du erwähntest, dass der Zeitungsartikel in der Memminger Zeitung einer der besten gewesen wäre. Daraus folgere ich, dass du mit der Presse öfter zu tun hattest.“ Romans Feststellung war als Frage gemeint.

Als mein Auftritt noch als Attraktion galt, erschien häufig ein Bild mit einem kurzen Artikel in der jeweiligen Ortspresse. Gefreut hat mich ein stilvolles Portrait von mir in der „Süddeutschen Zeitung“, verwundert haben mich drei große Fotos von mir in der „Bildzeitung“. Der erklärende Text war verwirrend, so dass ich eher froh war, dass mich die Bild-Reporterin dem Leserpublikum als einen Sportlehrer aus „Menningen im Saarland“ vorstellte. Erfreulicherweise ging sie auch auf die Tatsache ein, dass ich im Leipziger Fotowettbewerb „AugenKLINKmal“ den dritten Platz belegt hatte und mich als einen Pantomimen- und Fotokünstler beschrieb. Amüsiert hat mich auch eine Charakterisierung in der „Novi List“ in Kroatien. Als eine „Madonna“, später davon mehr, wurde ich den Lesern in Rijeka vorgestellt. Anfangs stiegen mir Vertreter der Presse nach. Gegen Ende interessierte sich keiner für mich. Aber ich möchte euch von dem ersten Zeitungsartikel erzählen:

Ein karierter, aus einem Block herausgerissener Zettel lag mit dieser Nachricht in meinem Koffer: „Ich habe über Sie in der hiesigen Zeitung geschrieben, ich möchte Sie kennenlernen, mehr wissen! Geht das? (Name Adresse, Telefon, Fax)“

Er schickte mir folgenden Artikel:

Schwäbische Zeitung

22. oktober 1994

Rätselhafte Gestalt

Auf unserem Marktplatz kann man bekanntlich vieles sagen hören und sehen. An einem Samstagmorgen konnte man aber etwas ganz Besonderes erleben. Stand da doch direkt an der südlichen Ecke des

Marktplatzes eine schlanke, ungewöhnlich große Gestalt, von der es sich auch heute noch zu erzählen lohnt. Denn wer sie gesehen hat, wird sie so schnell nicht vergessen, und mancher hofft sogar, er würde sie am kommenden Samstag wiedersehen. Nicht nur ihrer Größe wegen weckte sie das Interesse der Marktbesucher(innen), mehr als Polit- und Wurststände.

Sie stand einfach nur da, ganz rätselhaft, gehüllt in ihr silbergraues Gewand, das bis zum Boden reichte, und hinter ihrer grauen Maske und unter den schwarzen Augenbrauen waren nur ihre Augen zu sehen. Da stand ich nun mit der Bratwurst in der Hand, inmitten einiger Neugieriger, und eben, als ich in die Wurst beißen wollte, überkam mich das Gefühl, die geheimnisvolle Gestalt fixiere mich mit ihrem Blick. Ich ließ die Wurst wieder sinken, blickte verunsichert hinter mich. Da stand niemand, weshalb nur ich gemeint sein konnte, was mir sehr unangenehm war.

„Ist das die graue Nachtfrau?", erlöste mich ein Kind aus meiner Beklemmung, ging auf die Gestalt zu und warf ein Geldstück in die Schale. Plötzlich kam Leben in die Figur. Sie neigte sich mit dem Oberkörper ruckartig nach vorne und wieder zurück. Bewegte ihren Arm (die Hand in einem schwarzen Handschuh verhüllt) zum Zeichen des Dankes ebenso abrupt - und stand wieder regungslos. „Die lebt ja!", rief das Kind und blieb unmittelbar vor der Gestalt stehen. Ihr Blick schweifte wieder über den Marktplatz hinweg, und während sich ihr einige weitere Kinder näherten, blieben die Erwachsenen in sicherer Entfernung stehen.

Manche taten so, als seien sie nur gerade zufällig an dieser Stelle zum Stillstand gekommen, nestelten in ihren Einkaufskörben und blickten nur mal verstohlen hinüber. Andere verbargen ihre Neugier, indem sie in den Flugblättern der Parteien lasen. Weil aber darin bekanntlich nichts Neues steht, wandten sie ihre Blicke bald scheu, bald hinter Sonnenbrillen, wieder der Gestalt zu. Wie rasch sind wir Erwachsenen inmitten einer vertrauten Umgebung verunsichert, wenn wir auf Fremdes stoßen! War's das, was uns die silbergraue Gestalt mitteilen wollte? Darüber rätselt nicht nur Ihr

(Name des Autors)

Ein Mann, der in dieser Stadt für die örtliche Zeitung das Stadtleben beschrieb, für alle Art von Glossen zuständig war, beschäftigte sich mit mir. Es war der erste Zeitungsbericht über mich. Wie man sieht, galt meine Darbietung noch als rätselhaft und ungewöhnlich, obwohl sie noch völlig unausgereift war. Ich arbeitete noch ohne Musik. Warum ich so riesig erschien, lag übrigens daran, dass ich auf meinem hohen runden Badschemel stand, der mit dem gleichen Stoff überzogen war wie ich selbst. Ich maß die Höhe von 2,10 Meter. Oft bekam ich das Kompliment zu hören: „Allein die Idee ist wunderbar. So etwas habe ich noch nie gesehen." Doch Nachahmer schossen wie Pilze aus dem Boden. Wenn es gute Nachahmer gewesen wären, könnte ich zufrieden sein. Aber Dilettanten sprangen quasi als „Trittbrettfahrer" auf. Sie glaubten, auf billige Art und Weise Kohle machen zu können. Zu meiner Betrübnis gelang ihnen das auch.

Ich merkte bei diesem Herrn, dass er nicht routinemäßig einen Bericht schrieb. Er war ganz persönlich von mir berührt. Die Fortsetzung ist interessant. In meinem Briefkasten lag wenige Tage später ein persönlicher, handgeschriebener Brief. Er lud mich zu einem Treffen bei Kaffee und Kuchen ein. Am nächsten Samstag trat ich wieder in dieser Stadt auf. Vorher trafen wir uns und setzten uns in ein Straßencafé. Wir lernten uns näher kennen. Das Gespräch war sehr unterhaltsam und herzlich. Eine Wiederholung eines Treffens sahen wir aber nicht vor.

Da fragt Beate: „Ich verstehe das Faszinierende rund um deine Pantomime. Was hat dich aber bewegt, sie über einen solch langen Zeitraum zu betreiben? Hat dich das Publikum, die Aufmerksamkeit für deine Person immer weiter getragen?"

Nein. Natürlich hätte ich das Unternehmen abgebrochen, wenn sich niemand dafür interessiert hätte. Aber ich freute mich viel mehr, den Menschen ein paar schöne Augenblicke zu schenken. Ich war persönlich enttäuscht, wenn jemand an mir vorüberging, und ich mir ziemlich sicher war, dass er sich an meinem Tanz erfreut hätte. „Diese Bewegungen!", hörte ich oft aus dem Stimmengewirr heraus. Ich strengte mich immer an, auch für ein paar Pfennige, da ich aus meinem Geschenk an das Publikum einen ganz persönlichen Gewinn zog. Die Reaktion jedes Einzelnen war immer ein wenig anders und immer ein aufregendes Erlebnis. Jede Aufführung war eine umfassende Schule für Menschenkenntnis.

Es gab in diesen fünfzehn Jahren immer wieder große Unterbrechungen. Da hinterfragte ich mein Tun. Das geschah nach Ereignissen, die mich nachdenklich machten. Wie soll ich das erklären? Also – ich stehe jetzt auf der Bühne. Da kann ich etwa einschätzen, wer sich eine Karte für eine Pantomime kauft. Das Publikum reagiert immer anders, aber doch in einem bestimmten Rahmen. Es ist eben ein Pantomimen-Publikum. Auf der Straße setze ich mich jedem aus! Interessierten, Uninteressierten - das geht noch -, aber auch Aggressiven, Betrunkenen, Drogenabhängigen, Bigotten, Gestörten. Die meisten spürt man in einer belebten Fußgängerzone kaum, aber im Kreis meiner Zuschauer. Im Alltag hat man seine Rolle zumeist im Griff. Trifft jemand aber auf etwas Überraschendes, auf mich zum Beispiel, dann kippt so manche Fassade weg. Das kann eine herrliche Offenbarung sein, eine gefährliche Angelegenheit oder auch etwas Eigenartiges, womit ich nicht gerechnet habe.

Es war wieder einmal in Lindau. Was hier passierte, war nicht nur lustig, sondern auch verwirrend und ein Stück weit traurig. Es machte mich nachdenklich. Das war so ein Ereignis, wo ich hernach mein Treiben wieder einmal überdachte.

*

Ich stehe auf meinem Sockel. Die Hafeneinfahrt, die schneebedeckten Schweizer Alpen – alles ist an seinem Ort. Der Frühlingsstimmenwalzer. Er passt so richtig zum beginnenden Frühjahr. Die Zuschauer schwingen im Walzerrhythmus mit. Das Schiff „Bregenz" bläst dreimal laut und legt langsam vom Kai ab. Es ist ein sonniger Apriltag. Die Leute sitzen bereits leicht gekleidet auf den Café-Terrassen. Die Künstlerszene auf der Promenade gibt dem Hafenleben Farbe. Der Straßenmaler ist wieder da. Er erfreut die Menschen immer wieder mit neuen großformatigen Bildern auf dem Pflaster, und immer schreibt er den gleichen Text unter sein Bild: „Du siehst etwas hundert Mal, tausend Mal – bis du es zum ersten Mal siehst." Wie wahr diese Erkenntnis ist, erlebte ich hundertmal, tausendmal in meinem eigenen Leben. Ein anderer fertigt kunstgerecht Bäume, Figuren, Fahrräder aus Draht an. Fast die gleichen sind wieder da – auch ich. Ich wähle wieder meinen Stammplatz vor dem Hotel. Hier ist es ähnlich wie in Kurorten. Die Menschen haben Zeit und genießen das bunte Leben am Lindauer Hafen.

Der Nachmittag beginnt mit einem schönen Auftakt. Eine elegante Dame tritt vor, wirft eine Münze ein, tut so, als würde sie ein Kleid in ihren Fingerspitzen halten und macht einen Knicks vor mir. Dann reicht sie mir die Hand, führt mich wie bei einem Schreittanz würdevoll auf die Promenade. Sie ist vielleicht vierzig Jahre alt, ist oder war sicherlich eine Balletteuse oder Turniertänzerin. Jedenfalls sind ihre edle Kopfhaltung, ihr Tanzschritt so gekonnt, ihre linke Hand liegt so geziert auf meiner Schulter, dass es mich das vermuten lässt. Ich lasse mich da auch nicht lumpen und schwinge elegant in die Drehung hinein. Die Menge weicht und wir tanzen den Frühlingsstimmenwalzer mit ausgreifenden Schritten am Seeufer entlang. Wir drehen und drehen uns, die Häuserkette, der Hafen, der Bayerische Löwe, der Leuchtturm drehen sich wie ein Karussell um mich herum. Ich habe das Gefühl, wir stehen und die Welt dreht sich. Irgendwann landen wir wieder vor meinem Sockel. Erst langsam pendelt die sich drehende Welt aus und bleibt dann auch stehen. Ich bin wieder zurück in der Wirklichkeit.

Es ist gar nicht so selten, dass mich Menschen zum Tanz auffordern. Aber dieser Tanz war rauschhaft.

Das war noch nicht das kuriose Erlebnis. Aber jetzt kommt's.

Wisst ihr, wie viel man auf eine Zündholzschachtel schreiben kann? Leserlich, wohlgemerkt! Jedenfalls mehr als ihr glaubt. Wie viel, das habe ich an diesem Frühlingstag in Lindau am schönen Bodenseehafen erfahren.

Kurz nach unserem Tanz fällt mir ein stattlicher, eleganter Herr im roten Pulli in der zweiten Reihe auf, weil er mich wie hypnotisiert anstarrt und mit seinem Oberkörper meine Bewegungen mitzeichnet. Dann schaue ich doch einmal zu ihm hinüber. Wir haben Blickkontakt. Er schließt die Augen und legt selig lächelnd den Kopf in den Nacken. Ab dann vermeide ich es, zu ihm zu schauen, und doch spüre ich seinen Blick. Dann tritt er hervor, hält eine Zündholzschachtel hoch, damit ich sie genau sehe und legt sie mit bedeutungsvollem Nicken in meinen Koffer. Die Schachtel habe ich nicht mehr, aber ich habe den Text abgeschrieben.

Versucht einmal, diesen Text leserlich auf eine Zündholzschachtel zu schreiben. Unmöglich. Aber der schaffte das.

„Faszinierend!!! Würde dich gerne kennenlernen. Du weißt zwar nicht, wer ich bin, aber ich ja auch nicht, wer du bist – obwohl – ich kenn' schon mehr von dir als du von mir... deine Bewegungen und deinen Ideenreichtum – melde dich doch mal. Ich wohne im Hotel ‚Bodensee', Zimmer 11 (bis zum 26.4.) – ich bin der, der so gelächelt hat, der dich (unleserlich) hat, ganz (unleserlich)... Hier meine Tel.-Nr. ..."

Ich setze mich allen Menschen aus. Wollte der Mann mit mir nur plaudern? Wohl eher nicht. Wie schätzte er mich ein? Ob Mann oder Frau, meine ich. Fantasien über seine sexuelle Orientierung bedrängten mich.

Manche Themen werden in der Gruppe ausdiskutiert. Dieses ließen wir einfach so stehen. Für alle war klar, dass Mimo nachdenklich wurde und eine längere Pause einlegte.

*

Eine andere, ähnliche Fehleinschätzung ist erzählenswert. Jetzt wird's poetisch. Ich habe den Vorfall unter „Der edle Jüngling" in meinem Gehirn abgespeichert und beurteilte ihn als harmlos.

Geht es euch manchmal auch so? Da begegnet man einem Menschen. Nur flüchtig. Man erinnert sich an ihn, wie er aber ausgeschaut hat, weiß man nicht mehr genau. Man erinnert sich immer wieder an ihn, wie er aussieht, was er sagte, und irgendwann weiß man nicht mehr genau, erinnert man sich an den Menschen oder an die Erinnerung, die sich von Mal zu Mal vom wirklichen Bild entfernt.

Genauso geht es mir mit dem jungen Mann in München, der mir auf dem „Tollwood-Festival" zum bleibenden Erlebnis wurde. Ich beschreibe ihn, bin mir aber sicher, ich habe ihn in meinen Erinnerungen mit der Zeit so geformt, dass er mit dem wirklichen Erscheinungsbild nur noch ganz grob etwas zu tun hat.

Ich stehe neben einer Bude mit bunten Laternen. Das Tollwood-Festival gehört inzwischen so zum Olympiazentrum wie der Aussichtsturm oder das Olympiastadion. Es begann vor vielen Jahren mit ein paar Buden, hat sich enorm vergrößert, dauert inzwischen statt zwei, vier Wochen und zusätzlich gibt es auch ein fünf Wochen dauerndes „Wintertollwood" auf der Theresienwiese. Über eine Million Besucher kommen jährlich.

Kurz und gut, ich als Statue, diesmal ganz in Weiß, bin auch vertreten. Da fällt mir ein junger Mann auf, den ich aus meiner Erinnerung beschreibe. Vielleicht fünfundzwanzig Jahre alt, eher klein, ungemein zartgliedrig. Das lange blonde Haar hat er zu einem Pferdeschwanz zusammengebunden und legt das schmale, leicht hohlwangige Gesicht frei. Blousonartig hängt sein weißes Baumwollhemd über dem schmalen Oberkörper und wird von dem engen Gürtel wieder eingefangen. Was könnte er sein? Ein Bänkelsänger? Ein Schauspieler? Ein Balletttänzer? Ein Cellospieler? Ein Lautenspieler? Jedenfalls wirkt er auf mich wie ein Feingeist. Auch seine Bewegungen sind leicht und fliegend. Die blauen Augen schweifen umher und fixieren alle Details meiner Bewegungen. Dann treffen sich unsere Blicke. Ohne Wimpernschlag bleiben seine Pupillen stehen. Er senkt seinen Kopf, hebt ihn wieder, blickt klar und ruhig auf mich. Dann schaut er lange zum weiß-blauen Himmel hoch. Plötzlich ist er weg. Ich habe den Moment seines Verschwindens verpasst.

Dann taucht er wieder auf. In seiner rechten Hand hält er ein Pergamentpapier. Er tritt vor, überkreuzt die Beine, holt mit dem rechten Arm weit aus und legt mit einer Verbeugung das Papier in meinen Koffer. Er dreht sich um und schreitet mit hoch erhobenem Haupt von dannen, als hätte er einem König eine Depesche überbracht. Meine Bewegungen des Dankes tragen den Jüngling ebenso weg wie die Schallwellen aus meinem Künstlerkoffer, der „Liebestraum" von Franz Liszt. Dann ist dieser anmutige Jüngling verschwunden. Ich steige ab, setze mich auf meinen Schemel. Langsam greife ich in den offenen, weiß verhüllten Koffer. In Zierschrift, ist folgendes Gedicht geschrieben – in Großbuchstaben.

TOLLWOOD, 12.07.97

SO REIN, SO WEISS, SO SCHÖN
STRAHLEND UNTER DEINER SONNE
STRAHLEND STEHST DU DA
IM GESANG VON ODYSSEUS' SIRENEN
TANZEND, DREHEND – ELEGANT
VOLL GRAZIE UND ANMUT
SO REIN, SO WEISS

NUR DIE AUGEN SIND ZU SEHEN
VERBORGEN DEIN ANGESICHT
DIE SPIEGEL DEINER SEELE
DREH'N UND WENDEN SICH
DOCH SEHE ICH
IN DEINEN AUGEN DEINE SEELE
NEIN, SIE TRÜGEN NICHT

OH WIE SCHÖN
SO REIN, SO WEISS, SO GROSS
ICH KANN DICH SEHEN, SPÜREN
FIND ZU DIR SELBER – LASS DICH LOS!

ALLES LIEBE AUF ERDEN
SEI GESEGNET

- THE GENTLE EAGLE -

Er war kein verstörter Mensch. Er war ein Mensch mit Manieren und hochsensibler Wahrnehmung.

Und jetzt machen wir eine Pause.

*

„Welche Erfahrungen machtest du mit Kindern?", fragt Theresa.

Allein der Kinder wegen lohnt es sich, Straßenkünstler zu sein. Sie sind mein Antrieb. Eine Figur, wie ich sie darstelle, passt auch in die Welt der Kinderfantasien. Für Kinder bin ich ein Wunder. Kinder sind immer da. Wenn ich müde bin und aufhören will, kommt schon ein neues Kind um die Ecke, zeigt auf mich. Also bleibe ich trotz der schmerzenden Glieder, des verkrampften Rückens, stehen. Ich habe Hemmungen zu beginnen und kann nie aufhören, meistens der Kinder wegen.

Die ganz kleinen sind nicht berechnend, so unschuldig. Sie staunen nur. Gut, Kinder reagieren wie Kinder, aber jedes wieder anders. Jedes Kind ist schon als Kleinkind ein Individuum. Es gibt die Unbekümmerten, die Vorsichtigen, die Ängstlichen. Kleinkinder sind noch so unverbogen. Sie berechnen nicht. Dann, später, so ab drei Jahren, prägen sich die Charaktere. Die meisten sind aber artig und ehrfurchtsvoll. Da gibt es die Aufmerksamen, dann aber auch die Vorwitzigen, die Frechen.

Katharina, die Pianistin und Musiklehrerin, greift ein: „Du arbeitest mit Musik. Kannst du bei Kleinkindern schon eine gewisse Musikalität feststellen?"

Ja. Ich glaube ja. Bei dieser Frage erinnere ich mich an ein kleines Mädchen in Wien. Ich erwähne es stellvertretend für viele andere. Das Kind ging mir zu Herzen, obwohl nichts Besonderes geschah.

Stellt euch das bildlich vor. Ein Mädchen, vielleicht eineinhalb Jahre alt, löst sich von seiner Mutter, wackelt auf mich zu und bleibt etwa drei Meter vor mir stehen. Schon der Anblick: winziges gelbes Kleidchen, die schweren Windeln zwischen den Knien, der Mund wie bei einem Fisch zu einem „O" geformt. Ein bisschen Sabber fließt vor lauter Erstarrung übers Kinn. Die weit aufgerissenen Augen und der gesamte Gesichtsausdruck sind grenzenloses Staunen. Es schaut immer nur zu mir hoch. Die Menschen rundherum machen sich gegenseitig auf das Mädchen aufmerksam. Und dann, ohne seine Körperhaltung zu verändern, fängt es an, in seinen weichen Knien zu wippen. Es wippt und wippt, immer noch mit offenem Mund. Irgendwann kommt seine Mutter und trägt es zurück. Und das Mädchen strampelt und schreit. Die Frau stellt das Kind an die gleiche Stelle zurück. Und das Mädchen wippt und wippt.

„Etwas Goldigeres gibt es kaum!", ruft Beate entzückt.
„Und Musikalität ist das auch", ergänzt Katharina als Fachfrau.

„Und die richtige Mutter hatte es auch", fällt Marion, der Pädagogin, auf.

Gut, dass du darauf eingehst, Marion. In solchen Momenten erkenne ich immer, dass es in der Gesellschaft keine Chancengleichheit gibt. Natürlich gibt es Kindergärten, die versuchen, allen Kindern das gleiche Rüstzeug mitzugeben. Aber den Hauptanteil einer Erziehung hat immer das Elternhaus. Diese Mutter stellte das Kind wieder vor den Koffer und beobachtete ihr Töchterchen mit Stolz und Glück.

Ich erlebte einmal ein ähnlich fasziniertes Mädchen. Es war etwa drei Jahre alt. Es drehte sich mit ausgebreiteten Armen im Kreise. Nicht lange, denn die Mutter zerrte das Mädchen einfach mit. Ich sagte zur Mutter: „Es ist ein Vergnügen, Ihr Kind in seiner Glückseligkeit zu erleben."

„So, meinen Sie, der Hintern gehört ihr versohlt." Dann zum Kind: „Los jetzt, mit dir kommt man ja überhaupt nicht weiter." Das Mädchen kam mit der fest zupackenden und schnell rennenden Mutter kaum mit. Eine Empathie zu ihrem Kind entdeckte ich nicht. Ich hatte nicht das Gefühl, dass die Mutter etwas Dringendes zu erledigen hätte.

Welches Glück, Eltern zu haben, die jedes Interesse, jede Begabung des Kindes wahrnehmen, unterstützen und fördern. Und es gibt fast kein schlimmeres Unglück, als wenn Eltern es nicht erkennen und das Kind abwerten. Kinder, die Anerkennung und Zuneigung ernten, trauen sich etwas zu, schöpfen ihr Potential aus, entwickeln ihre Begabung, die anderen haben ständig das Gefühl, etwas falsch zu machen. Eine vorhandene Quelle versiegt. Das ist ein Drama, eine sehr schmerzhafte Form von Vernichtung. Ich sage das jetzt nicht martialisch. Prügelstrafe ist Gott sei Dank verboten. Wenn Eltern ihr Kind schlagen, dann finde ich eine Bestrafung der Eltern richtig. Es gibt aber viel schlimmere Strafen: Wenn ein Kind bei Eltern aufwächst, die das Kind ständig spüren lassen „Ach, wer bist denn schon du", dann sind lebensbegleitende Minderwertigkeitsgefühle kein Wunder, sondern logisch. Wenn Eltern mit einem Kind vierzehn Tage nicht mehr reden, auf Fragen keine Antwort geben, abweisend bleiben, auch wenn sich das Kind um Liebe bettelnd an die Eltern schmiegt, dann wird ein Kind vernichtet. Das Wort „vernichtet" nehme ich nicht zurück. Aber lasst mich weitererzählen.

*

Es ist ein anderes Erlebnis mit einem Kind, unbedeutend, und irgendwie doch nicht.

Ich stehe in Augsburg. Aus dem Halbkreis löst sich ein etwa achtjähriges Mädchen, bleibt stehen. Es steht so allein, so ausgesetzt da. Ein Mädchen, wie man es aus Bilderbüchern kennt, rosarotes Sommerkleid, Sandalen... Eltern sehe ich keine. Sie sitzen vielleicht in einem Lokal in der Nähe. Das Mädchen hat eine Münze in der Hand, will sie einwerfen, getraut sich aber nicht. Es zögert, jetzt, nein, oder jetzt, nein. Es steht immer noch. Da wackelt unbekümmert ein kleiner Bub daher, wirft ohne zu zögern eine Münze ein. Das Mädchen denkt sich wohl, was dieser Dreikäsehoch macht, kann ich schon lange. Mutig rückt es nach vorne, zögert, nein doch nicht. Da wirft inzwischen schon ein anderer Junge ein. „Prima hast du das gemacht", lobt ihn die Mama. Aber jetzt! Das Mädchen schaut noch einmal nach links und nach rechts und wirft schwungvoll ein. Aus Freude und Stolz über diese mutige Tat rennt es glücklich die Fußgängerzone entlang. Es schaut sich dabei immer wieder um und winkt und winkt, bis es meinen Augen entschwindet. Mehr ist nicht passiert. Aber ich bin noch heute, fünfzehn Jahre danach, gerührt von diesem Mädchen.

*

Die folgende Geschichte ist ähnlich. Ich habe sie einer lieben Bekannten aus Teramo in Italien, der Partnerstadt Memmingens, zu Weihnachten geschenkt. Sie druckte meine Geschichte aus. Nun hängt sie an ihrem Küchenschrank. Was dort hängt, lese ich euch wortwörtlich vor:

Ich stehe als silberne Statue an meinem Lieblingsplatz in der Kemptener Fußgängerzone. Ich wende mich den Menschen zu. Ich strenge mich an. Ich beschenke sie mit ganzem pantomimischem Geschick. Die Freude der Menschen ist wieder das Geschenk an mich. Ja, eigentlich beschenke ich mich selbst. Ein besonders schönes Geschenk bekam ich am 24.12.2004.

Ein etwa vier Jahre altes Mädchen steht vor mir, ganz dicht, wie es Kinder zumeist tun, wenn die Tante im Kindergarten ein Märchen vorliest. Schon das Staunen dieses Kindes macht mich glücklich. Da ich auf einem Schemel stehe, bin ich für dieses Mädchen ein Riese.

Ich sehe eine Münze in ihrer Kinderhand. Sie bestaunt mich eine Weile und flugs wirft sie die Münze in meinen Koffer. Ich bewege mich marionettengleich, bedanke mich mit einer Verbeugung und winke ihr zu. Dann rennt sie los. Sie rennt und rennt, wie das Kind in Augsburg, bis sie vom Gewirr der Menschenmenge verschluckt wird. Kurz darauf steht sie schon wieder da, am selben Fleck, den Kopf im Nacken. Ihr Blick wandert staunend an der langen Statue empor. Ich sehe schon, sie hat ihre Faust wieder fest geschlossen. Wieder wirft sie, den ganzen Arm bewegend, eine Münze in den Koffer. Wieder bedanke ich mich. Andächtig folgt sie den Bewegungen der Statue. Dann reiche ich ihr die Hand. Mutig streckt sie ihr Händchen entgegen. Genau im richtigen Moment wechselt die Musik auf den Abendsegen aus „Hänsel und Gretel" von Engelbert Humperdinck: „Abends will ich schlafen gehn, vierzehn Engel um mich stehn..."

Ich halte die kleine Kinderhand.

„Bist du mit deiner Mama in die Stadt gekommen?"

„Ja, und der Papa ist auch dabei."

Und das Mädchen rennt und rennt.

Kurze Zeit später, ich weiß nicht, ob sie schon längere Zeit da steht, hat sie wieder am selben Fleck Position bezogen. Sie wartet schon auf meinen Blickkontakt. Sie hält einen in rot-gelbes Papier gewickelten Blumenstock mit einem rot-gelben Blütenkelch in der Hand. Sie reckt beide Arme hoch und überreicht mir dieses Weihnachtsgeschenk. Ich beuge mich zu ihr hinunter und streiche über ihren Kopf.

„Ich werde ihn unter meinen Weihnachtsbaum stellen, und sage Mama und Papa ganz liebe Weihnachtsgrüße von mir. Frohe Weihnachten euch allen." Und sie rennt und rennt. Kinder rennen oft, um ihre Spannungen abzubauen.

Inzwischen hat mein Recorder auf „Conquest of Paradise" gewechselt. Mächtig stampfen die Trommeln. Dann setzt der Chor ein. Ich empfinde den Gesang als eine Hymne an die Liebe. Ich blicke dem Weihnachtsengelchen nach. Dann erreicht es die Mutter, die noch vor dem Blumenladen wartet. Das Mädchen umklammert die Beine der Mutter und drückt das Gesicht in ihren Mantel. Ich winke auch der Mama zu. Sie winkt zurück.

Wir werden uns wohl nie wieder sehen.

*

Da möchte ich noch eine andere Geschichte anschließen, wenn wir schon bei Kleinkindern sind. Ich erinnere mich an ein Kind in Ravensburg, aber auch an die Mutter, vor allem, wenn ich meinen kaputten Koffer in meinem Keller sehe.

Sehr gerne stehe ich am Marienplatz in Ravensburg. Wieder ist Markttag. Die Ravensburger Bürger kennen mich schon. Ich stehe immer an der gleichen Stelle. Ein kleines, vielleicht einjähriges Kind hält sich am Kinderwagen fest, steht aber schon. Plötzlich löst es sich und wackelt auf meinen Koffer zu. Plumps, sitzt es schon auf dem Hintern, richtet sich wieder auf und marschiert weiter, plumps, sitzt es wieder. Es steht wieder auf. Mein Koffer ist sein Ziel. Einen halben Meter vor dem Koffer hat es noch normales Gehtempo. Es wird doch nicht ungebremst in meinen Koffer rennen. Nein, es bleibt Zentimeter davor stehen, wackelt, hält sich gerade noch. Das ging noch mal gut. Die Mutter scheint aber keine Bedenken zu haben. Das Kind, ein süßes kleines Wesen, noch nicht verstehend, was hier wirklich passiert, geht in die Hocke und schiebt mit dem ganzen Arm meine Münzen hin und her. Die Mutter schaut zu und findet das anscheinend normal. Soll ich etwas sagen oder nicht? Spiele ich mal wieder den Geduldigen, nehme ich mir vor. Das Kind rührt immer heftiger mit dem Arm. Ist das aber schön, mit meinem Geld zu spielen. Dann packt es kräftig zu. Sein Fäustchen ist nun prall gefüllt mit meinem Geld. Mit ausgestrecktem Arm trägt es das Geld zur Mutter. „Ja, Lisa, das darfst du aber nicht machen, du bist aber ein Schlingel! Das gehört dem Mann." Sie versucht, ihrer Tochter das Geld wegzunehmen, doch die wehrt sich vehement, windet sich und schreit. Endlich hat die Mutter die Finger einzeln auseinandergebogen und trägt das Geld zurück.

„Eine normale Mutter, ein normaler Mensch, springt sofort auf, wenn das Kind anderes Eigentum benutzt. Da stimmt etwas bei der Mutter nicht", ereifert sich Theresa.

Es ist meine Erfahrung, dass Eltern zu spät oder überhaupt nicht eingreifen. Aber lasst mich weitererzählen. Die Mutter wirft das Geld wieder in meinen Koffer und kehrt an ihren Platz zurück. Das Kind marschiert aber wieder los. Plumps, fällt es hin. Doch weiter geht's. Es war ja vorhin schon sehr knapp, dass das Kind einen Zentimeter vor meinem Koffer gerade noch das Gleichgewicht halten konnte. Sieht die Mutter keine Gefahr? Nein, sie sieht keine. Jetzt könnt ihr euch vorstellen, wie's weitergeht. Das Kind läuft mit Schwung auf den Koffer zu, die Arme nach vorne gestreckt, die Schritte werden immer schneller – die Mutter schaut gelassen – plumps, liegt es in meinem Koffer. Weil es auch gegen die schräg nach oben stehende Hälfte kracht, bricht mein Koffer an den Scharnieren auseinander und bleibt flach in zwei Teilen liegen. Mein schöner antiker Koffer. Den habe ich vom Dachboden geholt. Er ist mein „Künstlerkoffer", den es heutzutage kein zweites Mal gibt. Solche Scharniere findet man nie mehr. Das Kind schreit. Die Mutter nimmt das Kind auf den Arm. „Entschuldigung", sagt sie zu mir.

Marion, die sich im allgemeinen sehr gewählt ausdrückt, hält sich nicht zurück: „Wie kann man nur so doof sein. Was heißt da ‚Entschuldigung'? Man merkt doch schon vorher, dass ein solch kleines Kind hier überfordert ist. Jeder, der da zuschaut, erkennt das, nur nicht die Mutter! Auch das Ende war vorhersehbar. Das Kind will weder etwas einwerfen, noch kapiert es den Sinn der Statue und rennt nur los. Merkt die Mutter nicht, dass sie das Kind lenken muss? Ein bisschen Erziehung, liebe Frau, ein bisschen wenigstens." Marion wendet sich selbst an die imaginäre Mutter.

Ich klappe meinen Koffer zusammen, nehme ihn unter den Arm, am Griff kann ich ihn ja nicht mehr tragen, und gehe. Mir ist die Lust vergangen. Ich habe nicht einmal die Kraft, der Frau die Meinung zu sagen. Später, als ich die Kraft dazu hatte, habe ich mir hundert Mal zurechtformuliert, was ich der Mutter gesagt hätte.

Ich stieg auf einen anderen, nicht so schönen „Künstlerkoffer" um. Dieser hier liegt bis heute zerbrochen im Keller und dient als Depot für alte Kleider.

*

Wir sind noch beim Thema „Kinder". Was ist Wirklichkeit? Ich zeige allen das Gleiche. Jeder hat seine eigene Wahrnehmung. Kinder reagieren spontan, ohne Berechnung.

München. Advent. Die beste Zeit für Straßenkünstler. Ich stehe in der Theatinerstraße. Es bildet sich ein großer dreireihiger Kreis. Das Laudate Dominum von Wolfgang Amadeus Mozart wirkt heute besonders festlich. Ich spüre im Publikum eine gewisse Ergriffenheit.

Da tritt ein etwa achtjähriger Bub hervor. Mit grimmiger Entschlossenheit fixiert er mein Gesicht. Dann beginnt er einen kung-fu-artigen Tanz. Stößt mit Fäusten und schwingt die Beine. Gut, Kinder leben in ihrer eigenen Fantasie. Die soll man ihnen auch lassen. Aber von diesem Buben geht etwas Ungutes aus. Der betreibt hier ein Vernichtungsspiel. Die festliche Stimmung ist dahin. Aber niemand sagt etwas. „Laudate Dominum..." Auf Emma Kirkbys Stimme horcht keiner mehr. Jetzt rückt der Bub näher. Mit seinen Fäusten berührt er mich fast. Soll ich weiter den Stoiker spielen? Es gibt so schreckliche Filme mit Monstern, die aus ihren Augen Blitze abfeuern. Solchen Ramsch kann man als Plastikfiguren inzwischen massenweise auch auf Weihnachtsmärkten kaufen. Solche imitiert dieser kleine Bursche. Sein vorgeschobenes Kinn, seine Schreie sollen Vernichtung ausdrücken. Mit einem grellen Schrei schlägt er dem Fuß in meinen Schemel.

„Schau sofort, dass du hier weggehst!", eine mir bekannte Frau, die sich im Publikum befindet, tritt aus der Menge heraus. Der Bub stutzt, will seinen Vernichtungskampf fortsetzen. Die Frau rückt ihm näher. Er kehrt zurück zu seinem Vater. Richtig, ein Vater ist ja auch dabei. Er steht nicht weit von der Dame entfernt. Der hätte eingreifen können. Und was macht der Vater? Er sagt zu der Frau: „Was mein Sohn macht, bestimme ich." Mit einer aufmunternden Geste schickt er seinen Sohn wieder zurück in den Kreis. Der Kung-Fu-Kämpfer teilt die ersten Boxhiebe aus. Aber dann gehe ich ihm entgegen, ruhig und direkt. Wie der zurückrennt! Jetzt erst melden sich Zuschauer zu Wort. „Also, so ein frecher Kerl." „Hat der überhaupt keinen Respekt vor anderen?" „Bei dem stimmt doch etwas nicht." Ein Mann tritt auf den Vater zu und sagt: „Glauben Sie, wir alle verhalten uns falsch, nur ihr Sohn verhält sich richtig?"

Was ich aber veranschaulichen wollte, das erlebt man bei den Erwachsenen und auch schon bei den Kindern: Alle erleben das Gleiche. Der eine hüpft vor Freude, der andere ist starr vor Ergriffenheit, der dritte zieht alle Register seiner Gestörtheit. In einem solchen Fall mache ich immer wieder die gleiche Erfahrung. Die Menschen greifen nicht ein. Tut es aber einer, dann unterstützen ihn andere sofort. Dann sieht man, wie viele ihre Wut aushalten, aber schweigen. Artig zu sein, niemanden vor den Kopf zu stoßen, ist vor allem hierzulande ein hohes Erziehungsziel. Und dann fehlt der Instinkt, im richtigen Moment doch zu reagieren. Auf dieses Thema werde ich an einem anderen Tag noch eingehen.

Soll ich eingreifen oder nicht? Meine - auf der Straße erworbene - Erfahrung ist: Greift ein. Es wagt nur keiner, den Anfang zu machen. Hat jemand die Initiative ergriffen, folgen andere. Mit einem Satz wie: „Hören Sie damit auf, aber augenblicklich", ist eine heikle Situation sofort bereinigt. Warum? Man hat ein ganzes Heer von Mitstreitern. „Warum soll gerade ich den Anfang machen?", denken sich wohl die meisten.

Die gerechtigkeitsliebende und durchaus couragierte Hilde bestätigt diese Erfahrung und fügt hinzu. „Ihr könnt in einer harmlosen Angelegenheit einen Test machen. Meinetwegen in einer großen Menschenschlange geht einer an allen vorbei und stellt sich vorne an die Kasse. Geht ihm nach und sagt ihm, er solle sich hinten anstellen. Sofort empören sich andere: ‚Ja richtig, gehen Sie schleunigst nach hinten.' Überall melden sich Stimmen und bestätigen dir, wie froh sie sind, dass du eingegriffen hast. Auf die Frage ‚Und warum haben Sie nicht eingegriffen?' ringen die Leute um eine Ausrede. Sie müssten antworten ‚Ich hatte nicht den Mut, den Anfang zu machen.' Ich habe schon öfter diesen Anfang gemacht. Jedes Mal hat sich eine Schleuse geöffnet. Viele dachten wie ich, griffen nur nicht ein."

*

Lydias Art ist es, immer noch tiefer zu graben, wenn sich die Allgemeinheit zufriedengibt. Es ist unter anderem ihre Tiefgründigkeit, die sie so interessant macht. Sie fragt: „Was du erlebt hast, ergreift mich. Aber ich glaube, du hältst noch eine Geschichte zurück, eine, die dich besonders berührt hat, stimmt's?"

Ja. Ich wollte sie bis zum Schluss aufbewahren. Aber nun ist die Stimmung, von einer Begegnung zu berichten, die ich nie vergesse. Sie belastet mich. Ich werde auch das Gefühl nicht los, etwas falsch gemacht zu haben. Ich erzähle sie mit dem gesamten Kontext. Ich weiß, sie belastet. Aber ich muss sie erzählen. Ich möchte auch, dass wir danach auf eine Diskussion verzichten. Die Begegnung spricht für sich, die Begegnung mit dem „Mädchen aus Opatija".

Nevenka trägt das Tablett mit Weißbrot, Käse und Oliven über den kleinen Flur, übersteigt die Schuhe der Gäste, die kreuz und quer am Boden liegen. Sie öffnet mit dem Ellbogen die Wohnzimmertüre. Der Anblick stößt sie ab: Obwohl sie solche Szenen schon gewohnt ist, bleibt sie kurz stehen. Vier Männer liegen schräg in den Sesseln. Die Aschenbecher sind jetzt schon randvoll. Rauchschwaden hängen in giftigen, gelben Schlieren im Zimmer. Božidar legt beide Füße auf den niedrigen Tisch. „Das ist Nevenka, meine Frau – jetzt komm schon her meine Süße, hab dich nicht so." Dann flucht er, Božidar, der als Fernfahrer viel unterwegs ist.

In manchen Balkanländern, so mein Eindruck, teilt man die Menschen nicht nur nach dem Geschlecht, Religionszugehörigkeit und dergleichen ein, sondern in Menschen, die fluchen und nicht fluchen. Und diese Flüche sind unübersetzbar. Wenn Gott nur einen einzigen Menschen so fluchen hört, dann straft er ihn allein deswegen mit ewigen Höllenqualen. Das kleinste Missgeschick, wo ein anderer „oh je" sagt, wird sofort mit dem Gott und Maria verwünschenden Fluch begleitet. Oder so, wie wir einen Satz mit „nicht wahr", die Engländer mit „isn't it", die Schweizer mit „odr" oder die Schwaben mit „gell" beenden, so fluchen manche in dieser Gegend am Satzende alle Heilige vom Himmel, auch Božidar und seine Freunde.

Nevenka stellt dort, wo noch Platz ist – Božidar lässt die Füße auf dem Tisch -, das Tablett ab. Božidar schlingt den Arm um Nevenkas Hüfte. „Also, meine Frau ist ein Goldstück. Die beherrscht mindestens fünf Kochrezepte, hahahahaha. (Fluch)." Božidar klopft sich auf die Oberschenkel. Die anderen drei machen es ihm nach. Boži ist einfach eine Stimmungskanone. Nevenka windet sich im Griff ihres Mannes. „Jetzt bleib doch da, Schatzilein, das sind lauter nette Männer." Er macht einen kräftigen Schluck aus seiner Bierflasche. „Ahhhh." Links und rechts läuft ihm Bier aus den Mundwinkeln. Er wischt sich Mund und Kinn ab. „Die tun dir doch nichts." Božidar schaut streng in die Runde. „Ich hoffe wenigstens, hahaha!" (Fluch).

„Also, dann geh!" Božidar haut ihr mit der flachen Hand auf das Hinterteil. Alle vier lachen herzhaft. Also, dieser Boži ist schon toller Kerl.

Nevenka verlässt schweigend den Raum. Im Korridor hört sie noch: „Eine scharfe Frau hast du. Vielleicht ein bisschen wenig in der Bluse. Aber sonst..., mein lieber Scholli! Wenn du nicht mein Freund wärst, dann könnte ich mich vergessen." Sie setzt sich in der kleinen Küche auf ihren Hocker und hört die derben Stimmen nur noch als Geräusch. Sie bleibt regungslos sitzen, lange, sehr lange. Sie starrt auf den Fußboden, sieht ihn aber nicht. Ihre Pupillen sind stehen geblieben.

Seit längerer Zeit reagiert Nevenka mit Appetit- und Schlaflosigkeit. Sie bemüht sich zu essen. Angewidert lässt sie die Hälfte im Teller liegen. Sie war schon immer ein schmales Persönchen. Aber sechs Kilo hat sie im letzten Jahr abgenommen. Ihr hohlwangiges Gesicht, ihre hervortretenden Augen, diese verbrauchte, graue Haut, ihren dürren Hals kann sie nicht mehr sehen. Ihre Rippen! Die Rippen ihres Brustkorbs kann man wie die Saiten einer Harfe zählen. Das Meer liegt vor der Haustüre. Wie lange war sie schon nicht mehr beim Baden. Sie kümmert sich viel um die beiden Kinder. Aber dann will sie nur noch nichts tun. Antriebslosigkeit und Schwermut löschten ihren Unternehmungsgeist.

Das, was sie an ihrem Mann als so brutal und rechthaberisch erlebt, sah sie früher, vor zwölf Jahren, als sie sich kennenlernten, als durchsetzungsfähig an. Ja, Božidar war willensstark. Er wusste, was er wollte. Deswegen himmelte sie ihn an. Sie fühlte sich bei ihm geschützt. Gut, wenn ihm einer krumm kam, dann schlug er auch zu. Das hätte ja nicht sein müssen. Aber sie fühlte sich bei ihm so geborgen. Er nahm alles in die Hand. Da brauchte sie keine Meinung zu haben. Heute sieht sie das anders, sieht sie das richtig. Er ist der Platzhirsch, der niemanden neben sich duldet, überall. Herrschsucht ist das, nichts anderes. Allein die Art, wie er redet. Er redet jeden nieder und geht gar nicht auf oft kluge Einwände ein. Er ist eifersüchtig auf jeden und alles. Eifersucht ist nicht ein Zeichen der Liebe, sondern Dominanzsucht. Sobald ein anderer Mann mit ihr redet, legt er sich sofort mit ihm an, nicht aus Liebe zu ihr, nein, niemals. Er fühlt sich sofort in seiner Dominanz untergraben, dieser eklige Egoist. Und zu Hause ist es ja genauso. Nevenka wurde immer weniger. Und die Bettgeschichten! Scheußlich, grausam, erniedrigend! Krönung der Liebe! Wenn das die Krönung sein soll, dann weiß ich ab heute, dass Kroatien in Afrika liegt. Warum hat der liebe Gott Božidar viel zu viel Testosteron verpasst?

Vollgepumpt hat er ihn damit, prallvoll! Er befriedigt sich nur selbst und benutzt dazu meinen Körper! Und wenn er besoffen ist, dann wird er zum Tier! Ach, was heißt Tier. Viel schlimmer. Sie kann nicht eine Sekunde daran denken, wenn dieser widerliche, versoffene Sack in seiner Triebhaftigkeit... „Wo bleibe da ich? Mit meiner Person, mit meiner Würde? Ich bin nichts, nichts, nichts und noch mal nichts." Und heute blüht ihr wieder so eine Nacht. So war es immer. Es heißt, keine Regel ohne Ausnahme. Das stimmt nicht. Hier gab es noch nie eine Ausnahme. Mit einer Freundin tauschte sie sich einmal über Intimitäten aus. Da sagte diese: „Weißt du, Nevenka, die Sexualität ist nicht die Erfüllung, sondern der Preis der Ehe." Oh je! Oh je! Sie also auch! Aber der Preis ist zu hoch, viel zu hoch. „Soll mir jemand eine größere Erniedrigung nennen als Vergewaltigung!" Nevenka starrt noch immer auf den Boden, auf den gleichen Fleck.

Sie denkt laut weiter, redet teilweise vor sich hin. „Dreiunddreißig Prozent der Ehen sind geschieden. Aber deswegen sind doch nicht siebenundsechzig Prozent glücklich. Mindestens genauso viel leiden in der Ehe - so wie ich. Dann gibt es noch genügend Ehen, die sind so lala und nur ganz wenige sind rundum glücklich. Davon bin ich überzeugt. Eine Scheidung belastet Kinder immer. Aber ich bin mir sicher, am schlimmsten leiden die Kinder, die in einer Ehehölle leben." Nevenka will sich einen Ruck geben, dem Leiden widerstehen, aber sie sinkt nach vorne. Die Stimmen im Wohnzimmer werden lauter, Bierflaschen klacken zusammen.

Dann heißt er noch Božidar (!!!), übersetzt „Gabe Gottes".

Da geht die Türe auf. Der Lärm, dieser Lärm. Einer der Freunde tritt auf den Gang. Er rülpst (Fluch). „Wo ist denn bei dir die Toilette? Ach da. Verdammt, meine Blase." Er lässt die Tür offen. Geräuschvoll erleichtert er sich. Woher hat er nur diese Freunde? Es sind immer die gleichen Typen. Diese Abende sind für sie eine Tortur mit immer dem gleichen schrecklichen Ausgang.

„Heute suche ich das Weite. In Rijeka gibt es ein Frauenhaus, seit neuestem, wird auch längst Zeit." Es sind aber nur schwache Gedanken. Für die Umsetzung fehlt ihr die Kraft. Sie denkt dann immer gleich an Svetlana und Ivo. Die kann ich doch nicht mitnehmen. Oder doch? Nein. Boži schlägt mich halb tot. Es müsste dann alles klappen, dass er sie nicht mehr sieht und sofort im Gefängnis landet. Er ist überhaupt nicht gewöhnt, dass sie sich wehrt.

„Wie hältst du das aus, Boži, die ganze Woche ohne eine Frau?", fragt ihn Željko.

Božidar lacht übertrieben laut: „Du bist vielleicht naiv! Schau her, ich habe drei Touren. Eine nach Palermo, eine nach Bordeaux und eine nach Roubaix. Ich weiß nicht, ob deine Bildung ausreicht, aber das liegt in Nordfrankreich an der belgischen Grenze. Glaubst du, ich habe zwischen Palermo und Roubaix nicht meine Adressen?" Er lacht ordinär, beugt sich nach vorne und redet leise weiter. „Scharfe Weiber, die erfüllen dir jeden Wunsch, jeden, zum Beispiel die in Nizza, stellt euch vor, die hat mir doch... das ist doch der Hammer. So etwas erlebst du nur einmal im Leben."

„Wahnsinn, Wahnsinn!" Alle kugeln sich vor Lachen.

Ivo liegt schon in seinem Bett. „Schlaf gut, mein Engelchen." Nevenka streicht ihm über den Kopf. Svetlana ging vor einer Viertelstunde in die Stadt. Sie rennt weg. Seit einiger Zeit tut sie das und Nevenka lässt sie gewähren. Sie weiß nicht, warum sie das zulässt. Sie weiß nur, dass der letzte Funke Kraft aus ihr gewichen ist.

Nevenka hat den ganzen Tag nichts gegessen. Ihr ist übel. „Das ist nicht nur Angst und Panik", denkt sie. „Ich kenne mich da nicht so aus, aber das sind tiefe Depressionen. Die sind viel, viel schlimmer als schlechte Laune. Bei einer echten Depression machst du keinen Muckser mehr. Wenn der Tod über dich käme, wäre es auch recht, sogar viel besser. Der Tod wäre ein Aufstieg, eine Erlösung."

Nevenka versucht es seit Jahren mit Gebeten. Sie ist christlich erzogen. Bei der heiligen Kommunion hat ihr der Pastor als Lebensspruch mitgegeben: „Es ist ein köstlich Ding, dass das Herz fest werde, welches geschieht durch Gnade." Korinther 13 Vers 9.

Wenn wir Gnade üben sollen, dann übt sie Gott sicherlich noch viel mehr als wir. Der Gott, der uns über alle Maßen liebt. Nevenka weiß, dass während des Zweiten Weltkrieges Millionen von Eltern Tag und Nacht in der Fürbitte für ihren Sohn verbrachten, Millionen von jungen Frauen mit einem Kind auf dem Schoß Gott um Gnade flehten, dass Millionen von Soldaten, wenn sie noch die Zeit dazu hatten, ein Stoßgebet zum Himmel schickten... - bevor sie eine Granate zerfetzte.

Aber Nevenka glaubt immer noch an Gottes Gnade. Sie weiß, dass aus den Konzentrationslagern tausende von Gebeten zum Himmel strömten. Hoffnungslosigkeit schwächte die Gebete ab, Apathie erstickte sie, und diejenigen, die dann noch beteten, waren auf ihrem letzten Weg.

Aber sie glaubt an die Kraft des Gebets. Sie weiß, dass sich die Nationalsozialisten die nächste Perversion nur denken mussten, schon hat Gott ihnen den Gedanken erfüllt. Aber sie glaubt an die Liebe Gottes. Ihre Erziehung hat bis heute Macht über sie.

Nevenka hat auch in ihrem eigenen Leben Krieg erlebt, und sie denkt an ihren Cousin Davor – ein herzensguter Mensch. Seelsorger wollte er werden. Er war fest in seiner Gläubigkeit. Wie vielen Menschen hätte er noch geholfen. Aber Gott setzte ihm ein grausames Ende. Mit fünf Schüssen im Körper lebte er noch einen Monat. Nevenka geht nur noch selten in den Gottesdienst. An Weihnachten war sie zum letzten Mal. Dort betete sie mit allen anderen und Millionen Menschen in der Welt um die Gnade Gottes und den Frieden im Nahen Osten. Als Nevenka heimkehrte, schaltete sie das Radio ein. Die neueste Nachricht war, dass in der Heiligen Nacht in Palästina eine Bombe explodierte. Sie riss Menschen in den Tod, die gerade für den Frieden in der Welt beteten und von der Weihnachtsmesse kamen...

Nevenka flehte auch vor solchen Nächten immer wieder. Sie beginnt auch diesmal „Gnädiger Gott, bitte, bitte, bitte..." Dann ist es so weit. Es ist nach Mitternacht. Es rumpelt und die „Gabe Gottes" steht im Schlafzimmer, dieses versoffene Ekel. Diese Nacht wird für sie die schlimmste aller Nächte...

*

Hochsommer. Die Sonne ist schon längst hinter dem Učka, dem höchsten Berg Istriens, verschwunden. Die riesige Kvarner Bucht, die Inseln Krk und Cres liegen im Schatten, nur die gegenüberliegenden Berge stehen im grellen Abendlicht.

Die allabendliche Betriebsamkeit in Opatija unterscheidet sich nicht von den anderen Urlaubsorten im Süden. Trotzdem hat dieser Ort etwas Unverwechselbares. Die Architektur der in der K.u.K.-Zeit entstandenen Prachtbauten verleiht dem einstigen Urlaubsort Maria Theresias ein majestätisches Flair. Der Ort, dicht ans Meer gedrückt, hat nur ein paar Meter ebene Fläche für eine Straße, bevor es steil bergauf geht. Dort schiebt sich der Verkehr durch die

Stadt. Für die Badegäste hat man Betonhalbinseln gebaut. Und da baden tatsächlich Leute, mitten im Zentrum. Natürlich, es gibt an der „Istrianischen Riviera" – so nennen die Kroaten diesen Küstenstrich - traumhafte Badestrände, aber nicht in Opatija.

Wie gesagt: Ich ziehe mich nie vor dem Publikum um. Das erledige ich stets in einer uneinsehbaren Ecke – und plötzlich stehe ich auf der Straße, wie aus dem Boden gewachsen. Ich finde das wichtig. Ich trete als Mysterium auf, als ein Wesen nicht von dieser Welt. Ich bin eine Statue, nicht ein verkleideter Mensch.

Ich stehe im Zentrum Opatijas. Es gelingt mir trotz der Unruhe, eine konzentrierte Stimmung aufzubauen. Urlauber haben auch Zeit und Muße für jegliche Art von Kunst. An zwei Menschen erinnere ich mich noch genau. Einmal ist es ein Landstreicher, zum anderen ein Mädchen. Es gibt kaum einen Auftritt, wo nicht irgendein Landstreicher auftaucht. Er kann die ganze Szene beeinflussen, zerstören oder – was seltener ist – auch beleben. Dieser hier ist lustig, ein wenig kauzig und ein gutmütiger Kerl. Er sitzt staunend direkt neben mir. Zwischendurch steht er auf und tanzt, völlig unrund, wie ein Derwisch mit Hexenschuss. Aber er lebt in seiner eigenen kindlichen Glückseligkeit. Er bleibt sehr lange.

Ein Mädchen kniet in der ersten Reihe nieder und setzt sich auf ihre Fersen. Ein kleines nacktes Püppchen setzt sie neben sich. Das Mädchen ist eine Puppenmutter. „So jetzt setz' dich da her und sei schön brav. Schau, das ist eine große Puppe. Wenn du schön artig bist, macht sie dir etwas vor." Dann hält sie der Puppe eine Brotrinde vor dem Mund. „Und wenn du ordentlich aufisst, dann wirst du auch einmal so groß wie diese Puppe." Sie imitiert mit spitzem Mund die Kaubewegungen ihres Püppchens. „So ist es recht. Schmeckt doch fein."

Das Mädchen bleibt über eine Stunde, bis zum Schluss. Ich suche wie immer einen Platz, Hinterhöfe und Parks sind das, wo ich mich unbemerkt umziehen kann. Diesmal sollte mir dies nicht gelingen.

Ich spüre, das Mädchen geht mir nach. Ich gehe immer weiter. Der Weg führt in einen Park. Ich bleibe stehen, drehe mich um. Da bleibt sie auch stehen, wie ein scheues Tier, das immer den gleichen Abstand hält. Dann, im hintersten Winkel des spärlich beleuchteten Parks, streife ich hinter einem Busch meine Verkleidung ab – und da steht das Kind dicht neben mir, furchtlos, mit großen Augen.

„Kind, was machst du denn hier alleine?" Das Mädchen schaut vertrauensvoll. „Wo sind denn deine Eltern?" Sie schaut so ruhig und bestimmt.

Das sind solche Momente, wo ein Kind mit dem nächsten Zirkus mitfährt, Vater und Mutter verlässt, weil es seine kindliche Traumwelt gefunden hat. Hier, nur hier will es immer leben. Nur hier gibt es das zutiefst ersehnte Glück. Die Tiere sind seine Freunde, die Clowns tanzen mit ihm.

Genauso war es bei dem Mädchen mit der kleinen Puppe. Ihr vertrauensvoller Blick sagt „nimm mich bitte mit".

Er sagt noch mehr: „Du wohnst bestimmt in einem schönen Land, ganz weit weg von hier, wo es nur Blumen und Sonne gibt."

„Wie heißt du?"

„Svetlana."

„Du hast aber einen schönen Ring."

Svetlana dreht ihn verlegen. „Ja, das ist prsi."

„Wer?"

„Prsi - bei mir hat alles einen Namen. So kann ich mit ihnen reden."

„Ah ja, kommt von ‚prst', auf Deutsch der Finger", sage ich.

Dann zeigt sie mir stolz „hali", das ist ihr Sommerkleid. Sie hat nur dieses, abgeleitet von „haljina", das Kleid, sie zeigt mir „Cipi" und „Capi" ihre beiden Schuhe, abgeleitet von „cipele", der Schuh.

„Du wächst ja schnell aus denen wieder heraus. Da musst du dir ja viele Namen ausdenken."

„Nein, alle Schuhe heißen bei mir „Cipi" und „Capi". Die wachsen mit mir mit."

Dann erzählt Svetlana weiter, dass sie gerne in die Schule gehe, auch wenn sie keine besonders gute Noten schreibt. Alle Fächer sind ihre Lieblingsfächer und „torbi", ihre Schultasche - abgeleitet von „torbica", die Tasche - ist ihre Lieblingsfreundin, abgesehen von den richtigen Freundinnen, die sie in der Schule hat.

„Bist du alleine in der Stadt?"

„Ja."

„Wie kommt das?"

Es sprudelt aus ihr heraus. Svetlana erzählt viel mehr, als man im Allgemeinen fremden Leuten sagt. „Papa und Mama mögen sich nicht. Mama arbeitet den ganzen Tag und Papa ist viel unterwegs. Er fährt mit dem Lastwagen in der ganzen Welt herum. Wenn der weg ist, ist das für mich und meinen Bruder, der ist vier Jahre alt, noch die schönste Zeit."

„Und wie alt bist du?"

„Zehn. Mama weint sehr viel, und wenn Papa da ist, weint sie kaum, aber sie redet fast kein Wort."

„Aber Mama mag dich."

„Doch, Mama mag mich sehr, auch wenn sie mich oft anschreit."

„Und der Papa?"

„Der mag mich bestimmt nicht. Nein, ganz bestimmt nicht."

„Hat er dir von einer Reise einmal etwas mitgebracht?"

„Nein, nie. Doch, einmal eine Tafel Schokolade. Papa und Mama hatten sich gestritten, wie immer, und Mama sagte, er könnte doch den Kindern einmal etwas mitbringen, da öffnete er seine Tasche und warf eine Tafel Schokolade auf den Tisch. ‚Da hast du Schokolade, wenn das nichts ist!' Ich esse Schokolade sehr gerne. Aber ich nahm sie mit in mein Zimmer und schlug sie auf den Boden, bis ich nur noch einen Fetzen Papier in der Hand hielt."

„Ist dein Papa nicht auch nett?"

„Er schlägt mich immer. Ich weiß nie den Grund. Er schlägt so hart. Einmal hat mich Mama ins Krankenhaus fahren müssen. Da war dieser Knochen gebrochen." Sie zeigt auf den Knochen unter dem Auge, auf das Jochbein. „Mama hat viel Schmerzen. Zurzeit kann sie die Schulter nicht mehr heben. Ich weiß nicht, warum. Sie hat eine Salbe zum Einreiben. - Aber sie arbeitet den ganzen Tag."

„Hat dein Papa nicht auch schon gelacht?"

„Nein. Nie. Wenn Freunde kommen, die kommen dann mit einer Kiste Bier, dann lacht er. Aber da bekomme ich Angst. Dann laufe ich weg."

„So wie heute?"

„Ja."

„Sucht dich deine Mama nicht?"

„Früher hat sie mich gesucht. Jetzt weiß sie, dass ich nur in der Stadt bin."

„Aber jetzt ist schon zehn Uhr."

„Das macht nichts."

Ich stehe hinter einem Busch in einem Park in Opatija. Vor mir die kleine Svetlana in einem einfachen, schäbigen auberginefarbenen Kleidchen. Dünne Beine schauen heraus. Sie ist mir einfach nachgegangen. Es war ein langer, dunkler, von Hecken umsäumter Weg.

Svetlana steht da und schaut unbeweglich zu mir hoch. Ich streiche ihr übers Haar.

Ich bin völlig ratlos. Was soll ich machen?

„Jetzt musst du aber heimgehen, Svetlana."

Svetlana, schaut stumm zu mir hoch.

„Ja - wirklich – also --- also ----- tschüs."

Svetlana schaut immer noch mit geweiteten Augen ohne Wimpernschlag an mir hoch. Langsam dreht sie den Kopf von mir weg, dann den ganzen Körper. Sie geht den langen, dunklen Weg zurück. Ihr Schritt ist flach und still. Die Arme hängen schwunglos wie müde Seile neben ihrem dünnen Körper. Das nackte Püppchen trägt sie in ihrer Hand. Sie dreht sich nicht mehr um. Sie verschwindet im Dunkel.

Ihr habt mich nach meinem intensivsten Erlebnis gefragt. Das ist es.

*

Der nächste Tag ist ein „bayerischer" Tag. Der Himmel ist weiß-blau. Die Sicht ist klar. Das Örtchen Burgberg liegt noch im Schatten des Grünten – im schützenden Umhang des Grünten.

Ruth und Beate sitzen wieder vor der Hütte.

Ruth streift mit ihrem Blick am Horizont entlang: „Diese Welt hat uns also Gott geschenkt. Eine wunderbare Welt."

Beate wiegt den Kopf. „Die Gedanken über Gebete, gestern von Nevenka, gehen mir immer noch nach. Hat Gott diese Alpen geschaffen? Ich habe in der Schule gelernt, dass sich die afrikanische Kontinentalplatte nach Norden geschoben hat. So haben sich hier die Alpen gefaltet. Übrigens schiebt sie immer noch. Ich befinde mich in meinem Ringen um einen Glauben in einem Prozess, der noch lange nicht abgeschlossen ist."

„So geht es mir auch." Die Stimme kommt von hinten. Mimo ist gerade aus der Hütte getreten. „Heute habe ich mir die Religion zum Thema gemacht. Interessanterweise hatte ich auf der Straße mit diesem Thema zu tun. Ihr glaubt gar nicht, wie viele Menschen von der Religion richtig besetzt sind. Aber lasst uns erst mal den Tag genießen. Heute geht's zu ‚Michl'. Herbert kennt ihn, auch ich kenne ihn. Ich kann euch sagen, Michl ist ein Erlebnis."

„Ein Mensch ein Erlebnis?", wundert sich Ruth.

„Ja, ihr werdet sehen."

Oberegg heißt die Berghütte, die Michl im Sommer betreibt. Er hält sie instand und kümmert sich ums Vieh. Die Hütte liegt am langgezogenen Bergrücken des Ofterschwanger Horns. Man sieht über das weite Illertal, auf die gestaffelten Bergketten auf deutschem und österreichischem Gebiet. Auf der anderen Seite, da sind sie wieder, die Berggipfel fügen sich wie Wellen aneinander: Mittag, Steineberg, Stuiben, Sedererstuiben, Rindalphorn, Buralpkopf bis zum Hochgrat.

Michl kennt jeder. Michl mag jeder. Michl schätzt jeder. Bei Michl muss man gewesen sein. Wer nie im Leben bei Michl war, hat im Leben etwas versäumt. Das sagt man so leicht, es ist aber so.

Michl ist wie eine mächtige Erscheinung, ein alter, knorriger Ast, hager, groß, geht aber ab der Hüfte ein wenig gebückt. Die prankenartigen Hände baumeln wie Klöppel an den langen Armen. Gebt dem mal die Hand. Man kann sie nicht umfassen. Man schätzt ihn auf Siebzig, aber wahrscheinlich ist er um die Fünfzig. Das dunkle, naturgegerbte Gesicht ist furchig. Einheimische sagen, sein Gesicht sei wie die Gottesacker-Wände. Sie meinen die durch Niederschläge, Wind und Schneeschmelze zerfurchte Steinebene im Kleinen Walsertal. Michl besitzt Urkräfte und scheint die Gesetze der Schwerkraft außer Kraft zu setzen. Hilde versuchte, eine riesige schwere Milchkanne hochzuheben. Sie schaffte es beidhändig gerade noch und tippelte damit ein paar Schrittchen. Michl trug sie dann zur Stube hinaus, so selbstverständlich, dass man nicht weiß, ob sie voll oder leer war. Er trägt sie einfach.

Niemand weiß so richtig, ob er schreiben und lesen kann. Michl redet fast nichts, und wenn, dann nur Wortbrocken und keine zusammenhängenden Sätze. Wer nicht gerade aus der Gegend kommt, versteht ihn sowieso nicht. Manche, die schon mehrmals hier oben waren, kennen immer noch nicht seine Stimme. Er ist eine Attraktion, eine Ausgeburt der Natur, so weit von jeglicher Zivilisation entfernt, dass man staunt, dass es solche Menschen überhaupt noch gibt. Jeder ist gern bei Michl. Warum? Er macht keine Stimmung, er existiert einfach.

Wie viele Menschen versuchen ein Leben lang, „ihre Mitte" zu finden. Michl war nie außerhalb. Deshalb findet man bei ihm genau das, wonach sich ein zivilisationsgepeitschter Mensch sehnt. Hier ist jeder einmal ein Aussteiger, dreitausend Jahre zurückversetzt, wo man mit ein paar Stück Vieh lebte, wo die Sprachentwicklung ihre Anfänge hatte. Michl hat keine Uhr - kann er die überhaupt lesen? -, keinen Kalender. Die Hütte ist von einem Gemisch aus Holz-, Milch- und Kuhstallgeruch erfüllt, sehr intensiv, und vor der Türe weht die Luft aller gesunden Kräuter.

Sitzt man in Michls Stube, dann gibt es keine Gespräche über Computer, Mode oder Börsenkurse. Man singt und schunkelt auch nicht. Die Menschen sind in der Ruhe glücklich. Das am häufigsten angeschnittene Thema bei Michl ist: „Was braucht der Mensch zum Glück?" Auf jeden Fall weniger als er hat. Gesundheit, Frieden mit sich selbst und der Umwelt, mehr braucht er nicht.

Bestellt wird immer das Gleiche, ein ordentliches Stück Käse, frisch von der Käserei aus Gunzesried, dazu ein derbes Stück Schwarzbrot und einen Krug frische Milch, wenn man Glück hat, kuhwarm. Seit Neuestem stellt Michl, fast ein Stilbruch, auch ein Bier von einer nahe gelegenen Brauerei auf den Tisch.

Michl ist eins mit der Natur, er spürt sie, er hört sie, er fühlt sie. Er kann das Wetter in der Region exakt vorhersagen. Eine Kumuluswolke über dem Riedberger Horn bedeutet etwas ganz anderes als eine über dem Stuiben. „Regnen wird's, noch heut Abend, weil die Wolk' überm Stuiben steht." Ist er sich nicht ganz sicher, dann tritt er vor die Hütte und schnuppert. „Ja, kalt wird's, morgen." Oder: „Aufklar'n wird's in drei Stunden." Aus dem Geruch der Wiesen leitet er seine Aussage für bestimmte Wetterlagen ab. Das Rauschen der Fichten erklärt ihm das Wetter für den nächsten Tag. Eine scharfe Kante des „Großen Daumens" bedeutet Föhn. Mit einem Blick auf den östlichen Horizont kann er beispielsweise sagen: „Herbstnebel - morgen."

So redet Michl. Er erklärt in Wortbrocken, schaut immer geradeaus und fixiert den Zuhörer nur selten. Manchmal hebt er für Sekundenbruchteile seine buschigen Augenbrauen, wie ein Tier, das Gefahr wittert. Irgendetwas nimmt er wahr. Aber er sagt nichts. Wir spüren's nicht.

Im Winterhalbjahr ist er im Tal, wo, weiß keiner. Er sagt es auch nicht. Unvorstellbar, dass sich so ein Mensch in der Zivilisation bewegen soll. Michl zwischen Fahrzeugen an einer Ampel, an einem Telefon, in einem Auto – unvorstellbar.

Wir sitzen bei Michl, die meisten sind bekleidet mit einer Bundhose, einer Strickjacke, Hilde mit einem Dirndl. Herbert dachte anfänglich, dass hier ein guter Ort für Michaels Geschichten sei. Aber bei Michl will man nur sein. Und, als hätte uns Michl angesteckt, spricht man wenig und nur in kurzen Sätzen. Erst kurz vor dem Aufbruch sagt Ruth: „Michael, du als Mimo redest auch nicht."

„Ja, ich stehe mitten in der Menschenmenge, bin aber doch allein. Die Maske schafft zusätzliche Distanz. Mein Schweigen ebenso. Wenn Menschen mich zum Reden auffordern, schweige ich. Ich sehe die Menschen, aber sie sind draußen. Ich befinde mich in einem eigenen Raum. Mitten auf einem belebten Platz befinde ich mich in einer Welt meditativer Ruhe. Ich bin in all den Jahren ruhiger, gelassener und gesünder geworden. Ich trat für die Menschen auf – aber ich tat vor allem mir etwas Gutes."

*

Nach zwanzig Minuten sind wir wieder an unserer Hütte angelangt. Da es noch Zeit zum Mittagessen ist, bleiben alle auf den Bänken vor der Hütte sitzen. Alle schauen zu Mimo.

„Deute ich eure Blicke richtig? Mir kommt es selbst so vor, dass ich ein bisschen zu viel quatsche. Aber ich hätte vor dem Essen kleine Kurzgeschichten. Hier in den Bergen tauchen Fragen über die Religion öfter auf. Hier fühlt man sich Gott nahe. Und daran kann ich anknüpfen. Ihr glaubt nicht, wie sehr ich als Pantomime bei Menschen Assoziationen zur Religion auslöse."

Das Staunen, auch das Schmunzeln der Zuhörer verraten gespannte Neugierde. Also legt Mimo los. Es geschah in Köln auf dem Domplatz...

*

Eine Frau um die Sechzig, sie macht einen normalen, geordneten Eindruck, steuert im Stakkatoschritt auf mich zu.

„Was stehen Sie hier so rum! Sie sollten wieder einmal beten!" Sie stemmt die Arme in die Hüften. „Können Sie überhaupt beten, hm, können Sie das? Sie... Sie... Sie in Ihrer verdorbenen Gottlosigkeit. Hören Sie sofort auf mit ihrem sündigen Treiben!" Sie dampft ab, kehrt aber wieder zurück.

„Heute ist Priesterweihe! Pries- ter- wei- he! Wissen Sie das? - Ob Sie das wissen, habe ich gefragt."

Schweigen.
Sie sucht im Publikum Unterstützung, findet aber keine. Dann dreht sie sich wieder zu mir.
„Kennen Sie überhaupt die Zehn Gebote, hm? Sicher haben Sie von denen noch nie etwas gehört!"
Ich bin eine stumme Statue.
Wie ein krähender Hahn streckt sie den Hals nach vorne. „Wissen Sie, wer Herr Jesus ist? Hm? Jesus von Nazareth, der Erlöser unserer Sünden? - Nee, natürlich nicht, natürlich nicht, noch nie etwas von Herrn Jesus gehört! Ist doch klar. Unseren Heiland kennt der nicht – der nicht", dabei zeigt sie mit dem ganzen Arm auf mich. Ich ziehe den Bauch ein, damit sie nicht mit ihrem ausgestreckten Zeigefinger in meinen Bauchnabel sticht. „Gott erlöse diese sündige Kreatur", fügt sie, zum Himmel schauend, hinzu. Sie bekreuzigt sich, dreht sich ab und stampft davon.
Nach ihrem Auftritt werfen mir demonstrativ viele Menschen eine Anerkennung in den Koffer.
Was soll man dazu sagen? C'est la vie...
Beate legt zum Lachen den Kopf auf den Tisch und kann sich nicht beruhigen. Es entstehen Gespräche. Anscheinend haben alle schon ihre Erfahrungen mit Bigotterie gemacht. Es dauert eine Weile, bis jeder jedem seine persönlichen Erlebnisse mit solchen Menschen mitgeteilt hat.
Gleich ein anderes Beispiel, denn anscheinend wirke ich auf religionsbeseelte Menschen anziehend.

*

Ich weiß nicht mehr wo es war. Ich kann mich aber an die Örtlichkeit erinnern. Ich stand vor einem großen Tulpenbeet. Ich legte gerade eine kurze Pause ein. Mit erhobenen Unterarmen, als hätte Jesus gerade das tobende Meer beruhigt, tritt eine Frau auf mich zu. Dann faltet sie die Hände, blickt gen Himmel:
„GOTT HAT ALLE LIEB – AUCH DICH." Sie ergreift meine Hand. „Habe keine Furcht, der Heilige Geist spricht durch mich. Gott hat mich, aber auch dich auf die Erde gesandt, um Gutes zu tun. Gott schützt dich. Er hält dich umfangen in seiner Gnade. Du bist ein guter Mensch, das weiß ich. Gott hat es mir gesagt. Gott hat dich reich beschenkt, sonst würde

er dir nicht solche Ausdruckskraft verleihen. Deine Bewegungen haben etwas Göttliches, denn ER schuf dich nach seinem Ebenbild! Wahrlich, wahrlich, ich sage dir, das Himmelreich ist nahe. Gebenedeit seist du in Jesus Christus." Dann legt sie ihre Hand auf mein Schädeldach. „Der Herr segne dich und behüte dich; der Herr lasse sein Angesicht leuchten über dir und sei dir gnädig; der Herr erhebe sein Angesicht über dich und gebe dir Frieden, Amen."

„Amen", sage auch ich, während sie ein Kreuz in die Luft zeichnet.

Heiner, der Atheist, stützt die Ellbogen auf seine Oberschenkel und schüttelt nur den Kopf.

*

„Mit einer Begebenheit kann ich bis heute noch nichts anfangen. Wisst ihr eine Erklärung?

Es war ein Tag, an dem relativ wenig Leute unterwegs waren. Ich schätze, etwa fünf standen bei mir. Wie aus dem Nichts taucht ein Mann auf und wirft sich vor mir auf die Knie. Er schaut zu Boden und hält die gefalteten Hände empor, wie wenn man zu Gott fleht. Eine halbe Minute kann lang sein. So lange verharrt er im Gebet, die Lippen leicht bewegend. Er richtet sich wieder auf und geht gesenkten Blickes weiter. Er verschwindet in der Ferne.

Was sagt ihr dazu?"

Zunächst einmal sagt niemand etwas. Das ist ja so etwas Eigenartiges.

Dann fragt Marion: „Aus welchem Land kam dieser Mann deiner Einschätzung nach?"

„Schwer zu sagen, aber wohl aus der Gegend Vorderasien, Türkei, Iran, Irak. Ihr kennt diesen Männertyp."

„Und wie alt?", schiebt Marion nach.

„Etwa fünfzig."

„Es ist auch ein Rätsel, was er gebetet haben könnte", grübelt Theresa.

„Richtig, man kann es so unterschiedlich auslegen. Hat er gebetet ‚Lieber Gott, vergib diesem sündigen Menschen' oder hat er wirklich ernsthaft ein Gebet gesucht und mich als religiöses Symbol gesehen? Das ist meine Vermutung, denn der Mann war in sich gekehrt und sehr ernst. Er machte keinen verstörten Eindruck. Die Leute, so schien es mir, nahm er nicht wahr."

Theresa zieht die Schultern nach oben, hebt die Unterarme: „Was sollen wir dazu sagen, dazu gibt es zu viele Interpretationsmöglichkeiten."

„Man könnte sich zu Tode interpretieren. Stellen wir einfach fest, die Welt ist so vielfältig, dass wir nie alles aus dem Stegreif heraus begreifen können." Marion lehnt sich bei ihren Worten zurück und verschränkt die Arme. „Lassen wir's", drückt ihre Haltung aus.

„Stimmt, manchmal sind solche Scheindiskussionen reizvoll, aber ich habe momentan auch keine Lust dazu." Damit schließt auch Theresa den Fall ab.

*

Eine interessante Interpretation meiner Erscheinung las ich in Kroatien, in Rijeka. „Rijeka" heißt auf Deutsch „Der Fluss" und noch bis 1918 hieß Rijeka „Fiume", also die italienische Bezeichnung. In Istrien leben heute noch viele italostämmige Menschen, so dass es nicht verwunderlich ist, dass es auch in Rijeka italienische Zeitungen gibt. Eine davon veröffentlichte ein Bild mit einem kurzen Artikel und folgender Bilderklärung.

„I mimi, in Corso, ormai sono di Casa. Dopo aver fatto divertire grandi e piccini in diverse occasioni con pantomime buffe, questa volte è stato toccato un tema religioso: LA MADONNA. Con un bellissimo costume, il mimo ha allestito un'azione scenica interpretando il ruolo con abilità e stile."

Also, da haben wir's. Ein Mime nimmt sich eines religiösen Themas an: der Madonna.

Eine Madonna bin ich! Jetzt schlägt's dreizehn. --- Doch... warum nicht? Ich kann tausendfach interpretiert werden.

*

Der Abend des vierten Tages ist angebrochen. Hier geht die Sonne lange vor Sonnenuntergang unter, genauer gesagt, sie verschwindet hinter dem Stuiben. Aber es ist noch geraume Zeit hell. Die gegenüberliegenden Berge bleiben noch lange angeleuchtet. Ganz hinten schließen mächtige, trutzige Berggipfel den Horizont ab. Sie sind aber so weit entfernt, dass diese gewaltigen Zacken einer Reihe spitzer Zähnchen eines Nagetieres ähneln. Ein besonders kräftiger Zahn ist der Hochvogel, das „Matterhorn" dieser Alpenregion.

Erst als es wirklich dunkel wird, verlassen auch Lydia und Theresa ihren Aussichtsplatz vor der Hütte. Sie stoßen im Aufenthaltsraum zu den anderen. Mimo wartet diesmal mit einer längeren, zusammenhängenden Erzählung auf. Er glaubt, bei vielen Menschen etwas bewirkt zu haben. Aber dem Leben einer Frau konnte er eine neue Richtung geben. Ja, es war tatsächlich so.

*

Drei zu drei steht es in dem Eishockeyspiel zwischen den Gastgebern und den „Gästen" wie es an der Anzeigetafel steht. Erzrivalen treffen aufeinander. Die Halle bebt. Jetzt ist Pause. Was den Zuschauern nun geboten wird, haben sie hier noch nicht erlebt.

Ein Mann, der die Teenagerjahre schon durchschritten hat, man könnte ihn auf gut dreißig Jahre schätzen, tritt auf die Eisfläche. Niemand bemerkt ihn. Die Zuschauer sind von den abgelaufenen zwei Spieldritteln noch ganz aufgewühlt. Der Mann ist ziemlich klein, schmal, er hat etwas Gnomhaftes an sich. Der scharlachrote Pullover ist ihm fünf Nummern zu groß, was aber zum Stil der Fankleidung gehört. Seine Jeansjacke ist von Aufklebern übersät. Ein langer roter Schal, dreimal um den Hals gewickelt, hängt vorne an beiden Schultern herab. Die dichten Augenbrauen wölben sich über die Augen, so dass sein pockennarbiges Gesicht besonders finster wirkt.

Er hält ein Mikrofon in der Hand. Er bläst hinein. Jetzt hört man ihn blasen. „Verstehen Sie mich?" Er wiederholt den Satz mindestens fünfmal, bis alle merken, dass da unten jemand steht. Die Menschen sind nun so ruhig, dass er sich sogar eine Kunstpause leisten kann. Es gibt Menschen, die ein Leben lang von einem solchen Augenblick träumen. Einmal im Mittelpunkt zu stehen, im Fokus von tausenden von Augenpaaren. Günther hat solch einen Augenblick organisiert. Jetzt will er ihn zelebrieren. Der große Augenblick seines bisher recht kümmerlichen Lebens ist jetzt.

„Ich möchte Ihnen etwas verkünden! Heute ist ein großer Tag für mich, beziehungsweise er soll es noch werden."

Das kommt nicht besonders an. Ein paar jubeln, ein paar rufen Buuuh. Was will der eigentlich, kann sich doch jeder wichtig machen.

Vera steht unter den Zuschauern. „Das ist doch Günther! Er sagte doch, er könne heute nicht zum Eishockey mitgehen." Seine Erklärung, er müsse unbedingt das Auto reparieren, kam ihr sehr fadenscheinig vor. Günther hat noch nie ein Eishockeyspiel versäumt. Er ist arbeitslos, schon längere Zeit. Er fiebert von einem Spiel zum anderen hin. Sonst hat er den ganzen Tag nichts zu tun. Er ging auch schon krank zum Eishockey, mit 39,2 Grad Fieber. Aber sie hat nicht weiter gefragt, ob das Auto denn so wichtig sei. Sie fragt bei solchen Gelegenheiten nie. Sie mahnt nicht, sie verbietet nicht. Was Günther sagt, das stimmt. Was Günther sagt, wird auch gemacht. Ein Automatismus, der sich bei den beiden sehr schnell eingeschliffen hat. Nun kennen sie sich gerade mal ein dreiviertel Jahr.

„Ich bitte Vera, aufs Eis zu kommen!"

„Der spinnt doch total", denkt sich Vera, schaut sich ein paar Mal um, drängt sich dann durch die Zuschauerreihe und steigt verwundert die freie Treppe hinab. Eigentlich will sie hinunterrufen: „Günther, mach keinen Unsinn. Komm du hier herauf." Aber selbst in dieser Situation greift das tief eingravierte Muster ihrer Beziehung. Was Günther sagt, wird gemacht. Vom Mittelgang sind es noch ein paar Schritte zum Eingang. Ein Ordner, „Vorsicht glatt", mahnt er sie, hilft ihr über die Schwelle. Mit kurzen Schritten tippelt sie an den Spielerbänken vorbei zu Günther, bleibt aber ein paar Schritte vor ihm stehen.

Günthers düstere Augen blicken nun sanft. So kann nur einer schauen, der unendlich verliebt ist. Ja, diese Liebe ist unendlich, liest Vera von seinen Augen ab.

Dann nimmt Günther einen kurzen Anlauf und schleift auf einem Knie bis zu Vera hin. Eine rote Rose in der Hand haltend, ruft er ins Mikrofon: „Vera, willst du meine Frau werden?"

Vera schaut zu dem Mann herab. Seine Haltung ist demütig, sein Blick aber fordernd. „Ja, ja, ja! Ich will deine Frau werden!"

Günther springt auf. Die beiden umarmen sich. Vera schlingt ihre Arme um seinen Hals, Günther umarmt Vera am Bauch. Ja, er ist deutlich kleiner als Vera. Und so bleiben sie eine Minute lang stehen. Die Zuschauer springen auf. Sirenen heulen. Die Eishalle ist ein Tollhaus.

Vera weint hemmungslos. Günther hat bei der Umarmung noch den Nerv, hinter Veras Rücken ins Mikrofon zu flüstern: „Ich liebe dich, ich liebe dich, ich liebe dich."

Eine kleine Gruppe, die anscheinend nicht ganz kapiert, was hier passiert, singt „Happy birthday to you..."

Sie küssen sich, sehr lange und stürmisch. Nein, sie küssen sich nicht. Er küsst sie, und zwar so, dass es eher abstoßend wirkt. Vera geht dabei ins Hohlkreuz. Dann gehen sie beide Hand in Hand den Mittelgang hoch. Veras Kopf ruht noch den ganzen Abend lang auf Günthers Schulter.

Um es kurz zu machen: Eine Hochzeit gab es nie. Die Beziehung hielt nur noch ein paar Monate.

Vera schrieb mir einen Brief mit der detaillierten Schilderung dieses Heiratsantrags. Sie schrieb mir häufig Briefe. Sie waren geschmückt mit vielen kleinen Aufklebern - Schmetterlingen, Marienkäfern, Blumen, umrahmt mit selbst gemalten Girlanden.

„Und was hat das mit Pantomime zu tun?", will Beate wissen.

Sehr viel, denn die Bekanntschaft mit Vera entstand über meine Straßenauftritte. Sie war erstaunlich, bemerkenswert, eigenartig. Ich lernte sie kennen, als ich in ihrer Heimatstadt auftrat. Einmal hatte ich auch die Ehre, diesen Günther kennenzulernen.

Es war das einzige Treffen, das verabredet war. Anscheinend war Vera darauf erpicht, mir Günther vorzustellen. Ich kam vom Bahnhof. Da sah ich Vera. Ich ging schnurstracks auf sie zu, doch Günther drängte sich dazwischen, um mich mit weit vorgestreckter Hand zu begrüßen. Das Eröffnungsgespräch lief folgendermaßen:

„Grüß dich, ich bin der Günther. Sollen wir in den ‚Hirschen' oder in den ‚Löwen' gehen?"

„Ist mir egal. Ich kenne beide Gaststätten nicht", antworte ich und grüße Vera, indem ich die rechte Hand kurz hebe. Viel zu flüchtig, denn Günther übernimmt das Kommando.

„Ich frage dich noch mal. Willst du in den ‚Hirschen' oder in den ‚Löwen'?"

„Ich weiß nicht. Du müsstest mir schon ein paar Vorinformationen geben."

„Ich will ja nicht streiten. Ich habe nur eine Frage gestellt."

Der kapiert überhaupt nicht, worum es geht.

„Also, dann gehen wir in den ‚Löwen'", entscheide ich.
„Warum denn nicht gleich?" Günther scheint genervt.
Der Weg führt über einen schönen, autofreien Platz, umsäumt von stilvollen Cafés und urigen Gaststätten. Mein Platz, meine Bühne. Dort stehe ich immer als Statue, wechsle aber in meinen vier Farben Silber, Gold, Weiß und Blau. Einen „Hirschen" oder einen „Löwen" sehe ich immer noch nicht. Die Morgensonne wärmt die Sitzplätze im Freien.
„Oder setzen wir uns gleich hier an die Sonne?"
Im Tonfall stelle ich die Frage wie eine Entscheidung. So landen wir ganz woanders.
Ich bestelle einen Milchkaffee, Vera einen Cappuccino, Günther, der schon am Morgen nach Fusel riecht, ein Weißbier.
„Wie geht es dir?", frage ich Vera.
„Der geht es gut, seit sie mich kennt", antwortet Günther.
„Wie geht es dir, Vera?", wiederhole ich die Frage.
Günther: „Ich habe dir doch schon gesagt, dass es ihr gut geht."
„Nähst du dir die Kleider immer noch selber?", frage ich Vera.
„Schon lange nicht mehr. Dazu hat sie, seit wir uns kennen, auch keine Zeit", antwortet Günther.
Und Günther redet und redet.
„Was glaubst du, wie hoch die Eishockey-Jugend neulich gewonnen hat? 15 : 1! Und das ohne den Jimmy."
„Wahnsinn", werfe ich ein.
Und jetzt kommt Günther in Fahrt. Lautstark und wild gestikulierend schildert er Details von irgendwelchen Eishockeyspielen.
„Irre, diese Eishockeyspieler sind schon tolle Burschen. Aber jetzt will ich wirklich etwas von Vera hören." Ich wende mich Vera zu und schiebe unmerklich meine Schulter zwischen sie und Günther.
Natürlich besprachen Vera und ich noch ein paar Dinge. Dann begab ich mich aber an meinen Platz, denn ich war gekommen, um hier, an einer meiner Lieblingsstellen, meine pantomimische Vorführung zu beginnen.
Und warum erzähle ich diese Geschichte? Genau an dieser Stelle traf ich vor ungefähr einem Jahr Vera. Für mich war die Begegnung hochinteressant, für Vera der Anfang neuer Lebenswege...

*

Ich stehe im Schatten geschwungener Arkaden. Nahezu eine Stunde lang steht eine junge Frau vor mir, nur zwei Meter von mir entfernt. Unablässig schaut sie mich an, nie nach links oder rechts. Nur zwischendurch schließt sie die Augen und verharrt schweigend in einem seligen Lächeln. Diese Frau wäre noch länger gestanden, aber es wurde Abend. Meine letzten Bewegungen lasse ich ausklingen. Zum letzten Mal raste ich in meine Grundhaltung ein, um diese dann aufzulösen und vom Schemel zu steigen.

Die junge Frau steht immer noch am selben Fleck. Ihre Arme hängen kerzengerade, die Hände zu festen Fäusten geballt. Sie schaut zu Boden. Als sie meinen Blick spürt, hebt sie ihren Kopf und sieht mich an. Die Fäuste presst sie noch heftiger zusammen. Erstaunlich ruhig bleibt ihr Blick an mir hängen. Dann schließt sie die Augen und sagt:

„Ich weiß, dass mit mir heute etwas ganz Ungewöhnliches passiert ist." Sie schlägt wieder die Augen auf. Das tut sie oft. „Natürlich liebe ich Ihr Schauspiel, bewundere Ihre Körperbeherrschung." Sie macht eine Kunstpause. „Aber das ist es nicht. Irgendetwas ist mit mir passiert.- Ich kann es... ich kann es nicht beschreiben." Dann schweigt sie. Ich auch.

„Mit mir ist etwas geschehen, das ich nicht beeinflussen kann. Es berührt mich in den tiefsten Schichten meiner Seele, nein, etwas..., ach, ich weiß überhaupt nicht mehr, was ich sagen soll. Ich..." Dann bricht sie ab.

Diese Frau ist der Menschentyp, der zu Herzen gehen kann. Ihre Stupsnase, die weichen Backen mit Grübchen darin wirken einfach liebenswert. Dann hat sie die Eigenart, den Kopf zu senken und einen mit geweiteten Augen von unten anzusehen. Das ist keine Masche. Dafür ist sie viel zu natürlich. Demut und Bewunderung lese ich in ihr.

Man kann sich im ersten Moment täuschen, aber ich sollte sie noch näher kennenlernen. Da wurde mein erster Eindruck immer wieder bestätigt. Diese Frau ist die Inkarnation von Demut. So wie ich das später noch erlebt habe, ist dieser Wesenszug die Hemmung in ihrem Leben. Das ist zwar meine Interpretation, aber ich glaube ziemlich richtig zu liegen. Allein, wie sich dieser Günther ihr gegenüber benehmen kann, zeigt, wie demütig sie Lasten zu tragen pflegt.

„Ich ziehe mich dort hinten um", unterbreche ich das Schweigen.

„Darf ich hier warten?" So mutig war sie fast noch nie in ihrem Leben.

Ungern sage ich in solchen Momenten „ja". Aber hier tue ich es. Kurze Zeit später erscheine ich wieder, Künstlerkoffer in der rechten

Hand, den Schemel in der linken. Ich bin auf ihre Reaktion gespannt, denn sie kennt mich ja nicht. Diese Frau aber schaut mich mit dem gleichen Blick an wie vorher. Erstaunen kann ich in ihrem Gesicht nicht ablesen.

Ich mache die Hände frei, gebe ihr meine Rechte. „Guten Tag, ich heiße Michael Venn."

„Grüß Gott, ich heiße Vera Waldmann."

Bevor eine Kunstpause entstehen kann, beginne ich: „Sie sind ja mindestens eine Stunde bei mir gestanden..."

Vera antwortet mit einem kleinen Knicks, dem gesenkten Kopf und den hochgeklappten Augenlidern.

„Ich..." „Ich..."

Wir setzen gleichzeitig zu reden an.

„Ja, reden Sie."

„Die Musik..., Ihre Bewegungen..., diese, wie soll ich sagen, diese Harmonie... Das alles gefällt den Leuten. Aber ich gerate in einen Glückszustand. Den trage ich jetzt mit nach Hause. Ich habe das Gefühl, dass ich den für immer aufbewahren kann." Sie schaut wieder zu Boden. Ich sage nichts. „Es ist so etwas Grundsätzliches. Verstehen Sie... Ich habe das grundsätzliche Gefühl, dass ich meine Möglichkeiten noch lange nicht ausgeschöpft habe. Heute glaube ich, die Kraft zu einer Änderung zu haben. Glauben Sie nicht, ich sei, wie sagt man dazu ma..., ma..."

„Meinen Sie vielleicht ‚manisch'?"

„Ja, also es ist nicht so eine Art manischer Anfall... Ich spüre das Gute in der Welt – auch in mir. Ich glaube auch, dass ich stark bin und viel bewirken kann, viel mehr, als ich es bisher tat."

Ich schweige. Eine verwirrte Frau?

„Wann treten Sie hier wieder auf?"

„Grundsätzlich recht selten in dieser Stadt, aber diesmal werde ich nächsten Samstag wieder hier sein... wenn nichts dazwischen kommt."

„Ich bin jeden Samstag in der Stadt. Wenn es nicht so wäre, würde ich eigens wegen Ihnen kommen, würde auch von weit her anreisen."

Am nächsten Samstag steht sie da, auf dem gleichen Fleck. Sie steht da bis zur Mittagspause. Wir setzen uns beide in ein Café. „Vera", spreche ich sie an und, nachdem sie sich stark überwunden hat, sie mich mit „Michael". Ich bin ja schließlich bald doppelt so alt wie sie.

Dann erzählt sie.

Sie ist dreißig Jahre alt, lebt bei ihrer Mutter. Wie ich das so einschätze, eine verfilzte Lebenssituation. Den „Qualifizierenden Hauptschulabschluss" hat sie in der Tasche, aber dann nie eine Berufsausbildung abgeschlossen. Ja, schneidern kann sie. Sie fertigt hie und da etwas für Bekannte an und verdient sich damit ein Taschengeld. So lebt sie seit ihrem vierzehnten Lebensjahr. Mit der Liebe klappte es nie. Immer traf sie auf Männer, die sie schamlos ausnutzten. Die Geschichte mit Günther war nur die leidvolle Wiederholung alter Beziehungsmuster. Sie wirkt sehr vorsichtig und defensiv. Ihr fragender Blick drückt Unsicherheit aus. Sie hat aber prinzipiell etwas Goldiges in ihrem Wesen. Wenn sie von schönen Dingen erzählt, wirkt sie so liebenswert, so mädchenhaft.

Das war der Anfang. Ich traf sie fast nie mehr, aber sie schrieb mir Briefe, die mit den Blümchen und Herzchen, in denen sie mir ihre Lebensgeschichte erzählte. Und immer wieder versicherte sie mir, dass ich eine ganz wichtige Rolle in ihrem Leben spiele, zur Zeit wohl die wichtigste überhaupt. „Ich glaube wieder an das Schöne im Leben. Ich liebe Ihre Kunst. Ich liebe Sie, verstehen Sie das bitte richtig. Ich werde Ihnen ein Leben lang dankbar sein, weil ich weiß, dass ich vor einer Lebenswende stehe." Sie fällt immer wieder ins „Sie" zurück. Zunächst erzählte sie, dass sie ihre Zuneigung zur Kunst nur in sich schlummern ließ, ohne sie auszuleben. Überhaupt habe sie nur „geschlummert". Den Grund dafür wisse sie auch nicht. ---- Ich lese an euren Blicken Skepsis ab. Bin ich dabei, mich von einer Gescheiterten aussaugen zu lassen? Lasst mich weitererzählen.

Im nächsten Brief stand, dass sie nun die gleiche Maske gekauft habe, die ich trage. Sie habe sich ein goldenes Kleid geschneidert. Sie schickte mir ein Bild. Es war viel prunkvoller als mein einfaches Hängegewand.

„Oh je, mir schwant da nichts Gutes", platzt es nun doch aus Edith heraus.

„Das ist nichts Eigenes, das ist Nachahmung", ergänzt Theresa.

Da habt ihr recht, sie übernahm die Idee von mir, entwarf aber ihre eigene Kreation. Lasst mich aber weitererzählen, denn das war nur der erste Schritt. Stimmt, sie imitierte mich mehr oder weniger. Wie ein junger Baum am Anfang einen Stützpfahl braucht, so brauchte sie mich jetzt noch. Horcht nur zu. Aber ich bleibe noch bei ihrer Kunst. Eines Tages überwies sie ihr Hausarzt in eine Klinik im Allgäu. Sie nahm ihr Künstlerkleid mit. Sie schrieb mir, sie wolle unbedingt auf der Straße auftreten, habe aber nicht den Mut dazu.

„Du sollst beim ersten Mal doch dabei sein...", folgert Theresa gleich richtig.

Genau. Sie suchte nach dem Stützpfahl. Lasst mich weitererzählen. Ih werdet staunen. Zunächst einmal willigte ich ein. Wir trafen uns in einem kleineren Ort nahe meiner Heimat. Der Ort ist immerhin so groß, dass er über eine kleine Fußgängerzone verfügt. Veras Körpersprache drückte Vorsicht, Ängstlichkeit, Unsicherheit aus. So weit kenne ich sie schon. Dann der ständig fragende Blick, „soll ich oder soll ich nicht". Meine Ruhe sagte ihr „natürlich trittst du jetzt auf". Sie zögerte nicht mehr, streifte Gewand und Maske über, wandelte über den kleinen Platz und zog sofort die Blicke aller Passanten auf sich. Wirklich sehr auffällig, aber auch stilvoll. Sie stellte sich auf ihre goldene Bierkiste und begann mit der Vorführung. Sie machte ihre Sache nicht schlecht. Man spürte ihre Hingabe. Ihr Auftritt gab ihr so viel Selbstvertrauen, dass sie in der Klinik eine Vorführung organisierte, die ihren Aussagen gemäß großen Anklang fand.

Es folgten in Abständen immer wieder überschwängliche Briefe. Sie sprach von der Lebenskraft, die ich ihr gegeben hätte. Bei so viel Lob war ich skeptisch. Doch weitere Taten folgten. Sie verließ das Haus der Mutter. Sie begann eine kaufmännische Lehre. Sie erklomm in ihrem Leben eine neue Etage. Nur die Beziehungen verliefen noch nach dem alten Muster. In einem ihrer Briefe schilderte sie mir den Heiratsantrag von Günther.

Den habe ich erzählt und jetzt sind wir wieder am Anfang.

Edith schaut zu Roman hinüber. „Sag' du etwas", soll der Blick heißen. Doch Roman bleibt gelassen sitzen.

Dann fängt sie selber an: „Also, so sehr ich mich über diese Frau freue, obwohl sie mich nichts angeht, mein ungutes Gefühl bleibt, gerade durch diese Ende."

Ohne seine gelassene Haltung aufzugeben, meldet sich nun doch Roman, der nie spontane Reaktionen zeigt, sondern immer grundsätzliche Zusammenhänge einbezieht. „In den dreißiger Jahren des vorigen Jahrhunderts, es war in Argentinien, ging ein sechsjähriger Bub in den Zeichentrickfilm ‚Schneewittchen'. Für Millionen von Besuchern war er ein schöner Film. Für diesen Buben war er ein Schlüsselerlebnis. Er wusste von diesem Moment an, dass er Zeichner, genauer gesagt Karikaturist, werden wird. Die sieben Zwerge, so berichtet er heute als achtzigjähriger Mann, hatten so lustige Knollennasen. Dieser Mann heißt mit Künstlernamen Modrillo und seine Karikaturen, auch die Männchen mit den Knollennasen, kennt die ganze Welt. Was ich damit sagen will: In jedem Menschen wohnen verschiedene Welten. Einige schlummern, andere werden ausgelebt. Oft sind es ‚Schlüssel'-Erlebnisse. Sie sind oft unscheinbar, aber für einen einzelnen Menschen genau der Schlüssel für eine in ihm schlummernde Welt. Und jetzt fließt eine neue Quelle. Deine Pantomime war so ein Schlüsselerlebnis für Vera. Ich sehe da viel Gutes."

Er trifft auf Ediths unsicheren Blick. „Was im Leben noch folgt, das will ich hier nicht diskutieren. Ob sie fürs Leben gerettet ist... mein Gott! Das weiß ich auch nicht", entgegnet Roman, „aber ein gutes Stück ist sie vorangekommen."

Jetzt greift Mimo wieder ein:

Wir brauchen nicht lange weiterzudiskutieren. Nach rund sechs Jahren meldete sie sich wieder. Ihre Stimme ist klar und eindeutig. Sicher schlummerte eine, vielleicht verschüttete, Energie in ihr, die sie nur nicht ausleben konnte. Wie kraftvoll und sicher sie von ihrem jetzigen Leben erzählt. Ihr Chef schätze ihre Zuverlässigkeit, ihre Mitarbeiter nennen sie „die gute Seele" des Betriebs. Ich glaube ihr das sofort. Das vermitteln mir nicht nur ihre Worte, vielmehr ihre klare Sprache. Eine Metamorphose? Nein, Lebensumstände können vieles zerstören und auch vieles aufdecken. Vielleicht erklärt sich für euch manches, wenn ich aus meiner Erfahrung als Lehrer spreche. Jeder Mensch kann mit seinem Verhalten Auslöser einer lebenslangen Hemmung bei einem anderen Menschen sein. Da es auch immer wieder Lehrer sind, habe ich an meiner Schule eine Sprechstunde für Schüler mit Lernschwierigkeiten eingerichtet. Diese Schüler waren nicht grundsätzlich lernschwach, sonst wären sie nicht an einer weiterführenden Schule. Ein Zustand in der Klasse oder in der Familie hat diese Hemmung herbeigeführt. Oder eben ein Ereignis. Vera, ein verschüchtertes Mädchen, ist ein typisches Opfer. Da wären wir wieder beim Thema „Schlüsselerlebnis", das uns in dieser Woche begleitet. Die gibt es auch für einen Absturz im Leben oder für irgendwelche Hemmungen. Ich kenne zwei Menschen, die

Jahrzehnte lang nicht mehr gesungen haben, nur weil ein anderer sagte „Singst du aber falsch".

Es gibt Menschen, die Mitmenschen mit geringer Resistenz beschützen wollen. Aber auch solche, vielleicht mehr als ihr glaubt, die bei schutzlosen Personen dominant und gemein werden. Wer sich als Wurm gibt, darf sich nicht wundern, getreten zu werden. Treter gibt es mehr als Beschützer. Vera wurde mit sadistischem Genuss von einem Lehrer getreten. Sie hat mir einmal folgende Geschichte erzählt. Ich habe sie noch genau im Kopf. Den Wortlaut weiß ich nicht mehr. Er war aber ähnlich.

Es war in der Hauptschule. Dr. Wurmser: „Heute frage ich wieder einmal ab, und zwar die... mal schauen, wen ich schon lange nicht mehr geprüft habe, ach ja, die... nein..." Dr. Wurmser blättert weiter in seinem Notenbuch. „Dann nehme ich einmal die, die... die Vera." Vera geht zur Tafel. Dr. Wurmser erwartet von Vera nichts. Aus ihr hat er kaum einmal ein gescheites Wort herausgebracht. So einem faulen Luder muss ich mal wieder eine ordentliche Note verpassen. Mit der Note 4,5 steht sie sowieso zu gut da.

„Also Vera, strenge deinen Grips einmal an, wenn du überhaupt einen hast! Das wäre doch was! Also gut. Nenne mir die Westfriesischen Inseln." Vera hat gut gelernt. Endlich will sie dem Klassenlehrer zeigen, was in ihr steckt, endlich einmal! Sie sprudelt hervor: „Borkum, Juist, Norderney, Baltrum, Langeoog, Spikeroog, Wangerooge." Das lief wie am Schnürchen. Vera atmet auf.

Dr. Wurmser sagt nichts, klimpert mit den Fingern auf dem Pult. „Ich warte auf deine Antwort."

Er trommelt mit den Fingern weiter am Pult und schaut aus dem Fenster. Es ist totenstill. Die Schüler geben Vera ganz aufgeregt Zeichen. Hat sie etwas falsch gemacht? Sofort dreht sich Dr. Wurmser zur Klasse. Niemand kann Kontakt zu Vera aufnehmen. Der Lehrer trommelt weiter und reibt sich mit der anderen Hand das Kinn.

Plötzlich springt er auf und brüllt: „Null Punkte. Alles falsch. Falscher geht es nicht. In der siebten Klasse hockt sie und kann noch nicht einmal Ost von West unterscheiden! Zeige mal an der Karte wo Westen ist."

Vera zeigt es.

„Oho, oho, Glück gehabt! Die Chancen stehen ja fifty fifty."

„Die Westfriesischen Inseln weiß ich auch", sagt Vera leise.

„Will ich gar nicht hören. Setzen, Sechs. Wegen Blödheit noch eine Note Abzug. Note Sieben! Hahaha. Für dich muss man ein neues Notensystem erfinden, hahaha."

Dr. Wurmser schlägt lachend mit der flachen Hand aufs Pult. Wenn man die Ostfriesischen Inseln mit den Westfriesischen verwechselt. Ja, wo gibt's denn so was!

Mimo: Es gibt Erlebnisse, die der Schlüssel für ein Lebensschicksal sind, sie können vernichten, wie hier, aber auch erhöhen wie der Kinobesuch bei Mordillo. Bei Interviews mit erfolgreichen Menschen berichten diese oft von einem manchmal unscheinbaren Erlebnis, das ihre Welt verändert hat. Dann gab es in Veras Leben noch einmal ein Erlebnis, ein unscheinbares, das sie aus dem Sumpf gezogen hat. Das war die Begegnung mit der Statue in ihrer Heimatstadt. Sie hat alle schlafenden guten Geister in ihr geweckt. Sie besuchte eine Schule, für die sie sich vorher nie geeignet fühlte. *Ich* kann nichts dafür.

Kurz und gut, ich wollte nur erzählen, dass meine Straßenkunst den Menschen nicht nur ein paar unterhaltsame Minuten beschert. Ich glaube, dass ich vielen Menschen etwas geben konnte. Wie ich schon sagte, die vielen unscheinbar anmutenden Erlebnisse waren Guckfenster in das Innere der Menschen. Vera öffnete alle Fenster, so weit wie sonst niemand in meinen fünfzehn Jahren als Straßenpantomime.

*

Das Gunzesrieder Tal ist nur ein paar Kilometer lang. Die Fahrstraße endet an der „Gunzesrieder Säge". Dort befindet sich gerade unsere Gruppe, die allerdings über den Bergrücken dorthin gewandert ist. Ein Tobelweg beginnt hier. Er gilt als Geheimtipp in dieser Region. Es ist ein warmer Hochsommertag. Da tut so ein Tobelweg richtig gut. Ein von Wald umsäumter schmaler Weg führt rechts an einem Bach entlang, der sich wie ein Slalomläufer um die im Bachbett stehenden Felsen schlängelt, um dann übermütig über Kaskaden zu hüpfen.

Schön hintereinander spazieren unsere Malfreunde, immer den Blick ins frische Wasser gerichtet. Und jetzt geschieht etwas, was die Unterschiede zwischen Mann und Frau ausmacht. Dass diese auch noch bei älteren Jahrgängen sichtbar werden, demonstrieren unsere Herren. Drei lösen sich von der Gruppe, um ins Bachbett hinunterzusteigen. Wer - natürlich die drei Männer. Herbert hält sich als Kursleiter doch zurück. Ein Stück weit macht aber Hilde mit, die man aber auch als ein wenig „burschikos" einschätzt. Die Damen halten sich streng an den Fußweg.

Die Männer hüpfen von Stein zu Stein. Heiner, wer sonst, vorneweg. Selbst Roman, schau mal an, entdeckt den „Bub" in sich. Da lässt sich Gisbert nicht lumpen. Im Nu ist auch er unten. Heiner, als wäre er ein zwölfjähriger Junge, der den Mädchen imponieren will, hüpft mitten im Bach voran, immer einen trockenen Tritt suchend.

„Uiii, schau mal, der Heiner. Der ist ja eine richtige Gämse", ruft Beate. „Was heißt Gämse", wirft Edith ein, „kennt ihr die afrikanischen Springböcke? Die springen wie Gummibälle über drei Meter hoch! So einer ist Heiner." Heiner hat das gehört. „Das ist ja noch gar nichts", ruft er hinauf. Seine Sprünge werden immer waghalsiger. Die Damen klatschen und geben ihm einen Spitznamen, den er für den Rest der Woche hören muss: „Heiner der Springbock".

Roman ist da, auch seinem Alter entsprechend, wesentlich vorsichtiger. Gisbert, nicht ungewandt, sucht sich seinen eigenen Weg. Doch jetzt ist er in eine Sackgasse geraten. Entweder er wagt den Sprung zum nächsten großen Stein, oder er kehrt wieder um. Da hört er Ediths Stimme: „Das schafft Gisbert nie." Das hätte sie nicht sagen sollen. Auch er machte sich später Vorwürfe, warum er so reagierte und es sein männlicher Stolz nicht mehr zuließ umzukehren. Rund zwei Meter ist der nächste Stein entfernt. Da er sich unterhalb eines Wasserfalls befindet, ist der Bach hier einen guten Meter tief. Wenn er es nicht ganz schafft, würde er eventuell bis zur Hüfte im Bach stehen. Es kam aber noch ein bisschen anders: Gisbert schaut zu den aufgereihten Damen hoch, ob ihn auch alle sehen. Nach einer kurzen Konzentrationsphase schnellt er ab. Doch – er rutscht schon beim Absprung aus. Das Nächste, was er wahrnimmt, ist nur hellgrünes Wasser, Sauerstoffperlen und Stille, als wäre er tief in den Ozean abgetaucht. Es ist ihm nicht klar, ob er träumt oder sich in der Wirklichkeit befindet. Auch später hat er diese Sekundenbruchteile wie eine Ewigkeit in Erinnerung.

Von außen sah das alles ganz anders aus. Gisbert springt ab. Dann liegt er waagrecht in der Luft. Es scheint so, als würde er noch für einen winzigen Moment über dem Wasser stoppen, um dann erst mit voller Masse einzutauchen. Gisbert ist weg - und das Wasser stellt sich in einem mächtigen Wellenkamm über ihm auf. Es ist ruhig. Das

Wasser fließt seinen gewohnten Lauf. Dann, wie ein Buckelwal, mit einem gewaltigen „Uaaaaaahhh" hebt sich Gisbert aus den Fluten. Er steht gebeugt im hüfttiefen Wasser. Die triefende Gestalt erinnert stark an die kauzigen Sagengestalten der norwegischen Trolle.

Langsam wird ihm klar, was passiert ist. Nun wendet er sich den Damen zu und streckt beide Arme empor. Das ist für die Zuschauerinnen das Zeichen, dass nichts passiert ist. Hilde reicht ihm ihre helfende Hand. „Ach, du Armer", mimt sie die Betroffene, muss aber dabei doch lachen. Auch oben lachen und klatschen die Damen über diese beeindruckende Sondereinlage. Gisbert bleibt die ganze Woche Gesprächsthema. Nach „Heiner dem Springbock" gibt es nun „Gisbert den Troll".

Zur darüber liegenden sonnigen Almwiese ist es nicht weit. Zum Glück ist Gisbert nur mit einer kurzen Hose und einem T-Shirt bekleidet, das er zum Trocknen auf einen Stein legt. Nach einer Ruhepause steigen alle hoch zur Hütte.

„Heute gibt's Krautwickel", sagt Herbert.

*

Der Nachmittag dient der freien Gestaltung. Tatsächlich ziehen sich doch die meisten mit Pinsel, Farben und Malblock in einen schattigen Winkel zurück, um zu malen. Um ein kleines Andenken an diese Aussicht mitzunehmen, malen sie doch recht realistisch. Heiner hat sich den Grünten vorgenommen. Einfach großartig, wie er mit lässig hingeworfenen Bleistiftstrichen dieses Bergmassiv trifft und seine Charakteristik besonders ausarbeitet. Ruth wagt sich an das ganz Panorama, hält es aber nur in groben Zügen fest, um dann, typisch Ruth, winzige Details auszuarbeiten. Katharina spaziert zu einem kleinen Sturzbächlein. Ihr Ergebnis ist verblüffend, als würde das Wasser tatsächlich auf dem Papier fließen. Man erkennt, dass vor allem die französischen Impressionisten, Manet, Monet, Renoir, Degas, Pizarro, auch Cézanne ihre Vorbilder sind. „Impressionen, aus der Musik entsprungen", erklärt sie stolz ihr Bild, denn sie habe dabei immer an Händels „Wassermusik" gedacht.

Theresas Malweise ist die Abstraktion. Ihr Bild ist in vier breite Querstreifen aufgeteilt. Der untere ist bunt, fast scheckig. Es folgt ein Querstreifen in mannigfachen Grüntönen, dann ein schmaler in Grautönen und oben in fast einheitlichem Blau. Der erste versinnbildlicht das aufgeregte, aktive Leben im Tal, der zweite die markanten Allgäuer Wiesenhänge, dann den nackten Fels, darüber den heute strahlend blauen Himmel.

Roman und Gisbert gönnen sich noch einmal den Spaziergang aufs Ofterschwanger Horn, legen sich dort oben in eine Mulde und ruhen. „Wir haben dort oben all unsere Zellen mit Allgäuer Glückshormonen angereichert", kommentiert Roman ihr Gipfelerlebnis. Was er unter „Allgäuer Glückhormone" verstehe, brauchte er nicht zu erklären, weil sich jeder darunter etwas vorstellen kann.

*

„Könnten wir die Fenster öffnen und frische Luft hereinlassen?", fragt Theresa und öffnet sie schon, als hätten alle ja gesagt. Den ganzen Tag waren sie geschlossen. Jetzt braucht man einen frischen Geist. Dass Mimo Abend für Abend aus seinem Leben erzählt, ist schon selbstverständlich. Man braucht keine eigene Vereinbarung. Lydia stellt sich ans Fenster, streckt beide Arme hoch, atmet tief die Abendluft ein, beugt dann den Oberkörper bis zu den Knien, um hörbar kräftig auszuatmen. Nach einer Weile werden die Fenster geschlossen. Die Gläser werden gefüllt.

„Du machtest immer wieder Erfahrungen mit der Polizei..." Beate redet nicht weiter, als wäre die Frage schon gestellt. Da antwortet Mimo.

Ja, ich traf immer wieder Polizisten, die einfach ihren Beruf ausüben, für Ordnung sorgen, weil das eben zu ihrem Beruf gehört. Ich wage zu behaupten, dass ein großer Teil bei der Berufswahl wenigstens im Hinterkopf den Gedanken trägt, endlich der zu sein, der das Sagen hat. Zu lange wurde er von Erwachsenen (Eltern, Lehrern...) geplagt. Diese Zeiten sind vorbei, endgültig! Jetzt sollen ihn alle mal kennenlernen. Solche Polizisten erkennt man schon von Weitem. Das breitbeinige Stehen ist typisch. Sie vergrößern ihre Standfläche. Sie drücken damit aus: „Hier hast du es mit einem Felsen zu tun." Als „Polizei, dein Freund und Helfer", wie früher einmal die Polizei für sich warb, treten sie nicht auf. Jeder kleine Polizist ist hier Staatsmacht. Einen Prominenten einmal ins Röhrchen blasen zu lassen, ha, da geht doch ein Traum in Erfüllung. In Uniform sieht dieser Ordnungshüter den ehrbarsten Menschen, den gescheitesten Professor in seiner Hand.

„Was Sie sind, ist mir egal, Ihr Blinklicht funktioniert nicht, verstanden!" Einfach toll dieser Beruf. Ich spreche nicht von einem Berufsstand, sondern von einzelnen Polizisten. Ich habe da meine Erfahrungen.

Die breiteste Grätsche aller Polizisten hatte der in Lazise – den Ort kennt ihr vielleicht, er liegt am Gardasee. Ich dachte, entweder holt der sich eine Leistenzerrung oder er ist Kunstturner. Ich sah ihn nicht, obwohl er nur ein paar Meter von mir entfernt stand...

Ich bemerke ihn nur, weil die vielen Leute inzwischen die Augen auf ihn richten. Uiii, was wird jetzt wohl passieren! Da steht er, nur noch einen Meter fünfzig groß, so breit ist die Grätsche, die Daumen im Gürtel eingehängt. Zieht er jetzt die Pistole? Nein, er klinkt den rechten Arm aus dem Gürtel aus, lässt ihn hängen. Dann fährt er ihn gestreckt hoch, ganz langsam, wie einen Hebekran. In der Waagrechten rastet der Arm ein. Jetzt ist der Polizist eine Statue. Der Arm zeigt auf mich. Dann bewegt sich nur sein rechter Zeigefinger. Her mit dir Freundchen, befiehlt dieser Finger. Ich bin gerade mitten in einer Bewegung, die ich in Ruhe noch zu Ende führe. Der Polizist lässt den Arm fallen und fährt ihn wieder hoch. Der befehlende Zeigefinger verkrampft sich wie der eines Fingerhaklers. Ich lasse meine Bewegung ausklingen und gehe auf den Polizisten zu. Jetzt bemerkt er den Größenunterschied und gibt seine spagatartige Grätsche auf.

„Licenza!"

Noch heute ärgere ich mich, dass ich sie diesmal nicht bei mir trug. Ich war schon zweimal in Lazise und jedes Mal bestellte ich vor der Reise schriftlich eine Genehmigung, so dass ich sie bei Ankunft bei der Gemeinde sofort abholen konnte. Auch diesmal hatte ich sie wieder erbeten, doch sie war am Tag der Ankunft noch nicht erstellt. Nie wäre es so wichtig gewesen, nie hätte ich mich so gefreut, wenn ich diesem arroganten Pfau die Genehmigung hätte unter die Nase halten können.

Der ist sich so sicher, dass ich keine habe, dabei bin ich in Lazise schon Stammgast – mit Genehmigung. Ich mache nur die Geste meiner leeren Hände, dass ich keine habe.

„Ausziehen!", dann noch lauter: „Ausziehen!"

Nein, das will ich nun doch nicht – vor diesen vielen Menschen, die bei meiner Aufführung staunten und jetzt gaffen.

„Runter mit dem Zeug!"
„Nein, mein Künstlergewand lege ich nicht ab", antworte ich laut auf Deutsch. Er spricht mich auf Italienisch an.
Er tut, als würde er meine Antwort nicht hören und redet auf Italienisch weiter. Ich kann mir vorstellen, dass sich am Gardasee die meisten Ordnungshüter auch auf Deutsch, zumindest teilweise, verständigen können. Doch der redet nur Italienisch. Das wäre ja noch schöner, wenn ich mich sprachlich nach diesen Gesetzesbrechern richten würde. Der soll merken, dass er hier am Gardasee ist, am Lago di Garda, mitten in Italien. Der weitere Verlauf der Auseinandersetzung verläuft also auf Italienisch.
„Ich komme gerne auf die Polizeistation, dort können wir uns weiter unterhalten", gebe ich ihm zu verstehen.
Er gibt mir einen Wink, dreht sich wie ein aufgezogener Soldat um und marschiert zur Wache. Sind wir hier auf einer Militärparade? Die Wache befindet sich direkt an diesem Platz. Ich folge ihm als silberne Statue mit Koffer und Schemel. Ein Bild für Götter!
Es ist ein kleiner Raum, karg eingerichtet. Der Polizist bleibt stehen, bietet mir keinen Platz an.
„Sie haben grob gegen das Gesetz verstoßen", beginnt er.
„Normalerweise habe ich eine Genehmigung und bin damit hier schon öfter aufgetreten. Ich war bereits bei der Gemeinde, doch ich wurde auf morgen vertröstet." Ich staune, dass er mich ausreden lässt. Doch er ist in seinen eigenen Gedanken und hört mich wahrscheinlich nicht.
„Ausziehen!"
Jetzt erst wird mir bewusst, dass ich in Totalverkleidung auf der Polizeiwache stehe. Ich wurschtle mich aus meinem Gewand.
Der Polizist nimmt mich, die neue Erscheinung, kaum wahr.
„Sie werden noch lernen, was in Italien Recht und Ordnung ist." Er wird dabei sehr laut. Sicher hört man ihn draußen auf dem Platz.
Ich antworte kühn: „Sie können mir alles erklären, aber bitte nicht in diesem aggressiven Ton."
Der Polizist haut mit der flachen Hand auf den Tisch, so heftig wollte er eventuell gar nicht, sicher tut ihm die Hand jetzt höllisch weh. Er schreit: „Wie reden Sie mit mir?" Dann wird er noch lauter. „Ich bin überhaupt nicht aggressiv!" Jetzt schnappt seine Stimme über.

„Ü-ber- haupt nicht, - ich - nicht!"

Beschwichtigend halte ich beide Hände hoch. „Sie haben recht und ich gehe am besten. Ich trete hier nicht mehr auf."

Ich nehme meine Siebensachen und verlasse die Wache. Der Polizist lässt mich gewähren. Vor der Wache stehen einige Leute, die gewartet haben. Ist doch zu spannend zu wissen, wem dieser aufgebrachte Polizist da die Leviten gelesen hat und wer das war, der da rechtswidrig auf dem Platz auftrat.

In diesem Moment wurde ich erst richtig traurig. Von meinem Theater war das Publikum fasziniert, aber jemanden fallen zu sehen, ist noch viel schöner. Der Gerechtigkeit halber muss ich sagen, dass nur ein geringer Teil vor der Wache auf mich wartete. Sie waren nicht da, um mir den Rücken zu stärken. Sie gafften nur. Als der Polizist auftauchte und mich so arrogant behandelte, gab es auch keinen, der ihm sein unangemessenes Auftreten vorhielt.

„Das kennen wir doch", schaltet sich Theresa ein. „So sind die Menschen. Wenn man an einem Menschen eine Schwäche entdeckt, oder wenn einer, auch ein durchaus beliebter Mensch, ins Straucheln gerät, dann gibt es so viele, die gucken, sich freuen, sich einmischen, solche, die schon immer gewusst haben, dass..."

„Ich will jetzt nicht zu weit vom Thema abschweifen, aber einen anderen Menschen etwas weiter unten zu sehen als man selbst ist, wünschen sich viele und geben es nie zu. Deshalb ist Kritisieren, ohne Gegenvorschläge zu haben, so leicht. Schaut nur, was im Internet passiert", ergänzt Marion.

„Neid ist sehr verbreitet. Viele verstecken ihn hinter Scheinheiligkeit, deshalb entdeckt man ihn nicht sofort." Beate, die man zu den Wohlsituierten zählen darf, spricht aus Erfahrung.

Roman, der in seiner langjährigen Arbeit als Anwalt die Vielschichtigkeit der Menschen kennengelernt hat, hat wieder etwas Grundsätzliches zu sagen: „Wie gegenpolig sind die Menschen von Grund auf. Beobachtet einmal die Kinder. Wie schön ist es, einen Turm zu bauen, noch ein Klötzchen und noch ein Klötzchen. Es ist aber mindestens genauso schön, den Turm dann umzuwerfen. Bauen und zerstören. Es ist für mich nicht erstaunlich, dass es die gleichen Menschen sind, die ehrliche Freude an dir haben und es dann doch nicht lassen können, vor der

Polizeistation zu warten. Der Mensch ist mehrschichtig. Er ist geübt, in bestimmten Kreisen nur eine, die gewünschte Seite, zu zeigen. Man müsste einmal alle Bemerkungen sammeln, die man nach dem Auflegen eines Telefonhörers von sich gibt. Das gäbe ein dickes Buch mit Chancen zu einem Bestseller. Manchmal, wie hier auf der Straße, schimmert bei all diesen Maskenmenschen eine andere Schicht, die man gerne verstecken möchte, durch."

Hier sitzen Menschen mit Lebenserfahrung beisammen. Sehr schnell können sie aus Alltagshandlungen Lebensphilosophien ableiten.

*

Nicht viel anders erging es mir einmal in München. Sicher kennt ihr in München den Odeonsplatz. Zweimal erlebte ich eine Geigerin. Sie musizierte auf der Feldherrnhalle. „Leise flehen meine Lieder" von Franz Schubert, eines der schönsten Lieder, die je geschrieben wurden. Ich empfand es, als würde ihre Musik sachte auf Publikum herniederschneien.

Wenige Tage später stehe ich dort oben. Die Ludwigstraße, diese Prachtavenue mit ihrer majestätischen Architektur liegt in ihrer ganzen Länge vor mir. Inzwischen hat München „Kunst am Odeonsplatz" eingeführt. Das Bayerische Staatsorchester zusammen mit den weltbesten Künstlern, zum Beispiel Lang Lang, der für mich ein reines Wunder ist, tritt hier jährlich auf. Aber jetzt stehe ich dort oben, weithin sichtbar, die Werke von Mozart, Beethoven, Dvorak, Verdi, Tschaikowski, Brahms, Bach aus meinem Koffer erhalten ihren verdienten Rahmen und sind weithin hörbar. Die Menschen in der Theatinerstraße schauen steil zu mir hoch.

„Kommen Sie mit mir sofort auf die Polizeiwache." Ein junger Polizist mit einem noch jüngeren Begleiter redet mich von hinten an. Ich drehe mich um.

„Kommen Sie mit, aber ein bisschen plötzlich." Der Polizist ist wohl auf Verbrecherjagd.

Ich weiche zurück, um mich seinem Zugriff zu entziehen. Will er mir jetzt Handschellen anlegen?

„Sie kennen wohl keine Gesetze, was?"

„Welche Gesetze? Habe ich ein Verbrechen begangen?" Ich bin immer noch über seine Attacke verwirrt. Ohne auf den Befehl des Polizisten zu warten, streife ich meine Verkleidung ab und gebe mich zu erkennen. Vielleicht sucht er einen Bestimmten.

„Sie stehen hier auf einem Denkmal." Wenigstens spricht er mich mit „Sie" an. „Laut der Bayerischen Verordnung für Denkmalpflege ist es nicht gestattet..."

„Entschuldigen Sie, ich..."

„Ich bin es nicht gewohnt, unterbrochen zu werden. Sie reden hier mit der Polizei."

„Ja, aber die Verordnung für Denkmalpflege kennt nicht jeder, deshalb..."

„Noch ein Wort, dann lasse ich Sie abführen." Was dann folgt, ist eine Zurechtweisung ersten Ranges mit dem einfachen Inhalt, dass es nicht gestattet ist, sich an Denkmälern zum Zwecke einer Aufführung aufzuhalten. Dann baut er seine Rede aus und belehrt mich über Dinge, gegen die ich nicht verstoßen habe. Der Imperator spricht, der kleine Mann hat zu gehorchen. Ich lasse ihm seinen Auftritt. Wortlos gehe die Treppen nach unten und stelle meinen Koffer in der Theatinerstraße ab. Ich stehe schon auf meinem Schemel. Da kehrt der Polizist zurück. Mit seinem hoch erhobenen Zeigefinger berührt er fast meine Nase. Jetzt erinnert er mich an den „Lehrer Lämpel" in Wilhelm Buschs „Max und Moritz".

„Dass Sie mir aber jaaa nicht wieder nach oben gehen!"

„Dass Sie mir aber..." - diesen Ton vertrage ich nicht. Dann dreht sich der junge Polizist um, schiebt das Kinn nach vorne und marschiert so ab, wie ich es vor einem Königshaus bei einer Wachablösung kenne. Ich gehe ihm nach und versperre ihm den Weg. „So, und jetzt hätte ich gerne Ihren Namen." Er ist so überrascht, dass er ihn mir artig nennt.

Der Betreff meines Briefes an die Polizeidirektion lautet: „Beschwerde über Herrn P." Darin schildere ich sein Gebaren und dass ich nur durch mein ruhiges und höfliches Verhalten einer Verhaftung entkam. Weiterhin erkläre ich, dass ich weiß, welch unzumutbare Aufgaben ein Polizist oft zu lösen habe und ich stets auf Seiten der Polizei sei. Aber Herr P. missbrauche seine Amtswürde und schade einem ehrenvollen Berufsstand, für den ich ihn als ungeeignet betrachte... und so weiter.

„Ich habe mit Herrn P. geredet", antwortet der Polizeidirektor. „Er sagte nur, dass er Sie lediglich belehrt habe." Der Brief war eine Seite lang und war nicht mit einem Satz eine Antwort auf den eigentlichen Inhalt meiner Beschwerde.

Mit einem weiteren Brief hake ich noch einmal nach, dass ich mich nicht wegen einer „Belehrung" beschwert habe usw. Die Antwort ist zufriedenstellend. Er verstehe jetzt schon, was ich meine. Ich könne jederzeit als Pantomime wieder in München auftreten und dazu wünsche er mir viel Spaß und Erfolg.

Diesen Brief zähle ich zu den positiven Beispielen im Kontakt mit der Polizei. Ich sehe ein, dass sich der Chef vor sein Personal stellen muss. Aber dass der Herr P. beim Direktor antanzen musste, ist schon einmal gut.

„Die Uniform! Die Uniform macht's. Der Privatmensch wird zur Staatsmacht." Heiner nimmt seine übliche Haltung ein, Oberkörper zurückgelehnt, ein Bein übers andere gelegt, Arme verschränkt. Das verschafft seinem Einwand Gewicht.

Niemand spürt, dass wir jeden Abend die vorgegebene Zeit überziehen. Natürlich trägt fast jeder sein eigenes Erlebnis bei, als er einmal mit der Polizei zu tun hatte, „blasen" musste, oder sonst aus irgendwelchen Gründen gestoppt wurde. Manche Polizisten waren lediglich korrekt, manche gar höflich, aber viele entwürdigten einen durch herablassendes Verhalten.

Niemanden stört, dass Mitternacht nicht mehr weit ist.

Mimo ergreift wieder das Wort.

*

Mit Polizisten machte ich eher schlechte Erfahrungen, aber auch einige gute. Natürlich erledigen sie nur ihre Arbeit. Wenn sie mich aus einem nachvollziehbaren Grund vom Platz weisen, dann ist das nicht schlimm. Ich spreche jetzt einzig und allein von der Art ihres Auftretens. Die ist sehr unterschiedlich.

Die Begegnung mit einem Polizisten war wirklich angenehm, obwohl er meine Darbietung abbrach.

Ich stehe an meinem Lieblingsplatz am Lindauer Hafen. Der Blick auf Löwe und Leuchtturm ist mir sehr vertraut. Da taucht ein Polizist auf. Polizisten fallen mir sofort ins Auge. Die meisten gehen weiter. Ich muss zugeben, dass ich da auch froh bin, denn wenn sie mich aufs Korn nehmen, kommt es meistens zu nicht sehr angenehmen Situationen. Dieser Polizist geht nicht weiter und kommt nicht auf mich zu. Er stellt sich in den Kreis der Zuschauer und verfolgt wie alle anderen meine Bewegungen und lauscht meiner Musik. Doch dann tritt er vor. Was er sagt, und auch seine Art zu sprechen, ist bei einer Amtsperson, dazu noch in Uniform, völlig überraschend.

„Entschuldigen Sie bitte, dass ich Sie störe. Was Sie hier zeigen ist so schön, dass ich stundenlang zuschauen könnte. Aber ein Gast in diesem Hotel hat sich beschwert, dass ihn die Musik störe. Er ist im Recht, denn musikalische Auftritte sind erst ab fünfzehn Uhr gestattet und jetzt haben wir vierzehn Uhr. Sie müssen ihre Aufführung leider abbrechen."

„Aber selbstverständlich, ich wusste nichts von dieser Regelung, Entschuldigung."

Dann bedanke ich mich für seinen freundlichen Umgang mit mir.

Er lacht. „Ab fünfzehn Uhr geht's ja wieder." Beide heben wir die Hand zum Zeichen „alles klar".

Von drei bis fünf Uhr gehöre ich als Statue zur Hafenszene. Danach ziehe ich mich wieder um, verstaue meinen Koffer und setze mich zum Ausklang auf eine Bank am Hafen, direkt an der Kaimauer. Ein Ehepaar mit einem etwa achtjährigen Mädchen erblickt die freien Plätze neben mir: „Entschuldigen Sie, ist hier noch frei?" „Aber selbstverständlich." Ich rücke an den Rand der Bank. Dann schaue ich den Mann von der Seite an. Also das ist er doch, oder nicht? Jetzt trägt er zwar keine Uniform, aber... ich weiß nicht. Doch, doch er ist es.

„Entschuldigen Sie, dass ich Sie anspreche, aber ich glaube, Sie sind Polizist."

Der Mann dreht den Kopf und bleibt zunächst sprachlos. Dann fragt er: „Ja, warum, kennen Sie mich?"

„Ich kenne Sie nur ein bisschen, ich weiß nur, Sie hatten heute Nachmittag noch Dienst."

Dem Mann erscheint alles sehr rätselhaft. Maskenspiele! Welche Möglichkeiten so ein Inkognito eröffnet! Höchst spannend! Leider nutzen manche den Schutz einer Maske, um Unsinn zu treiben. Ich versuche immer, etwas Menschenfreundliches daraus zu gestalten, so auch hier.

„Jetzt machen Sie mich aber wirklich neugierig."

„Wir haben doch heute miteinander gesprochen."

„Nein, bestimmt nicht. Da irren Sie sich."

„Doch, es war ein kurzes, offizielles, aber sehr herzliches Gespräch." Ich schaue den Mann an, er mustert mein Gesicht, betrachtet mich von oben bis unten. Ich spüre, wie es in ihm klickert und schaltet. Dann starrt er geradeaus über den See.

„Jetzt haut's mich um. Sind Sie vielleicht, nein, das gibt es nicht, sind Sie..."

Dann dreht er sich wieder zu mir. Er sieht mich lachen. „Sind Sie dann, sind Sie dann die, die, die silberne Statue?"

Ich nicke. Er beugt sich zu seiner Frau, die inzwischen aufmerksam wurde, hinüber. „Sybille, dieser Herr neben mir, der ist... Nein, das muss ich dir später in Ausführlichkeit erzählen. Den Herrn habe ich vorhin weggejagt und..."

„Also ‚weggejagt' haben Sie mich nicht", korrigiere ich sofort. Dann erzählt er seiner Frau in kurzen Worten die Geschichte, Sie lacht ebenfalls und reicht mir die Hand „Angenehm, Sybille Hofer."

Voller Freude erzählt jeder die Geschichte von seiner Warte. Ich zeige mich noch einmal sehr berührt von seiner feinen Umgangsart.

Dann schaltet sich Sybille mit einer Bemerkung ein, wie man es bei Ehepaaren sehr selten hört. „Ja, Thomas ist überhaupt ein feiner Mensch."

„Und was sind Sie, wenn ich fragen darf - wenn ich Sie so ansehe, sind Sie nicht einer, der von der Straße lebt."

„Ich bin Lehrer."

„Wie bitte...?" Pause. „Also, das hätte ich nicht gedacht. Einfach deshalb, weil... weil ich ein völlig anderes Bild von Lehrern habe."

„Was für eines?"

Sybille schaltet sich ein. „Thomas ist bei den richtigen Lehrern aufgeblüht, aber nur bei denen. Darf ich das so sagen, Thomas?"

„Ja, so war es auch. Wenn Sie so wollen, war ich immer ein bisschen das Sensibelchen." Er schaut mich an. „Und so etwas wird Polizist, denken Sie nun."

„So wie Sie stelle ich mir einen idealen Polizisten vor."

„Einmal war ich es nicht. Aber jetzt, gerade weil Sie Lehrer sind, drängt es mich, Ihnen eine Geschichte zu erzählen, über die ich mich heute schäme. Heute würde ich mich anders verhalten, viel abgeklärter. Damals war ich noch unreif."

*

Was Vera erlebt hat, ist nicht so selten. Wir blenden zwanzig Jahre zurück, auf Thomas' Schulzeit. Da haben wir wieder Veras Geschichte, nur ein wenig anders. Die Schule, die Schule...

Thomas steht an der Tafel.
Der Mathematiklehrer Herr Schindler: „Und? Hast du sonst nichts zu sagen außer 'Ich weiß es nicht'?"
„Ich habe die Aufgaben in der letzten Stunde einfach nicht verstanden."
„So, so. Nicht verstanden. Und ich verstehe nicht, warum du überhaupt an unserer Schule bist. Setzen, Sechs."

Diese Demütigungen, wenn Thomas in Mathe abgefragt wird, hat er zuhauf schon hinter sich. In Mathe war er noch nie eine Leuchte. Aber bei dieser Art von Abfragerei bleibt er nur noch stumm und die letzten Wissensreste sind auch weg, einfach weg.
In den naturwissenschaftlichen Fächern reichte es bisher immer zu einer soliden Vier. Aber seit heuer, seit er Herrn Schindler hat – in Mathe und auch noch in Physik – hat er den Boden unter den Füßen verloren.
Herr Schindler gehört zu jenen Lehrern, bei denen man sich beim besten Willen nicht vorstellen kann, dass er einmal eine Pädagogikprüfung bestanden haben soll. Wenn die Schüler über Herrn Schindler reden, dann lassen sie stets das „l" in seinem Namen weg. Manche Schüler kennen nur diesen Spitznamen.
Um es kurz zu machen, Thomas leidet unter Schulangst und fällt wegen Mathe und Physik durch. In der neuen Klasse, bei Frau Herzer in Mathe und Physik, fängt er sich wieder und schließt mit einem ordentlichen Zeugnis die Schule ab. Er bewirbt sich bei der Polizei. Er ist dort angesehen und hat sich beruflich inzwischen hochgearbeitet.

Aber diese Geschichten mit Herrn Schindler weiß Thomas sein Leben lang, und wenn er davon erzählt, tun sie ihm genauso weh wie damals.

Er sagt zwar, er stehe jetzt darüber, weiß aber, dass er sich dabei in die Tasche lügt.

Wie viele Menschen leben mit einem solch schweren Brocken als Lebensgepäck aus der Schulzeit. Klar, der Mensch ist belastbar. Er wird noch vieles aushalten müssen. Aber: Altlasten aus der Schulzeit sind oft die Ursache für spätere, für die Weiterentwicklung schädliche Verhaltensmuster. Manche holen sich Fachleute, damit sie besser mit solchen Kränkungen umgehen können. Glauben Sie mir, vielen Lehrern ist - das ist mein Gefühl - nicht klar, wie richtungweisend sie fürs Leben sein können, in beide Richtungen. Es gibt auch nicht wenige, die studieren ein bestimmtes Fach nur deshalb, weil sie ein guter Lehrer dafür begeistern konnte. Lehrer können, vor allem in einem bestimmten Lebensalter, manchmal mehr Einfluss haben als Eltern.

Nur sehr schwer kann man Kränkungen, wie sie Thomas erlebte, abbauen. Thomas konnte das, wenn auch mit einer Methode, zu der er heute nicht mehr steht. Aber das innere Teufelchen einmal zuzulassen, tat auch einem so gutmütigen Menschen wie Thomas damals gut. Heute sagt er: „Die Souveränität fehlte."

Thomas ist im Dienst, und an einem gewöhnlichen Nachmittag geschieht Folgendes: Es ist an einer Dorfstraße.

Thomas hält ein Auto an. Der Fahrer lässt sein Fenster herunter.

„Hallo, Thomas. So sieht man sich wieder." Herr Schindler spielt auf „Frohes Wiedersehen."

„Guten Tag, Fahrzeugpapiere, Führerschein bitte."

Herr Schindler reicht ihm die Papiere. Thomas blättert lange darin herum, quälend lange. Ohne aufzuschauen, sagt er: „Sie wissen, warum wir Sie angehalten haben?"

„Nein, keine Ahnung."

„Und Sie können es sich auch nicht vorstellen?"

„Was sollte sein? Bin ich zu schnell gefahren?"

„Einundsiebzig sind Sie gefahren." Thomas blättert in den Papieren und redet, ohne aufzuschauen, weiter. „Wissen Sie, wie schnell man hier fahren darf?"

„Nee, wieso."

„Wirklich nicht?"

„Wohl fünfzig."

„Na also, Sie wissen's ja. Und warum sind Sie einundsiebzig gefahren?"
„Warum, warum..."
„Sie hatten also keinen Grund."
„Na ja, ich... ich war in Eile."
„In Eile. So, so." Thomas studiert immer noch die Papiere. Dann holt er eine Broschüre hervor, fährt mit dem Finger drin herum „Einundsiebzig, einundsiebzig... - Sie haben dazu auch noch Pech. Ab siebzig Stundenkilometer verdoppelt sich die Strafgebühr."

Thomas spricht nach hinten leise mit seinem Kollegen. Herrn Schindlers Papiere hält er mit halb ausgestrecktem Arm noch immer in der Hand, so dass dieser nicht weiß, ob er sie zurücknehmen darf oder nicht.

Endlich fragt er: „Darf ich die Papiere wieder nehmen?"

Thomas redet mit seinem Kollegen weiter.

„Darf ich die Papiere wieder nehmen?"

Da zieht Thomas beiläufig den Arm zurück. „Was machen wir mit dem?" „Mit dem" fragt er seinen Kollegen und reicht ihm die Papiere weiter.

„Mein Kollege muss noch Ihre Papiere überprüfen."

Herr Schindler schaut nur geradeaus. Der Puls dröhnt an seinen Schläfen. Er ist dicht daran, diesen Affen in Uniform niederzubrüllen. Was glaubt der denn eigentlich, einen Herrn Oberstudienrat... Aber er schaut nur geradeaus.

Thomas steht mit gegrätschten, sehr weit gegrätschten Beinen, ganz gegen seine Art, vor der Fahrertür. Die Daumen hängt er im Gürtel ein. Er schaut übers Autodach hinweg. Er sagt nichts. Herr Schindler schaut geradeaus. Quälend lange braucht der Kollege zur Ausweiskontrolle. Thomas schlendert gelangweilt ums Auto herum, bleibt an der Kühlerhaube stehen. Was macht der da, denkt sich Schindler. Thomas geht vollends ums Auto herum, bleibt wieder vor der Fahrertür stehen. Die Augen schweifen in die Ferne. Herr Schindler ist für ihn Luft. Dann sagt er ganz nebenbei: „Haben Sie schon mal Ihre Vorderreifen angeschaut?"

„Wie bitte, Vorderreifen? Wieso?"

„Wieso", äfft ihn Thomas nach. „Ihre Reifen haben einskommazwei Millimeter."

Schindler stutzt. „Äh, ja, meinen Sie mein Reifenprofil?" Er ist übrigens aufs „Sie" umgewechselt.

„Sind die Papiere in Ordnung?", ruft Thomas nach hinten. Ohne die Antwort seines Kollegen abzuwarten, fährt er fort: „Wissen Sie, wie viel Millimeter zulässig sind?"

„Nee."

„Sollten Sie aber wissen. Hm, hm, was machen mit dem (‚mit dem'!). Abgefahrene Reifen machen das Ganze natürlich auch nicht besser."

Pause.

„Mit diesen Reifen dürfte ich Sie nicht weiterfahren lassen. Damit sind Sie eine Gefahr auch für alle Verkehrsteilnehmer. Ist Ihnen das klar?" Schindler sitzt stocksteif hinter dem Steuer.

„Ob Ihnen das klar ist?"

Schindler ist eingefroren.

„Hey Rudi, sind die Papiere in Ordnung?"

Rudi kehrt zurück. „Ja, alles in Ordnung."

„Was machen wir mit ‚dem'? Verkehrsgefährdende Reifen hat er auch noch." Die beiden entfernen sich vom Auto.

Schindler schaut geradeaus.

Thomas kehrt zurück, steht wieder breitbeinig vor dem Auto, hält wippend die Fahrzeugpapiere in den Fingern.

„Ich will mit Ihnen noch mal gnädig sein. Wo wohnen Sie?"

Schindler wagt es nicht zu sagen „Du weißt doch wo ich wohne". So antwortet er: „Nicht weit von hier, ein paar Kilometer."

„Gut. Sie fahren jetzt heim, vorsichtig aber! Verstanden? Dann lassen Sie schleunigst neue Reifen montieren. In den nächsten vierzehn Tagen fahren Sie bei uns mit neuen Reifen vor. Haben Sie zum Beispiel am nächsten Mittwoch um sechzehn Uhr Zeit?"

„Ja."

„Sie kommen an der Polizeiwache vorbei und zeigen mir persönlich die neuen Reifen. Klar? Eine Strafanzeige über Ihre Vergehen bekommen Sie sowieso noch von uns."

Mit dem Handrücken winkt er Schindler weg, ohne ihn anzusehen.

Der Herr Mathelehrer würde vor Wut am liebsten die Reifen pfeifen lassen, aber er gibt vorsichtig Gas und reiht sich sorgsam blinkend in den Verkehr ein.

*

Thomas und ich sitzen immer noch auf der Bank am Hafen. Seine Frau, die die Geschichte schon oft gehört hat, hat inzwischen den Kopf auf seine Schulter gelegt.

Thomas blickt dann kurz zu mir. Der Blick sagt: „Ich will nicht so sein, aber ich konnte nicht anders. Damals fehlte mir die Souveränität. Heute würde ich mich gerne mit Herrn Schindler treffen. Ich wünsche es mir sogar. Ich glaube, wir würden ein gutes Gespräch führen. Aber damals konnte ich mein Problem nur so lösen."

„Ist Herr Schindler dann zur Kontrolle gekommen?"

„Ja, höchst pünktlich! Ich zog meinen Stil durch, ließ ihn noch warten. Ich grüßte knapp, ohne seinen Namen zu nennen, kontrollierte schweigend und gab ihm am Schluss nur einen Wink, mit dem Handrücken, Sie wissen schon."

Wir reden noch lange. Es ist ein Gespräch zu dritt. Herr Hofer erzählt von Lindau, von „den Lindauern" und ihrer Mentalität. Seine Frau, geboren in Dresden, schildert das Leben am Bodensee aus ihrer Sicht. Die Tochter spielt selbstversunken am Kaigeländer, läuft die Promenade auf und ab. Die Mutter behält sie immer im Auge. Langsam wird es kühler. Wir brechen auf, bedanken uns gegenseitig für die schöne Begegnung.

*

Ich weiß, Polizisten unterscheiden sich nicht von anderen Menschen, aber eine Amtsperson zu sein, birgt eine Gefahr in sich.

„Wenn man die Menschen in ihrem Verhalten dir gegenüber beobachtet, dann entdeckt man nicht nur das Gute in ihnen." Marion lässt diesen Satz so stehen, wie ein Lehrer, der im Pädagogikstudium gelernt hat, mit Denkanstößen und nicht allein mit Fragen die Kinder zur Mitarbeit zu motivieren. Mimo geht sofort darauf ein.

„Da hast du recht. Am Anfang gab es seltene Momente, die mir wehtaten. Und es war für mich eine schwierige Übung, diese zu ignorieren. Das kennt ihr doch selber. Ihr verbringt zum Beispiel in einer Gesellschaft einen wunderbaren Abend. Aber einer kränkt euch bis aufs Mark. Der ganze Abend ist verdorben und die nächsten Tage auch. Die vielen schönen Begegnungen an diesem Abend zählen nicht mehr. Und wenn ihr diesen Menschen nach einem Jahr wieder trefft, dann kocht der Ärger eventuell wieder hoch. Kennt ihr das? Ja, ja, ihr nickt. Und das meinte ich mit der ‚schwierigen Übung'. Ich musste davon ausgehen, dass es bei jedem Auftritt zu einem ärgerlichen Zwischenfall kommt. Aber der darf keine Rolle spielen gegenüber den vielen berührenden Ereignissen. Ich hatte gelernt, Unangenehmes zu ignorieren. Aber so ganz auszulöschen vermochte ich es nicht, sonst könnte ich es hier nicht wiedergeben."

„Wir sind neugierig auf Beispiele." Hilde lehnt sich gemütlich zurück, öffnet die Hände, was heißen soll „bitte, leg los".

„Da gibt es eine Menge. Ihr habt ja Zeit. Womit soll ich anfangen? Zunächst einmal, ich fühle mich inmitten der Menschenmenge manchmal völlig schutzlos, von wegen Schutz der Maske!"

„Zivilcourage, mein Lieber, Zivilcourage - weil es die nicht gibt, schützt dich keiner." Heiner schiebt die Schultern hoch und verschränkt bedeutungsvoll die Arme.

Leider muss ich dir Recht geben. Diese Gleichgültigkeit! Ich fange mit einem Fall in einer Großstadt an: Ich muss stets mit Jugendlichen rechnen, die durch die Stadt streunen, oft in Gruppen, die anscheinend nirgendwo arbeiten oder keine Hausaufgaben machen müssen. Für die bin ich ein gefundenes Fressen. So ist es auch hier in der schwäbischen Großstadt:

Schon von Weitem entdecken sie mich. In ihrer verdorbenen, ordinären Fäkalsprache beschimpfen sie mich schon von Weitem. Die Stimmung schlägt um. Wenigstens bei mir... im Publikum nicht. Dann drängt sich einer von denen durch die Menge und geht schnurstracks mit ausgestrecktem Mittelfinger auf mich zu. Mit der Faust schlägt er in meinen Unterleib, um lachend kurz davor zu stoppen. Ich reiße die Arme hoch und streife dabei seine Nase. Jetzt kann alles passieren. Doch die Leute stehen da und schlotzen Eis. Wahnsinn! Überraschenderweise zieht sich der Kerl zurück. Doch ich beobachte, wie er sich mit der Gruppe berät. Er kehrt um und zerteilt in Cowboymanier den Halbkreis. Mit einer Kanonade ekliger Ausdrücke kommt er auf mich zu. - Und die Leute schlotzen Eis.

Bevor er mich erreicht, beuge ich mich nach vorne, entschuldige mich, dass ich ihn berührt habe und rede ununterbrochen beruhigend auf ihn ein, während er mich weiter mit scheußlichen Ausdrücken überschüttet. Wieder kann alles passieren. Mitten in der Fußgängerzone - und doch so allein. Es geht alles gut. Tatsächlich zieht er sich zurück. Nachträglich muss ich sagen, dass ich mich nicht richtig verhalten habe. Ich hatte nur Glück. Richtig wäre gewesen, mir sofort in der Menschenmenge Hilfe zu holen. Wenn man das mit aller Entschiedenheit macht, hat man gleich Helfer – so habe ich es jedenfalls einmal in einem Fernsehbericht über Verhalten in Notlagen gesehen.

„Nicht zu fassen." Lydia schüttelt den Kopf.

*

Lasst mich weitererzählen. Den Ort nenne ich nicht. Ich stand damals nicht auf einer Bierkiste, sondern auf einem Hocker, ist ja relativ hoch. Da stürzte sich ein Idiot mit Anlauf von hinten auf mich und stieß mich vom Hocker. Wie ich es schaffte, ein Bein noch nach vorne zu reißen, um dann über die Schulter abzurollen, weiß ich bis heute nicht. Wenn mir das nicht gelungen wäre, wäre ich mit dem Kopf aufs Pflaster geknallt, während die Füße noch auf dem Hocker standen. Den Täter hat niemand festgehalten. Er entkam unerkannt. Na ja, war halt so. Was soll's... Ihr meint, ich erzähle Geschichten, um den Abend spannend zu machen. Traurige Wahrheiten sind's.

*

In Köln auf dem Domplatz habe ich das Gleiche erlebt, nicht als Statue, als Passant. Einen wirklich guten Mimen bewunderte ich eine Stunde lang... Er stand auf einem recht hohen Sockel. Kommt da wieder so ein Idiot von hinten und stößt ihn.

Ich sage euch, wer so etwas tut, dann ist das ein Mensch, der im Leben eventuell versagte. Entschuldigt, wenn ich mich da so radikal und sicher äußere. Mit Leistungen konnten solche nie auf sich aufmerksam machen. Also versuchen sie es mit Destruktion. Ich kenne so viele Schüler. Der Klassenkaspar ist nie der Klassenbeste, sondern immer einer der Versager. Also versucht er, durch Unsinn in den Mittelpunkt zu rücken.

Gott sei Dank stieß er nicht so heftig wie der Irre bei mir. Der Pantomime in Köln konnte sich gerade noch auf dem Sockel halten. Aber er sprang dann von selbst herab. Er schrie auf den Angreifer ein. Ich merkte, er war schon ganz empfindlich gegenüber solchen respektlosen Attacken. Er hatte wohl seine Erfahrungen damit.

Und was taten die Leute? Nichts. Ich war der Einzige, der zu Hilfe eilte. Zu zweit stellten wir den Täter zur Rede. Einsichtig wurde er nicht. Er fühlte sich eben „angemacht", dann müsse er so handeln. Man könnte mit Fachleuten diskutieren, warum sich Menschen genau dann „angemacht" fühlen, wenn andere etwas Schönes zeigen.

*

In Stuttgart, im Park vor der Oper, erschien wieder so eine Truppe. Meinem Eindruck nach waren es Studenten. Sie standen um mich herum und machten mich lächerlich, zeigten mir den Vogel oder den „Scheibenwischer", wedelten mit den Händen vor meinem Gesicht herum. „Bewegt er sich denn gar nicht?"

Da ging ich auf den Nächstbesten zu und sagte: „Ich bemühe mich, den Menschen etwas Schönes zu zeigen und ihr seid nur hässlich zu mir. Was geht in euch vor?" Die Antwort war überraschend und erfreulich: „Oh ja, entschuldigen Sie bitte, wir haben uns einfach blöd benommen." Sie zogen umgehend ab.

Es können Menschen, die durchaus in Ordnung sind, in der Gruppe ganz unangenehm werden. Da ist man mutiger, kann in der Masse in Deckung gehen, muss einer bestimmten Rolle gerecht werden. Da habe ich beste Erfahrung mit Schülern. Ihr Verhalten im Klassenverband ist völlig anders als zu Hause. Das können Eltern oft nicht glauben. „So etwas macht doch mein Sohn nicht."

*

Weil ich ja noch andere Geschichten erzählen will, breche ich mit den unangenehmen Erlebnissen ab. Ich muss noch hinzufügen: Geholfen hat mir, von zwei Ausnahmen einmal abgesehen, nie jemand. Diese zwei Ausnahmen sind aber auch erzählenswert, weil es beide Male in der gleichen Stadt war, nämlich in Rosenheim, und es war zweimal der gleiche Herr, der mir beistand. Gell, da staunt ihr, was es alles gibt.

Der erste Zwischenfall war harmlos, zeigt aber, dass Menschen einfach nicht eingreifen. Rosenheim - sowieso ein wunderbarer Ort.

Der Kontakt zwischen mir und dem Publikum ist hervorragend. Die Leute sind gebannt und still. Da plärrt ein Besoffener: „Hau doch ab du... So ein... wie dich brauchen wir nicht. Wenn du nicht gleich abhaust, dann komme ich." So etwas macht mir nichts aus. Das kommt bei jeder Aufführung vor. Aber der hört nicht auf. Er stockt, fängt aber immer wieder an.

Das Laudate Dominum von Wolfgang Amadeus Mozart klingt als krasser Kontrapunkt aus meinem Koffer, von Emma Kirkby gesungen. Das müsst ihr mal hören. Gegen Schluss des Stückes gibt es einen Ton, der einem durch Mark und Bein geht. Er beginnt leise, es folgt ein stufenloses Crescendo. Aber wie den Emma Kirkby singt! Ohne Tremolo. Der Ton steht wie Glas in der Luft. Da friert es einen. Diesmal hört den niemand. Der besoffene Kerl brüllt über den ganzen Platz – und er hört nicht auf. Wieder denke ich, da stehen doch Leute daneben. Ja, sagt denn niemand etwas!!! Da taucht ein Polizist auf und weist den Schreihals vom Platz. Ein älterer Mann stellt sich in die erste Reihe, gibt mir lässig ein Zeichen mit der Hand, das besagen soll „alles klar, ich habe die Polizei gerufen, keine Ursache". Ich bedanke mich stumm, wie es eine Statue tut, und verbeuge mich zur Pizzicatopolka von Johann Strauß. Endlich jemand, der mir zur Seite steht!

Wieder in Rosenheim, vielleicht ein Jahr später.

Zunächst mal prinzipiell... Ich mag es nicht, wenn mir einer zu nahe kommt. Ich glaube aber, es geht allen so. Jeder hat eine etwa siebzig Zentimeter breite Aura um sich herum, der Mitteleuropäer wohlgemerkt - habe ich mir sagen lassen. Bei Südländern sei der Kreis enger. Wenn jemand in diesen unsichtbaren Kreis tritt, fühlt man sich unwohl oder gar bedroht. Man sieht es bei Fußballspielern. Bei Meinungsverschiedenheiten tritt einer bis auf wenige Zentimeter vor das Gesicht des anderen. Ich sehe das als Verletzung an. Im Fußball wird ein solcher Übergriff in den absolut privaten Raum nicht geahndet. Wenn jetzt der Bedrängte nickt und leicht die Stirn des anderen berührt, dann stürzt dieser zu Boden und wälzt sich minutenlang. Diese „Tätlichkeit" wird natürlich mit einem Platzverweis und einer längeren Sperre bestraft. Der Gequälte steht nach Erteilung des Platzverweises auf und spielt munter weiter.

Für mich ist es eine Tätlichkeit, wenn ein anderer bis auf einen Zentimeter an mein Gesicht herantritt. Es gibt Menschen, die stehen in einem normalen Gespräch zu dicht vor einem und wenn man zurückweicht, dann rücken sie nach. Unangenehm. Aber dieser Bursche in Rosenheim tat es absichtlich, um auf mich bedrohlich zu wirken. Er war vielleicht achtzehn Jahre alt, ein Bär von Mensch.

Er bleibt vor mir stehen. Sein fettes Gesicht vielleicht eine Bananenlänge von meinem Gesicht entfernt. Er glotzt in die Augenlöcher meiner Maske. Dann sagt er: „Wie blöd muss man sein, um so rumzustehen", und geht weiter.

Unangenehme Erlebnisse ausschalten! Stehe darüber, sage ich mir wieder ein. Etwa fünf Minuten später, ich bin schon längst wieder mit meiner Präsentation beschäftigt, taucht der Kerl wieder vor mir auf, aber – ich denke, ich seh' nicht recht – der Mann vom letzten Jahr hat ihn am Kragen! „So, und jetzt entschuldigst du dich, aber augenblicklich."

Das ist doch nicht zu glauben. Hat der Mann vorhin mitgehört? Wie schaffte er es, den bulligen Kerl zur Umkehr zu zwingen? Ich erfuhr es nie. Aber der Koloss sagt tatsächlich: „Ich möchte mich für mein Verhalten entschuldigen." Bei aller Verdatterung antworte ich doch noch recht klar: „Ich nehme die Entschuldigung an, aber lieber wäre mir gewesen, du wärst von vornherein nicht so unverschämt gewesen."

Was sagt ihr jetzt! Zwei Mal, und nicht öfter, wurde ich geschützt, und zweimal war es der gleiche Mann im gleichen Ort. Ansonsten musste ich solche Situationen alleine durchstehen. Und die gab es in rauen Mengen. Ich weiß nicht, ob die Menschen in früheren Zeiten mehr Zivilcourage besaßen. Ich weiß nur, dass wir allgemein in einer Zeit des Egoismus leben.

*

Es musste oft nicht viel passieren. Die Bosheit liegt oft in kleinen Dingen.

Ein dickes Ungetüm in Haferlschuhen, Trachtenjanker und Hosenträgern baut sich breitbeinig vor mir auf. „Hättest was G'scheits g'lernt, dann bräuchtest nicht so rumstehen." Dann zieht er seine Hose hoch, schafft es aber nicht, weil seine Wampe wie ein mit Wasser gefüllter Ballon über den Gürtel hängt.

Da fühle ich mich schon dem Pöbel ausgesetzt und frage mich, muss ich mir das antun?

Nach ein paar Jahren der Straßenkunst stieg in mir erstmals diese Frage auf, trotz der vielen schönen Erlebnisse.

Salman Rushdie schrieb: „Wir sind eine ‚Republik der Schriftsteller'. Hier fühlt man sich geschützt und verstanden und ist nicht dem Mob ausgesetzt." Wenn ich auf der Straße stehe, fehlt mir diese „Republik", die Republik der Künstler, wo man sich nicht prinzipiell erklären muss.

Auf der Straße kann mich jeder beleidigen, sein Unverständnis und seine Intoleranz ausleben, ich muss leider auch sagen, seine Primitivität. Das klingt hochnäsig, aber ich habe wirklich alle Kategorien von Menschen erlebt. Da kannst du dir noch so oft einsagen, du stündest darüber. Irgendwann sagst du dir, „wer bin ich eigentlich?"

Aber noch überwog bei mir der Antrieb. Außerdem wurde ich gelassener. Mein Leben auf der Straße war die blanke Praxis der Menschenkunde, nichts anderes.

*

Ziemlich reif verhielt ich mich bei einem weiteren Zwischenfall: Ein mächtiger Baum war von einer Bank wie von einem Schwimmgürtel eingefasst. Diese Bank wählte ich diesmal als mein Podest. Vielleicht setzen sich gar Zuhörer ganz nah zu mir. Das könnte eine schöne Gemeinsamkeit schaffen. Lange kümmerte sich niemand um mich. Dann tauchte ein Landstreicher auf. Der Schäferhund, den er mitführte, war ein Prachtkerl. Der Mann setzte sich neben mich auf die Bank, gab unbemerkt dem Hund ein Zeichen. Der Hund spreizte seine Vorderläufe, duckte sich. Mit fletschenden Zähnen kläffte er, so wie ein Jagdhund ein erlegtes Wild verbellt. Der Landstreicher stützte den Kopf in die linke Hand, schaute von mir weg. Aber sein ganzer Körper schüttelte sich vor Lachen. Der Hund kläffte und kläffte. Was blieb mir anderes übrig, als meinen Platz zu räumen. Hinter mir setzte sich der Landstreicher glückselig genau an den Platz, an dem ich stand. „Brav, Bello, brav, das hast du gut gemacht."

Ich weiß nicht, wie viel Erfolge der Herr in seinem Leben zu verzeichnen hatte. Diesen gönnte ich ihm sogar. In meinem Reifeprozess war ich schon ziemlich weit. Für ihn ist heute ein eventuell trister Tag ein bisschen freundlicher geworden. Es menschelt überall.

Ich habe nur gerade alles Ärgerliche geballt aufgezählt. Ich wurde aber stets auf einer Woge herzlicher Zuwendung getragen. Mein Herzblut legte ich in jede Geste, war hoch konzentriert bei jedem Einsatz, ließ die Musik durch meinen Körper strömen, der sich dann automatisch bewegte. Die Schallwellen bewegten meine Arme. Die Aufregung steigerte sich, wenn die Musik auf einen Höhepunkt zusteuerte. Wenn in diesem Moment jemand einwarf, erlöste ich mich selbst und verschmolz in den Bewegungen. Beim „Liebestraum" von Franz Liszt, nach dem Vorspiel des „Gefangenenchors" von Giuseppe Verdi, nach jedem Vorspiel eines Straußwalzers, bei der „Meditation" gibt es solche Extremstellen. Ich gerate in Konfusion, wenn an einer solchen Stelle jemand vortritt, aber so lange zögert, bis dieser musikalische Hochgenuss vorübergezogen ist.

Lydia: „Ich denke, die Mehrzahl der Leute hat dich prinzipiell genau verstanden."

„So ist es. Die Reflektion des Publikums trieb mich an. Wäre das nicht so, hätte ich Schluss gemacht. Aber Kunst ist mannigfaltig auslegbar. Interessant finde ich die Vielfalt der Wahrnehmungen. Für dein persönliches Befinden ist nicht entscheidend, was objektiv passiert, sondern was deine Gedanken daraus machen. Genau das erlebe ich. Die einen sind verzückt, andere sehen mich als Ärgernis. Ja, ich übertreibe nicht. Andere wiederum entdecken gar nicht, was ich darstellen soll, oder sehen mich nur als Gesindel."

„Wie bitte?" Lydia schreckt auf.

„Es ist so. Ich präsentiere Werke der größten Komponisten aller Zeiten und glaube, die Melodien schön in Bewegung umzusetzen. Bei manchen Leuten hat der emotionelle Seismograf keinen Ausschlag, zeichnet nur eine gerade Linie. Ich musste mit vielen Vorverurteilungen fertig werden. Niemand ist sich so sicher wie ein Mensch mit einem Vorurteil.

In einer Kleinstadt treten zwei Frauen auf mich zu, bleiben vor mir stehen. Allein ihr geringschätziger Blick ist eine Beleidigung. Dann sagt eine von beiden: ‚Immer noch besser als wenn sie stehlen.'"

In der Runde schauen sich alle nur an. Ihnen fehlen die Worte.

„Mehrmals kamen Leute näher, die nicht wussten, was ich darstelle. Einmal schaut eine Frau in meinen Koffer. ‚Der sammelt Geld', informiert sie ihrer Freundinnen. ‚Sammelt' hat sie gesagt. Auch solchen Menschen schenke ich meine Leidenschaft – und sie merken es nicht."

„Das tut nur weh." Ruth ist aufgewühlt.

„Eine andere Frau, jetzt merke ich erst, dass ich es wirklich meistens mit Frauen zu tun hatte, trat hervor, schaute in den Koffer und zählte die Münzen. Dabei deutete sie mit dem Zeigefinger immer genau auf die Münze, die sie gerade zählte. Ich stieg vom Sockel, ging auf sie zu: ‚Bitte gehen Sie, aber sofort.' Dabei beherrschte ich mich, im Tonfall ruhig zu bleiben.

Übrigens, seit meiner Zeit als Straßenkünstler kann ich mich besser in unsere ausländischen Mitbürger hineindenken. Für viele bin ich ein Ausländer. Für viele kann ich nur ein Ausländer sein. Eindeutig. Da gibt's Geschichten..."

„Jetzt bin ich aber gespannt." Marion beugt ihren Oberkörper nach vorne.

*

Der Schauplatz ist Stuttgart, ein Platz, an dem ich mich nicht sonderlich gerne aufhalte. Es ist die Fußgängerzone nahe des Bahnhofs. Ich wähle den Platz deshalb, weil es ein trister Tag ist und im Park fast niemand spazieren geht. Ich ziehe mich wie üblich in einer Ecke um, komme hervor und baue Schemel und Koffer auf, nicht weit von einer Würstelbude entfernt. Darauf seht „Manni's Würstelbude" - mit dem inzwischen eingebürgerten Rechtschreibfehler in „Mannis".

Eilt ein Mann, ein echter Stuttgarter, wie ich später erfahre, aus „Mannis Würstelbude" heraus. Es ist Manni.

„Du nix können stehen hier. Du müssen suchen andere Platz." Wortlos räume ich das Feld und stelle mich in genügendem Abstand zu „Mannis Würstelbude" auf. Manni ist erstaunt über meinen Gehorsam und bekommt fast ein schlechtes Gewissen. Er folgt mir: „Du mich können schon verstehen. Wir Freunde. Nix gut, wenn zu dicht beisammen."

Ich klopfe ihm nur auf die Schulter zum Zeichen, dass ich ihn verstehe, lasse ihn aber in dem Glauben, dass ich ein Ausländer bin und keinen geraden deutschen Satz sprechen kann.

Ein besonders penetranter Ausländer- und Künstlerhasser hat sich so aufgeführt, dass ich die Polizei einschalten musste. Soll ich weitererzählen, oder ist es euch zu viel?
„Schieß los, wir sind neugierig."

*

Friedrichshafen. Breite Wege, Parkanlagen und Blumenfelder schmücken das Bodenseeufer. Wasser schießt aus hundert Löchern aus dem Boden und Kinder rennen kreischend hindurch, bis sie klitschnass sind. Manche Mütter lassen ihre Sprösslinge einfach splitternackt durch die Fontänen sausen. Wenn ich mit meiner Aufführung eine Pause mache, in Zivil natürlich, setze ich mich gerne an den Brunnen. Die Ausgelassenheit der Kinder erfrischt mich.

Der Platz, an dem ich stehe, bietet mir eine herrliche Sicht über den See, dessen silbrige Oberfläche millionenfach blinkt. Die ständige leichte Brise macht mein Arbeiten leicht. Ein Mann mit eingezogenem Kopf und finsterem Blick geht an mir vorüber, schaut mich nicht an und raunzt: „Mafiabande... Mafiabande."
Er kommt immer wieder, und jedes Mal wenn er an mir vorübergeht, sagt er etwas Ähnliches: „Alles Verbrecher" oder „hau bloß ab, sonst passiert was" oder „ich hol die Polizei, Bürschchen". Das automatische „Du", das dieser Mensch benutzt, ist genauso entwürdigend wie die Ausdrücke selbst.
Einmal bleibt er stehen, um mich genau zu beobachten. „Das sind alles Mafiosi. Rumänen sind's. Das sind die Schlimmsten", informiert er die Menschenmenge. Er schaut nach links, rechts, nach hinten und sucht Gesprächspartner. Einige schicken ihn nur genervt weiter, andere verwickelt er tatsächlich in Gespräche. Jedenfalls bricht die Stimmung. Dann geht er mit abschätzigem Blick auf mich zu. Die Hände auf dem Rücken, jeden Schritt gezielt setzend, schreitet er wie ein Offizier um mich herum. Er dreht mehrere Runden. Der Mann strahlt etwas Unberechenbares, etwas Gestörtes aus. Dann bleibt er hinter mir stehen. Mir ist total unwohl. Es wäre ja nicht das erste Mal, dass ich von hinten vom Sockel gestoßen werde.

Ich konzentriere mich auf das Geschehen vor mir, auf die Weite des blinkenden Sees. Es ist noch Frühjahr, Christi Himmelfahrt, und die Schweizer grüßen mit einem kühlen Lüftchen von den weißen Bergen.

„Ich kann Ihnen sagen, die Rumänen verdrängen uns alle, stinkfaul sind sie und wollen auf billige Weise abkassieren."

Die Ouvertüre von La Traviata von Giuseppe Verdi klingt langsam aus, bis der letzte leise Ton stehen bleibt. Die Menschen schweigen. Die Brise bewegt mein leichtes Gewand.

„Scheißkerle sind's, alle miteinander."

Johann Strauß beschreibt den Wiener Wald, indem er die Waldhörner tönen lässt, Klarinetten zirpen und zwitschern. Sie verklingen. Das ganze Orchester blendet sich aus. Dann setzt die Zither ein. Sie zupft zaghaft, einmal, zweimal, dreimal, als würde sie fragen „Darf ich in eurem Orchester mitspielen?" Jeder einzelne Ton verströmt, bevor der neue ansetzt.

„Saubande, elendige."

Die Zither nimmt sich ihren Platz und alle Instrumente schweigen. Der Wald, den sie beschrieben haben, lauscht der Zither.

„Einsperren sollte man sie... alle miteinander." Der Mann steht noch immer hinter mir. Ich halte ihn für nicht ganz zurechnungsfähig.

Der Walzerrhythmus setzt ein...

„Ungeziefer!"

Ich steige langsam vom Sockel. Es geht nicht mehr, auch wenn die Spannung jetzt am höchsten ist. Die Menschen raunen. Ein Mann, der ganz dicht bei mir steht: „Oh, warum gerade jetzt? Sie reißen mich und alle anderen aus unserer Faszination." Während ich ihm den Grund erkläre, rückt dieser Störenfried näher an uns heran. Er horcht, mit einer Hand am Ohr. Wahrscheinlich staunt er, dass ich Hochdeutsch mit leicht schwäbischem Akzent spreche, jedenfalls nicht wie ein „Rumäne". Eine Frau spricht mich ganz aufgeregt an: „Dieser Mensch verdirbt wirklich alles", und deutet genau auf den horchenden Mann. „Ich kenne ihn, und die ganze Stadt kennt ihn. Der hat nicht alle Tassen im Schrank. Neulich hat er einem Gitarristen mit dem Fuß den Hut weggeschossen. Der führt sich auf wie er will und niemand macht etwas dagegen."

„Ich suche mir einen anderen Platz."

„Ja, tun Sie das, und wenn der ihnen nachkommt, dann rufe ich die Polizei. Aber ich glaube, die kennt den schon. Geschehen ist aber noch gar nichts, rein gar nichts."

Nach einer Pause beginne ich mein Schauspiel an einer anderen Stelle. Es wird noch ein schöner Nachmittag. Doch zu Hause geht mir alles noch einmal durch den Kopf, und ich entschließe mich, die Polizei in Friedrichshafen zu informieren. Ich schreibe einen Brief an die Polizeidirektion. In Ausschnitten kann ich ihn wiedergeben.

„...ein anscheinend ortsbekannter Mann belästigte mich bei meiner Vorführung am... an der Uferpromenade massiv... Er beleidigte mich mehrfach und zerstörte meinen Auftritt... Er hatte etwas Gestörtes und Unberechenbares an sich, so dass ich mich von ihm bedroht fühlte... ich bitte Sie, der Sache nachzugehen, da mir zu Ohren kam, dass er auch andere Künstler permanent so sehr belästigt, dass sie, so wie ich, ihre Darbietung beenden müssen..."

Der Brief war eine Seite lang.

Jetzt könnt ihr euch die Antwort ausmalen.

„Es passierte nichts."

Du hast recht, so ziemlich, aber die Geschichte geht weiter. Ich erhielt nämlich eine Antwort. Auch die kann ich in Ausschnitten wiedergeben. Es war ein in einem höflichen Stil geschriebener Brief mit folgendem Inhalt:

„...der Mann ist uns bekannt. Er sprach bei uns schon mehrmals vor. Er wirft uns vor, dass wir zu wenig gegen diese ‚Ratten' aus dem Osten unternehmen würden. Natürlich sorgen wir für Ordnung, aber das ist ihm viel zu wenig, deshalb greift er zur Selbstjustiz... War er für Sie eine Gefahr? Hat er Sie tätlich angegriffen, oder zum Beispiel mit dem Tode bedroht, nur dann könnten wir eingreifen..."

„Also das ist doch unglaublich...", ereifert sich Edith.

Zwei Fortsetzungsgeschichten gab es noch. Natürlich war ich mit der Antwort nicht zufrieden und antwortete dergestalt, dass es vor der „Bedrohung mit dem Tode" noch andere Belästigungen gäbe, die die Polizei zu ahnden hätte.

Wieder antwortete der höfliche Polizeichef: „Wir haben mit dem Herrn noch einmal geredet, ihm auch zu verstehen gegeben, dass Sie ein kultivierter Herr seien, und ob er schon an der Kunst nicht gemerkt hätte, dass es sich hier nicht um Gesindel handle. Der Mann wich nicht von seiner Meinung ab. Ich verstehe Ihre Sorge, aber ich kann mich nur wiederholen..." Es folgte eine Kurzfassung des ersten Briefes.

Es dauerte zwei Jahre, bis ich wieder nach Friedrichshafen fahren sollte. Wieder war es Christi Himmelfahrt.

Ich baue mich an der Uferpromenade vor einem Blumenbeet auf. Nach einer halben Stunde treten zwei Polizeibeamte auf mich zu: „Wir bitten Sie, umgehend ihre Vorführung zu beenden. Straßenkunst ist hier verboten."

„Ich trete hier öfter auf. Bisher gab es nie Probleme."

„Seit einiger Zeit sind Auftritte grundsätzlich verboten."

„Da habe ich noch eine Frage. Hat Sie ein Mann, ein leidenschaftlicher Gegner jeglicher Straßenkunst, informiert?"

„Ja."

*

Das Ausländerthema begleitete mich die ganzen Jahre. Bevor ich weitererzähle, muss ich gut durchatmen. Horcht her. Es war noch in den Neunzigerjahren.

Ich bin immer froh, wenn sich ein natürlicher Halbkreis bildet, nicht zu groß, nicht zu klein. So war es auch hier. Dann stellen sich zwei Damen neben meinen Schemel. Es sind wieder solche, die mir zu dicht sind und keinen Respektabstand kennen. Aber sie wollen es so, damit sie mich auf perfide Art beleidigen können. Sie reden so laut, dass ich sie hören muss. Es sind ältere Damen, die wohl den Zweiten Weltkrieg noch erlebt haben, wahrscheinlich aufgewachsen in einer Zeit, als ein segensreicher Herr das Sagen hatte. Ihr wisst schon, der Staatsmann, der so schöne Autobahnen bauen ließ und der der deutschen Jugend, den Burschen, aber auch den Mädels, so schöne Programme anbot. Ein Segen.

„Immer diese Ausländer. Die sollen hingehen, wo sie hergekommen sind."

„Ist doch wirklich wahr. Da lernen sie nichts, lungern bei uns herum und verschandeln unsere Straßen."

Jetzt fehlt nur noch der Satz: „So etwas hätte es in unserer Zeit nicht gegeben. Der (der mit dem Schnauzbart) hätte mit solchen wie dem hier aufgeräumt."

Gerade wirft an der Hand von Papa ein kleiner Junge ein. Diesmal ganz in Gold, stehe ich wie ein Schutzengel über ihm. Das „Ave Maria" schafft eine fast heilige Atmosphäre. Das Kind weiß gar nicht, was geschieht, und schaut mit offenem Mund zu mir hoch. Mutig, von Papa ermuntert, reicht mir der etwa zweijährige Bub die Hand. Nach dieser gewaltigen Mutprobe streckt er sofort die Arme nach oben, und der Vater nimmt ihn auf den Arm. Ich winke ihm nach und über Papas Schulter winkt mir der Kleine zurück.

„Schade um jeden Pfennig." Die zwei reden lauter.

Eine andere, wirklich alte Dame sucht nach ihrem Geldbeutel, findet ihn nach einiger Zeit in ihrem Gehwägelchen. Inzwischen wirft ein gesetzter Herr ein, der meine Verbeugung mit erhobener Hand beantwortet: „Keine Ursache, Sie bieten hier ja auch Außergewöhnliches."

Dicht neben mir: „Ich habe noch keinen anständigen Ausländer erlebt, ich nicht!"

Das alte Frauchen sucht immer noch in ihrem Geldbeutel. Ihre Augen sind nur wenige Zentimeter über den Münzen. Sie sucht und sucht, dann nimmt sie eine Münze heraus. Mühevoll verstaut sie ihren Geldbeutel. Da fällt ihr das Geld aufs Pflaster. Schwer beugt sie sich nach unten. Die flache Münze hüpft ihr mehrmals aus den Fingern, bis sich ein junger Mann erbarmt und ihr Zehn-Pfennig-Stück aufhebt. Mit der Münze in der Hand, ohne Gehwägelchen, nähert sie sich meinem Koffer. Es dauert lange, bis sie die kurze Strecke zurückgelegt hat. Dann beugt sie sich vor, ortet noch einmal die genaue Position des Koffers und wirft die Münze hinein. Ganz knapp trifft sie gerade noch den großen Koffer.

„Wenn ich was zu sagen hätt', dann hätt' ich schon der Ausländerseuche ein Ende gesetzt, aber rigoros, das kannst mir glauben."

Jetzt reicht es mir. Ich wende mich den beiden Frauen zu, sie stehen ja gleich neben mir, und ich sage in gutem Hochdeutsch: „Ich bin Deutscher und stamme aus dieser Gegend. Ich strenge mich sehr an, um für Menschen zu sammeln, denen es viel schlechter geht als Ihnen und mir." Die Reaktion ist verdutztes Schweigen. Erst nach einer langen Pause antwortet eine: „So, dann ist es etwas anderes."

Ich merke aber, wie es in den beiden wühlt. Sie waren nur zu überrascht, um eine passende Antwort parat zu haben. Dann dreht sich eine der beiden um. Ihr Gesicht ist eine Fratze: „Ja und! Wer hat uns geholfen, als es uns schlecht ging?"

Einige Sekunden sagt niemand etwas. Nur Gisbert flüstert tonlos: „Das ist einfach nur böse, zutiefst böse."

„Ich glaube, wir brauchen jetzt eine Pause." Herbert spricht das aus, was alle empfinden.

„Mitternacht ist es. Wie doch die Zeit vergeht. Wenn ich bedenke, dass wir morgen noch eine längere Wanderung vor uns haben, dann ist das schon arg spät." Herbert öffnet noch einmal die Fenster. An der kühlen Nachtluft spüren wir erst, wie stickig es im Raum geworden ist.

Die Natur schläft schon. Die Bergketten heben sich schwarz vom Sternenhimmel ab. Einzelne Gehöfte auf der gegenüberliegenden Seite des Tals erscheinen uns wie vom Himmel gefallene Sterne. Die Dörfer wie Schöllang, Altstädten oder Burgberg sind Sternenhaufen, der größte ist natürlich Sonthofen.

„Morgen gibt es einen schönen Tag. Also dann, Gute Nacht."

*

Der sechste Tag: Den ersten Teil der Wanderung kennen unsere Malfreunde schon. Er führt über den Rücken des Ofterschwanger Horns. Doch diesmal umrunden sie auf dem breiten Weg den Gipfel. Er endet zwischen dem Ofterschwanger und dem Sigiswanger Horn. Hier hat die Natur eine tiefe Kerbe zwischen zwei Berge getrieben. Jetzt wird der bequeme Spazierweg enger. Anstrengend ist die Umrundung des Sigiswanger Horns trotzdem nicht, aber interessant, ein Pfad, der an manch felsigen Stellen wie Priele in mehrere Wege zerfließt, um wieder zu einem Weg zusammenzufinden.

Bald tritt man wieder aus dem Wald, und man befindet sich in einer anderen Welt. Rechter Hand begleitet uns ein Hochmoor mit kleinen Wasseraugen. Verlässt man den Weg, federt der schwammige Untergrund unter den Füßen. Und da steht schon wie ein rechtwinkliges Dreieck rechts neben uns das Rangiswanger Horn, der Hang der Alpenrosen.

Während die meisten auf dem Hochplateau verweilen, lassen es sich die drei Männer und Hilde nicht nehmen, das Rangiswanger Horn zu erklimmen. Es ist ein fünfzehnminütiger Aufstieg über die steil ansteigende Alpenrosenwiese. Die Aussicht über das Illertal ist ähnlich wie von der Hütte aus. Edith zieht eine kleine Auswahl von Pastellkreiden und ihren Malblock aus dem Rucksack und skizziert mit ein paar Strichen das Rangiswanger Horn. Ruth tut es ihr gleich. Bei ihr entstehen zwei reizende Bildchen, einmal die gegenüberliegende Alpenkette, dann eine einzelne Alpenrose. Herbert und Mimo sitzen auf einer aus Naturhölzern gezimmerten Bank. „Malst du auch?"

„Nein. Ich sehe mich nicht als untalentiert an, aber ich bin völlig ungeübt", antwortet Mimo und fährt fort: „Aber in einem neuen Leben könnte ich mir vorstellen, Karikaturist zu werden. Mir fallen zu den Tagesereignissen ständig komische Szenen ein. Leider kann ich sie nicht in Karikaturen umsetzen."

„Ich weiß, dass du nun auf der Bühne arbeitest. Hast du dann die Straßenpantomime ganz aufgegeben?"

„Ja, ganz. Alles hat seine Zeit. Ich finde keinen Antrieb mehr. Auch das Publikum ist übersättigt."

Dann schauen beide in die Ferne und schweigen, wie es die anderen auch tun.

*

Es ist siebzehn Uhr. Alle sind wohlbehalten in die Hütte zurückgekehrt. Ein paar waschen sich die Schuhe, legen sich auf die Wiese und strecken die nackten Füße in die milde Sommerluft. Dann treffen sich alle vor dem Haus. Mimos Erzählstunde ist gekommen.

Es erübrigen sich Sätze zum Aufwärmen. Edith fragt direkt: „Gibt es für deine Auftritte einen Lieblingsort?"

Ja, da fallen mir drei ein. Bad Wörishofen, Rosenheim und der Hafen von Lindau. Bad Wörishofen ist ein Kurort. Kurorte unterscheiden sich grundsätzlich von den üblichen Orten, einfach deshalb, weil dort Leute ohne bestimmtes Ziel spazieren gehen. Die sehen Straßenkunst als willkommene Abwechslung. Sie haben die Muße und Zeit - Zeit, ganz wichtig (!) - stehen zu bleiben, zu meditieren, ohne dass ein Termin drängt. Es gab schon Passanten, die holten sich einen Stuhl aus dem nächsten Café. Ich glaube, das ältere Kurpublikum hat auch mehr Sinn für klassische Musik. Ich weiß nicht, ob die heutige Jugend später auch klassische Musik lieben wird, ob die, die mit Kopfhörern auf der Straße laufen, in U-Bahnen hocken, damit auf Wanderungen gehen, später in der Oper zu finden sind. Ist dann die klassische Musik ausgestorben, wenn die heutige Jugend älter ist? Ich glaube eher nicht.

Aber nun zu Rosenheim. Dort gibt es einen sehr schönen geschlossenen Platz in der Form eines Dreiecks, eine Art Promenierzone mit Cafés und dergleichen. Da sind immer viele Menschen unterwegs. Deshalb hatte Rosenheim immer eine schöne Stimmung und war der vielleicht ertragreichste Ort.

Und Lindau: Das kann sich jeder vorstellen, dass speziell der Hafen die ideale Umgebung für eine Kunst wie die meine ist. Auch hier haben die Leute keine Hast. Mit meiner Interpretation der großen Musikklassiker mache ich den Hafen zur Kunstbühne. Deshalb ist, pantomimisch gesehen, Lindau, überhaupt der Bodensee, der schönste Schauplatz in meiner weiteren Heimat. Die Umgebung spielt für mein Empfinden dabei eine ganz wichtige Rolle. Das ist am Hafen ein Zulauf, kann ich euch sagen!

Ich fühlte mich als Konkurrenz zur Bühne der Bregenzer Festspiele. Es war zwar nicht in Lindau, sondern in Friedrichshafen, da setzte sich eine Frau gleich am Anfang auf einen Stuhl und blieb geschlagene fünf Stunden sitzen. Am Ende meiner Vorstellung, es war übrigens die längste meines Straßenlebens, lud sie mich zu einen Kaffee ein. Dabei schwärmte sie ununterbrochen von der „himmlischen Musik" und meiner „hinreißenden Interpretation". Aber die Frau gefiel mir. Ich konnte ihr einen „unvergesslichen Tag" bescheren. Na, das ist der ganze Sinn meiner Vorführung.

Gut, wenn ich die drei Orte vergleiche, dann liegt Bad Wörishofen doch an der Spitze. Was ich hier erlebte, bleibt in meiner ewigen Erinnerung. Bewegend, kurios oder einfach nur schön, auch das Ärgerliche ist hier nicht so schlimm, weil die Atmosphäre insgesamt nur gut war. Ich hatte diese Tage schon von dem kuriosen Wettstreit mit dem Drehorgelspieler erzählt. Heute folgen die Fortsetzungsgeschichten.

Zunächst muss ich die Stimmung beschreiben. Ich stehe meistens am gleichen Platz. Durch den Ort fließt ein Bach, direkt an der Kurpromenade entlang. Viele Brücken führen darüber. Auf einer dieser Brücken, unter einer Weide, stehe ich. Ich suche mir immer verträumte Ecken aus. Ich bin mir bewusst, dass ich Menschen in ihren Wohnungen, an ihrem Arbeitsplatz stören kann. Deshalb bin ich grundsätzlich vorsichtig und stelle mich mitunter den Anrainern vor. Gegenüber meiner Brücke befindet sich eine Buchhandlung. Schon nach wenigen Minuten tritt die Chefin heraus. Oh je, wenn Geschäftsleute auf mich zugehen, habe ich stets ein schlechtes Gefühl. Nicht, weil sie mich wegschicken könnten, was sie meistens auch tun, sondern weil sie mir den Unterschied zwischen einem angesehenen Bürger, wie sie sich sehen, und einem Straßenvagabunden, wie sie mich sehen, klar machen. Doch diese Frau wirft mir gleich ein und verschwindet winkend wieder in ihrem Laden. Und so machte sie es immer, so lange ich in Bad Wörishofen auftrat. Zu dieser Frau entwickelte sich eine gute Bekanntschaft. Wir freuen uns aufeinander und schätzen uns gegenseitig sehr. Fast fünfzehn Jahre später, als ich in Bad Wörishofen erstmals als Pantomime auf der Bühne auftrat, sitzt sie mit ihrem Mann in der ersten Reihe.

Da erscheint der Besitzer des nahe liegenden Cafés. Er wirft ein, verbeugt sich leicht und kehrt in sein Café zurück. Mit schwingenden Hüften tänzelt die Boutiquebesitzerin auf mich zu, überkreuzt wie eine Balletttänzerin die Beine, zeichnet mit ihrem rechten Arm Girlanden in die Luft, um danach mit einer Verbeugung eine Münze einzuwerfen. Im Rhythmus der Musik (Kaiserwalzer von Johann Strauß) tanzt sie in ihre Boutique zurück. Beim Wenden meiner Kassette mache ich stets eine kleine Pause und – notwendigerweise – entspanne ich mit gymnastischen Übungen meine Wirbelsäule und die verspannte Rückenmuskulatur. Da erscheint der Apotheker von gegenüber. Er hält mir eine Flasche vor die Augen. „Massageöl – verwöhnen Sie Ihren Körper" steht darauf. Würdevoll legt er mir diese Gabe in den Koffer. Kurz vor seiner Apotheke dreht er sich noch einmal um, verbeugt sich wie ein steifer Butler und verschwindet lachend wieder in der Apotheke.

Hilde lacht laut und klatscht in die Hände. „Das ist doch herrlich!"

Da möchte ich noch einfügen: In Oberstdorf kam einmal ein Herr aus dem Haus gegenüber. Er warf mir seine Visitenkarte ein. Ich unterbrach in einem geeigneten Moment meine Aufführung. Es war ein Physiotherapeut. Auf der Rückseite der Visitenkarte stand: „Sie erhalten von mir eine kostenlose Massage."

„Hast du sie dann wahrgenommen?", fragt Lydia.

Nein, ich hatte kein gutes Gefühl dabei. Aber vielleicht ist es nur meine Vorsicht. Ich glaube nicht, dass dieser Herr das gleiche Angebot anderen Straßenkünstlern zuteil werden lässt. Es ist eine Reaktion auf mein Maskenspiel. Zu viele suchten mit einem Vorwand lediglich ihre Neugierde zu befriedigen. Vielleicht auch dieser Herr. Wenn ein rätselhaftes Wesen plötzlich fast nackt auf meiner Massagebank liegt... ist schon spannend. Aber wie gesagt, es sind meine subjektiv gefühlten Befürchtungen – die sich aber immer wieder bestätigten.

Aber zurück zu Bad Wörishofen. Hier bezieht man mich sofort ins Kurleben mit ein. Der Cafébesitzer freut sich, weil Leute bei ihm Platz nehmen, um meine Musik zu hören und die lebensgroße Marionette zu beobachten.

„Wie unterschiedlich doch die Menschen reagieren. Die einen verjagen dich und die anderen sehen dich sogar als Werbung für ihr Geschäft", stellt Edith fest.

Stimmt, es gab schon Ladenbesitzer, die mich baten, mich direkt vor ihr Geschäft zu stellen. Einer bezahlte mich dabei sogar fürstlich. Aber die anderen, die Mehrzahl, jagen mich weg.

Der Leiter des Kulturamtes war nicht begeistert. Er behauptete, dass ich störe, ohne mich je gesehen zu haben. „Zwei Aufführungen pro Jahr, höchstens!" Ich spaziere immer wieder mal privat durch Bad Wörishofen und stelle fest, dass das Künstlerleben auf der Straße sehr kärglich ist. Außer Drehorgelspielern habe ich noch nichts erlebt.

Eine Genehmigung zu bekommen ist nicht ganz leicht. Die Zeiten sind auf Donnerstag und Freitag beschränkt, zehn bis zwölf Uhr und fünfzehn bis siebzehn Uhr. Im Vorzimmer des Kulturamtes arbeitet Frau Demmler. Sie freut sich immer, wenn ich komme. Sie stellt mir die Genehmigungen aus. Wir führen dabei jedes Mal ein herzliches privates Gespräch.

Der Geringschätzung des Kulturamtsleiters wollte ich noch etwas entgegensetzen. Bei einem meiner Auftritte lege ich für die Passanten ein Heft auf. Darin dürfen sie Kommentare zu meiner Kunst eintragen. Was ich darin lesen durfte, übersteigt bei Weitem meine Erwartungen. Es geht mir oft so, dass ich mit meiner Selbsteinschätzung zu niedrig liege. Stolz gehe ich damit zur Stadtverwaltung ins Kulturamt. Ich erkläre dem Leiter, dass ich wirklich eine Bereicherung für den Kurort sein will und es auch bin. Der Herr Kulturamtsleiter lehnt sich zurück und schaut zum Fenster hinaus. Dann lege ich ihm das Heft mit den Kommentaren und Unterschriften des Bad Wörishofener Publikums vor. Ohne es anzuschauen, legt er es beiseite. „Interessiert mich nicht."

„Lesen Sie die Kommentare. Die Menschen sind begeistert."

„Was sollen sie schon schreiben, dass Sie schlecht sind? Das tut doch keiner."

„Sie haben nur teilweise recht. Wäre ich schlecht, dann wäre die Liste sehr kurz. Die meine ist ellenlang. Ein paar kritische Kommentare gäbe es sicherlich. Nicht bei mir. Schauen Sie..."

Der Herr Kulturamtsleiter bricht das Gespräch ab. „Ich danke für Ihren Besuch, auf Wiedersehen."

Frau Demmler war es übrigens, die mir heimlich einen dritten Termin gewährte.

Das alles ist nur Vorgeschichte. Mein Bad Wörishofener Künstlerleben fing so an... Es war der 26. April 1995, als ich dort einen Frauenaufstand auslöste.

Es ist ein sonniger Frühlingstag, als ich erstmals in der Kneippstraße als lebende Statue auftrete. Ich bemühe mich, ausdrucksstark zu sein. Der Wechsel zwischen geschmeidigen Bewegungen und roboterhaftem Breakdance gelingt mir gut. Ein Halbkreis von Zuschauern bildet sich, der jäh von einem Polizisten zerteilt wird. Seiner Amtswürde und Macht bewusst, verweist er mich vom Platz. Er ist der bekannte Ortspolizist, der schon zum Stadtbild gehört, nicht herrisch auftritt, aber sehr wohl zeigt, dass er die Person ist, die hier für Recht und Ordnung sorgt.

„Also jetzt wird's ja heiter. Jetzt ham wir endlich mal einen guten Straßenkünstler bei uns, dann darf er net", beschwert sich eine Frau. Sofort schimpfen weitere Frauen empört auf den Polizisten ein. Wie ein aufgeregter Vogelschwarm flattern die Damen um den Ordnungshüter herum. Aufstand der Frauen! Soweit ich mich erinnern kann, waren es nur Frauen. Doch der Polizist bleibt hart. Schließlich hat sich die Statue keine Genehmigung bei der Stadtverwaltung besorgt. Ordnung muss sein. Auch für Kompromissvorschläge ist der Polizist nicht zu gewinnen.

Also trollt sich die „Statue", begleitet vom Tross der Damen, die ihr gut zusprechen und die Bitte äußern, sie solle doch bald zurückkehren. Eine Frau schimpft noch mit den Armen rudernd auf den Polizisten ein.

Für den heutigen Tag geht's nicht. Aber es ist der Anfang einer zehnjährigen Beziehung zwischen Bad Wörishofen und mir. Der Polizist ging in all den Jahren danach noch oft die Promenade auf und ab. Er kontrollierte mich nie wieder.

*

Die Statue gehört zum Ort. „Letztes Jahr war ich um dieselbe Zeit auf Kur. Jetzt bin ich wieder da und ich hoffte, Sie wieder erleben zu können", gesteht mir eine Dame. Ich eröffne meine Aufführung zumeist auf einer Brücke beim Kurhaus. Die ganze Umgebung heißt mich willkommen. Ich bin wieder da!

Als Erste begrüßt mich die Besitzerin der Buchhandlung. „Guten Tag, willkommen bei uns. Ich bin jedes Mal froh, wenn Sie uns wieder besuchen." Wir wechseln immer ein paar Worte und drücken dabei unsere Wiedersehensfreude aus. Es dauert nicht lange, schon schwingt die Dame aus der Boutique heraus, wünscht mir einen schönen Aufenthalt und wirft mir ein. Auch der Mann aus dem Café wirft mir jedes Mal ein. Nach meinem Auftritt genehmige ich mir traditionsgemäß Kaffee und Kuchen bei ihm. Das ist schon ein Ritual.

Ich bin in Bad Wörishofen wieder angekommen. So wie ein Reisender bei der Rückkehr von der Familie umringt wird, so werde ich empfangen. Der Herr Apotheker tritt wieder vor die Tür und greift mit schmerzvollem Gesicht an seinen Rücken. Er lacht und will mich mit dieser Geste fragen, ob mein Rücken in Ordnung ist. Wir bedienen uns der Körpersprache. Ich bilde mit Daumen und Zeigefinger ein „O" als Sprachzeichen für „Alles klar". Ich benutze ja schließlich sein Massageöl.

Das monatlich erscheinende Kurmagazin zeigt in der Aprilausgabe 1997 auf der Titelseite ein ganzseitiges Bild von mir – die Statue unter der Weide. Ich gehöre ganz zum Kurort.

Zufällig lese ich einmal die Mindelheimer Zeitung. Ich stutze: „Des einen Freud, des anderen Leid" – ein großer Artikel mit einem Bild. Das bin doch ich. Gemeint ist die Straßenkunst. Dieser Artikel ist der Auslöser einer lebhaften Auseinandersetzung über die Straßenkunst in Bad Wörishofen. Die Leser werden ermuntert, ihre Meinung dazu zu äußern. Werde ich hier zur Disposition gestellt? Ich bin gespannt, wessen „Leid" ich sein soll. Nun gut. Ich lese den Artikel in Ausschnitten vor...

„Gerade jetzt im Sommer ist die Fußgängerzone immer wieder voll von Straßenmusikern... oder einfach nur mit einem Radiorecorder und im Kostüm, wie der ‚Silbermann'... Schreiben Sie der MZ, was Sie an der Straßenmusik im Heilbad mögen und was nicht, in welcher Form sie weitergeführt oder erlaubt werden sollte, an welchen Tagen, oder ob Sie generell lieber auf die Freiluftkünstler verzichten möchten, weil Sie sich gestört fühlen..."

Der Artikel verwirrte und störte mich auch. Schon wie er beginnt: Die Fußgängerzone sei „voll" von Straßenkünstlern. Ich habe Insiderwissen. Also weiß ich auch, dass die Fußgängerzone leer ist und jeweils nur an zwei Tagen zu bestimmten Uhrzeiten Straßenkünstler auftreten dürfen. Und dann erhält für ganz Bad Wörishofen nur ein Künstler eine Genehmigung.

Daneben bin eben ich abgebildet, wohl als Symbolfigur für alle Straßenkünstler, die durchaus auch störend sein können. Doch dann las ich die Bildunterschrift: „Mit seiner anmutigen Pantomime begeistert der ‚Silbermann' Passanten in der Kneippstraße."

Bin ich also gar nicht gemeint? Nur die anderen? Ich war auf die Leserbriefe gespannt.

Ich greife Ausschnitte aus zwei Leserbriefen, die ähnlich waren, heraus. Meine Person wurde nicht mit einbezogen. Es handelte sich nur um allgemeine Äußerungen.

Grundsätzlich wäre gegen Straßenkunst nichts einzuwenden, wenn es so wie in Bad Wörishofen begrenzt wäre... Bad Wörishofen sei ein schöner, aber auch ein bisschen langweiliger Ort. Straßenkunst sei ein schönes Zusatzprogramm für die Gäste. Wichtig sei nur, dass sie gut sei. Und da gäbe es einen wirklich guten...

Mein Eindruck war, dass viele den Titel „Künstler" nicht verdienen. Wer hier Gitarre oder Akkordeon spielt oder nur eine Orgel dreht, den empfinden manche Kurgäste dicht am Bettlertum. Mich betrachtete man anscheinend doch als Ausnahme. Ob inzwischen der Kulturamtsleiter dazugehört, entzieht sich meiner Kenntnis.

*

Gerne erzähle ich ein paar Kurzgeschichten. Wenn ihr mich fragt, was an diesem Ort so besonders sei, dann horcht diese Geschichten an. Sie sind „typisch Bad Wörishofen". Für einen Mann war ich von besonderem Interesse. Aber, ehrlich gesagt, ich interessierte mich auch für ihn und hätte gerne mehr von ihm erfahren.

Nur wenige Menschen stehen vor mir. Aber den Herrn hätte ich auch in einer großen Menschenmenge sofort entdeckt. Er ist gekleidet mit schwarzweißen spitzen Schuhen, einer grau-weiß karierten Hose, einem eierfarbenen Jackett, einem blütenweißen gestärkten Hemd und einer großen schmetterlingsartigen bunten Fliege. Alles an ihm ist rundlich, sein Körper, sein fast glatzköpfiges Haupt. Der Hals wirft Wülste im Nacken. Er ist erstaunlich beweglich. Er wiegt seinen Körper in den Hüften, beziehungsweise dort, wo normalerweise Hüften sind, wirft immer wieder den Kopf in den Nacken und rollt verträumt die Augen. Er hat etwas Drolliges und durchaus Sympathisches an sich.

Dann reißt er die Arme hoch, wirft mir beidhändig einen Handkuss zu, um sich danach theatralisch ans Herz zu greifen. Er tritt vor mich hin, faltet die Hände vor der Brust und schaut mir in die Augen. Dann sagt der Barhäuptige zu mir: „Wenn Sie ein Mann sind, bewundere ich Ihr Spiel, sind Sie aber eine Frau, dann betören Sie mein schmachtendes Herz."

Ja, so etwas gibt's. Ohne ihn zu berühren, streiche ich ihm segnend über sein gesenktes Haupt. Ich glaube, er wähnt mich als Frau, somit entfernt er sich „schmachtenden Herzens".

Seine Worte habe ich sofort aufgeschrieben und in meine Erlebnissammlung aufgenommen.

*

Alle fünfundvierzig Minuten steige ich zum Kassettenwechsel von meinem Schemel. Mir tut auch eine kleine Pause gut. Mein Rücken verspannt sich während der Darbietung mehr und mehr. Zumeist mache ich ein bisschen Gymnastik oder setze mich auf meinen Schemel.

Tippt mir jemand auf die Schulter. Eine kleine untersetzte Frau, so um die sechzig Jahre alt, steht vor mir und schaut mich bewundernd an.

Sie gibt mir ihre Hand. „Ich muss Sie bewundern, ich muss Sie bewundern. Unglaublich, unglaublich. Was sind Sie für ein Mensch! Sie beschenken mich mit Ihrer Güte, mit Ihrer wunderbaren Ausstrahlung, nicht nur mich, alle Menschen hier. Sie sind ein, Sie sind ein... ich finde überhaupt keine Worte... Sie sind ein Mensch, der überhaupt nicht in diese Welt passt, ein so weites Herz wie Sie haben nur ganz wenige. Sie verschenken sich selbst. Dass es solche Menschen wie Sie, wie Sie... Dass es solche Menschen wie Sie überhaupt noch gibt. Sie sind von einer anderen Art. Ihre Bewegungen, so wie Sie kann sich sonst niemand bewegen. Das..."

Sie hält noch immer meine Hand. Ich will sie langsam zurückziehen, doch ihr Griff wird noch fester. Nun nimmt sie ihre zweite Hand dazu und schüttelt die meine beidhändig.

„...kann man nicht lernen. Das kommt von tief innen, aus der tiefsten Seele. Ich kann Ihre Seele lesen. Sie sind ein ganz feinsinniger, auch tiefsinniger Mensch. Das weiß ich. Das offenbaren Sie mit jeder Bewegung. Sie – sind – groß – ar – tig, - zau – ber - haft!"

Mit jeder Silbe schüttelt sie kräftig meine Hand, als wollte sie einen Staublappen ausschütteln. Ich ziehe meine Hand langsam zurück. Keine Chance. „Un – fass – bar! Gran – di – os!"

Au, jetzt tut mir gar das Schultergelenk weh!

„Ich stehe schon lange hier. Haben Sie mich gesehen? Wie lange sind Sie noch da? Ich muss unbedingt meinem Mann zeigen, was für ein Zauberwesen heute auf der Promenade steht. Der Himmel hat Sie geschickt. Ich werde heute Nacht...

Ja, Grüß Gott, Frau Feininger, Grüß Gottle. So, au im Schtädtle." Die Frau wechselt im Gespräch mühelos in ein breites Schwäbisch.

„Ja freile, des muas ma macha, bei dem scheena Wättr" (Aber natürlich, das muss man tun, bei diesem schönen Wetter), antwortet Frau Feininger.

Ich ziehe wieder meine Hand zurück, doch die Dame verstärkt sofort wieder ihren beidhändigen Griff.

„Schauet's her, mit wem i schwätz! Jetzt saget's nix me, ha."

(Schauen Sie her, mit wem ich rede! Jetzt sagen Sie nichts mehr, was. Zur Erläuterung: Im Allgäu spricht man das ‚a' von diesem ‚ha' wie das englische ‚ein', a book, zum Beispiel, dann heißt dieses ‚ha' je nach dem Zusammenhang ‚wie bitte' oder in diesem Fall etwa ‚nicht wahr'.)

„I hau's scho g'säha. Wonderschee, muas i saga. Aber wer schteckt denn do denna?" (Ich habe es schon gesehen. Wunderschön, muss ich sagen. Aber wer steckt denn da drin?)

Ohne dass die Frau zu mir schaut, redet sie weiter. „I woiß au it. Wahrscheinlich isch's a jonger Kerle. Des merk i an de Hend. Und saumäßig glimpfig isch er au." (Ich weiß auch nicht. Wahrscheinlich ein junger Bursche. Das merke ich an den Händen. Und ausgesprochen beweglich ist er auch.)

Fein, vor kurzem feierte der ‚jonge Kerle' seinen 55. Geburtstag.

„Also pfiagottle, Frau Feininger. Gruaß an da Maaa." (Also – unübersetzbarer Abschiedsgruß – Frau Feininger. Gruß an den Mann.)

„Es gibt doch noch edle Menschen auf dieser Welt." Diese Frau wechselt wieder nahtlos ins Hochdeutsche. „Wenn es doch mehr von Ihrer Sorte gäbe."

„Entschuldigen Sie bitte, lassen Sie nun doch meine Hand los."

„Sie bewegen meine Seele, wie es noch kaum jemandem gelungen ist. Jetzt gehe ich sofort heim, hole meinen Mann und wen ich sonst noch treffe."

Dann legt sie für einige Sekunden ihre Wange auf meine Hand und läuft eiligen Schrittes davon. Sie kommt tatsächlich kurze Zeit später mit ihrem Mann. Sie erscheint mir leicht enttäuscht, dass ihr Mann mich nur durchschnittlich gut findet. Dann hält sie noch jeden an, der einfach, ohne groß stehen zu bleiben, hinter den Zuschauern vorbeigehen will.

„Da müssen Sie zuschauen. Gleich bewegt er sich wieder. So etwas hat ganz Wörishofen noch nie gesehen. Diese Bewegungen! Schauen's, jetzt geht's wieder los."

*

Gerne erzähle ich „Geschichten aus dem Leben", aus dem Pantomimenleben. Ganz nebenbei, ich sage der Einfachheit halber „Pantomime", aber das Stehen als Statue bezeichne ich nicht als Pantomime, aber - gut gemacht - doch als eine gewisse Kunst. Menschen erleben, dass ich manchmal anscheinend grundlos lache. Es ist meine Eigenart, oft über meine eigenen Gedanken zu lachen. Erst neulich hielten zwei Frauen in einem Restaurant in ihrem Gespräch inne und wunderten sich, dass sogar der Tischnachbar über ihr Gespräch lachte. Nein, sagte ich, ich lache über meine eigenen Gedanken. Das war den Frauen sehr sympathisch.

In solchen Momenten denke ich an mein Leben, zum Beispiel, was ich als Straßenpantomime erlebt habe. Hier ein typisches Beispiel, bei dem ich heute noch lachen muss, wieder einmal aus Bad Wörishofen. Ich werde die Gespräche auf Schwäbisch erzählen. Das wirkt, der Region gemäß, authentisch. Hier ein Klassiker:

Ich stehe auf der Brücke. Es nähern sich mir zwei ältere Damen. Sie sind in ein Gespräch vertieft. Sie merken nicht, dass sie den an der Seite dünnen Zuschauerkreis durchbrechen und durch den Halbkreis wandern. Plötzlich schaut eine von den beiden hoch. Sie stehen so dicht vor mir, dass sie den Kopf in den Nacken legen müssen, um mich zu sehen. Ihre Blicke wandern an mir hoch, dann wieder nach unten, dann wieder hoch. Pause. ----

„Du liabs Herrgöttle, was isch denn deeees?" Beide schauen an mir hoch und wieder hinab. Sagt die Zweite: „Ja, iii woiß au it." Sie schütteln beide den Kopf. Die Zweite: „Auf jeden Fall isch des Kunscht."

Die Erste staunt nur. Die Zweite: „Des isch doch das Wäääsentliche an der Kunscht, dass ma it woiß, was es sei soll."

„Geht die Geschichte noch irgendwie weiter?", fragt Theresa.

Eigentlich nicht. Sie durchbrechen wieder den Halbkreis und entfernen sich. Das Besondere war, dass die nicht bemerkten, dass hier eine Vorführung stattfand, und sie erfuhren es auch nicht. Auch kamen sie nicht im Ansatz auf die Idee, dass jemand im Gewand der Statue stecken könnte. Das merken viele nicht, vor allem in den Anfängen, wo es außer mir fast keine Statuen gab. Da habe ich, ebenfalls aus Bad Wörishofen, das schönste Beispiel. Das habe ich zweimal erlebt, mit kleinen Abwandlungen. Ich erzähle die zweite Geschichte. Sie ist kompletter.

Wieder zwei ältere Damen. Ich sehe sie unter den Zuschauern. Auffallend ist ihr prüfender Blick. Sie wissen nicht, was sie von dieser Figur halten sollen. Leider wirft gerade niemand ein. So bleibt ihnen der Sinn unklar. Dann treten beide vor. Nichts an mir rührt sich, kein Wimpernschlag, Stille, außer dem betörend schönen zweiten Satz, dem Adagietto, aus Beethovens Siebter Sinfonie. Sie bleiben sehr dicht vor mir stehen. Mit ihrem durchdringenden Blick wollen sie das Rätsel lösen. Dann wundern sie sich über den Koffer. Geld liegt darin. Gott sei Dank gehören sie nicht zu denen, die mich anfassen. Sagt die eine: „Also jetzt wird's ja immer no schener. Jetzt stellen sie einen Koffer auf und sind selber nicht einmal da." Pause. Die andere: „Wahrscheinlich sitzt er dort drüben im Café und schaut, ob wir was reinwerfen." Pause. Die Erste: „Stimmt. Aber deeer kriegt nix."

Lydia will wissen, nachdem sich das Lachen in der Gruppe gelegt hat, ob ich mich dann mit einer Bewegung zu erkennen gegeben habe.

Einen Moment lang wollte ich marionettengleich den Oberkörper nach vorne kippen lassen. Das hätte einen Aufschrei gegeben! Das habe ich in ähnlichen Fällen später auch getan. Hier blieb ich still, weil ich wusste, dass alle Augenblicke jemand einwirft. Dann werden sie aus allen Wolken fallen. Aber sie gingen nur, einen verächtlichen Blick zurückwerfend, weiter. Sie würdigten mich auch keines Blickes mehr und sahen nicht, dass hinterher einer nach dem anderen einwarf, und ich wahre Tänze vollführte. Mich stellte zufrieden, dass die zwei mich tatsächlich für eine aufgestellte Statue hielten. Aber nachträglich bedauere ich, dass ich mich nicht bewegt oder sie mit dem Blick fixiert hatte, wie die Dame vor Jahrzehnten in Memmingen.

Bad Wörishofen war immer ein Erlebnis, obwohl es Pantomimen-Alltag war. Mindestens ein Jahr lang beschäftigte mich eine andere Idee, eine kühne. Zu träumen ist immer schön, niemand kann es dir verbieten, aber die Krönung ist immer die Verwirklichung eines Traumes. Warum sollst du ihn dir nicht verwirklichen? Natürlich wäre das ein riesiger Aufwand. Wäre er es wert? Er ist es wert. Für einen anderen Menschen niemals, aber für mich. Ich werde etwas tun, was noch nie ein Mensch getan hat.

Dann stand der Entschluss. Dafür muss ich, hin und zurück, rund tausend Kilometer fahren. Egal. Wieder stelle ich mir die Frage, wofür man lebt. Um sein Leben zu leben – in guter Harmonie mit den Mitmenschen versteht sich. Genau diesen Sinn erfüllt meine Reise. Los ging's. Nach Wien.

*

15. April 1995, Wiener Stadtpark. Ein Mann steht sicher auf seinem rechten Standbein, das „Spielbein" etwas nach links abgesetzt. Er steht aufrecht, nur der Kopf ist leicht nach vorne geschoben, um die Geige am Kinn festzuhalten. Er hält den rechten Ellbogen betont hoch. Die lockere rechte Hand führt den Geigenbogen. Das kräftige, wilde Haar, der buschige Schnauzbart und der kühne Blick verraten einen selbstsicheren Virtuosen. Der ganze Mensch, auch die Schuhe,

die elegante Hose, der perfekt sitzende Frack sind golden, auch das Gesicht, sogar die Augen.

Schon von Weitem sticht das Standbild von Johann Strauß (Sohn) ins Auge, zumal es von einem Steinrelief eingerahmt wird, bestehend aus Blüten und schwebenden Liebespaaren. Das Blumenbeet davor ist gemäß der Jahreszeit passend gestaltet. Osterglocken, Narzissen, Tulpen vertreiben mit ihrer Buntheit die letzten Reste einer Winterstimmung.

Der Walzerkönig, dessen Musik in der zweiten Hälfte des 19. Jahrhunderts die ganze Welt verzückte, pflegte sein Orchester selbst zu dirigieren und ließ es sich nicht nehmen, dabei gleichzeitig den Geigenbogen zu führen. Das Publikum spielte verrückt. Nach seinen Walzern und Polkas tanzte Wien und die ganze Welt.

Leute, die auf das Denkmal zugehen, stutzen diesmal. Manche studieren wiederholt den Prospekt „Ein Spaziergang durch Wien". Die Abbildung des Wiener Stadtparks mit dem Johann-Strauß-Denkmal sieht im Prospekt ganz anders aus als in Wirklichkeit. Am Blumenbeet steht ein zweiter Dirigent in Frack und Fliege, in der Hüfte abgekippt, Arme fast gestreckt, der Taktstock schon leicht angehoben, der Blick streng und auffordernd ins imaginäre Orchester gerichtet. Schon geht es los.

Die Violinen flirren auf dem weichen Hintergrund der Hörner und nach einem Wechselspiel zwischen diesen Instrumenten steigen die Violinen zupfend treppab und bleiben stehen. Pause. Dann: C, E, GG, EE, CC... Nur langsam setzt sich die Melodie in Gang, ganz langsam, wie ein Motor, bei dem man nicht weiß, ob er anspringen will oder nicht. Dann nimmt der Walzer „An der Schönen Blauen Donau" Fahrt auf. Die wenigen Menschen vor dem Dirigenten schwingen im Dreivierteltakt mit. Doch der Dirigent verharrt in seiner Position, erstarrt, aber einsatzbereit, das Orchester zu dirigieren, das schon längst spielt.

Zu dieser Zeit, in den Neunzigerjahren, ist noch wenig bekannt, wie man so einen Dirigenten zum Leben erweckt. Testhalber versucht es eine ältere Dame. Die Münze prallt dumpf in den noch leeren Koffer. Mit einem unscheinbaren „Toc", so nennt man in der Fachsprache das Ingangsetzen einer pantomimischen Bewegung, hebt sich langsam der rechte Arm, die Augenbrauen ziehen sich hoch, doch die Lider hängen - und mit einem eleganten Schwung des rechten Arms zieht er die Geigen in die Wellen der „Schönen Blauen Donau" hinein, sphärenhaft die Klänge und ebenso die Bewegungen des Dirigenten.

„Huch", ruft die alte Dame und lacht und die anderen Zuschauer lachen mit. „Das ist Lorin Maazel persönlich", ruft entzückt eine andere Frau. Sie löst sich vom Arm ihres Begleiters und ahmt übermütig die Bewegungen des Dirigenten nach. Einfach herrlich! Tatsächlich hat dieser statuenhafte Dirigent viel Ähnlichkeit in Statur, Physiognomie und Bewegung mit dem großen Lorin Maazel. Elfmal leitete dieser schon das vielleicht berühmteste Orchester der Welt in seinem Neujahrskonzert. Nun steht fast eine Kopie im Wiener Stadtpark. Das hat es in Wien noch nie gegeben. Mit einem „Toc" rastet der Dirigent wieder ein und ist wieder eine Skulptur. Eine andere Frau wünscht sich mit der nächsten Münze eine Fortsetzung. „Toc", die erhabenen Bewegungen fließen weiter. Gleichzeitig blickt der Dirigent zur Straße hinüber. Da ist eine ganze Gruppe im Anmarsch, jeder mit einem dicken Fotoapparat vor dem Bauch. Japaner. Auf dem Kölner Domplatz stellen sie sich in Gruppen auf und fotografieren sich gegenseitig, am Münchner Marienplatz verfolgen sie das Glockenspiel, in Weimar lichten sie sich mit Goethe und Schiller ab, in Dinkelsbühl habe ich sie schon erlebt, wie sie im Restaurant ihre Mahlzeit - mit Makroeinstellung - fotografieren, bevor sie diese verspeisen... Das alles geht dem neuen Dirigenten durch den Kopf, als er die Gruppe auf sich zukommen sieht.

Die Frau an der Spitze ruft freudig: おお、見てごらん。何て素晴らしいんだ

Die Japaner sind begeistert. Einer nach dem anderen positioniert sich neben dem Maestro und lässt sich fotografieren. Als der Letzte dran ist, wirft eine Dame fünf Schilling in den Koffer, nicht, um den Mann im Frack dirigieren zu sehen, nein, als Dank für die Geduld beim Fotografieren.

Der Dirigent bewegt sich.

おお、彼は動いている! kreischt eine Japanerin. Und die anderen lachen ははははは!

Jetzt erst verstehen sie, wie dieser Dirigent funktioniert. Fröhlich werfen sie einige Münzen nach und bestaunen den neuen Walzerkönig. Am Ende rufen sie ihm さようなら zu, winken, spazieren fröhlich weiter und fotografieren den nächsten Baum.

Wisst ihr, mir geht es da ganz besonders, wenn ich Johann Strauß höre. Wirklich. Soll mir ja nicht einer kommen und sagen, das wäre nur ein stupides „Hum-Ta-Ta". Nie und nimmer. Versucht mal, auf einen Strauß-Walzer zu tanzen. Das geht nur, wenn ihr jeden Ton mitfühlt. Einmal pointiert er lustvoll eine einzige Note, dann sinkt der ganze Walzer in sich zusammen, bleibt stehen, wechselt hinüber in ein Schwanken, Flimmern, Torkeln, völlig ohne Rhythmus. Erst allmählich schimmert die Grundmelodie durch und entwickelt sich zum Tanz. Dann schweben wieder die Violinen herein, jubeln die Hörner, trällern die Klarinetten, donnert die Pauke. Ganz abgesehen von den Tempiwechseln. Wie ein lauffreudiges Pferd stürmt der Walzer dahin, wird dann gebremst – bis zum Stillstand - und dann, dann, endlich, nach langem Zögern werden die Zügel wieder frei gegeben. Diese Erlösung nach dem Innehalten! Unter diesem Gesichtspunkt müsst ihr nur einmal den Anfang von „Wiener Blut" hören, ich meine den Übergang vom Vorspiel zum Walzer. Tut's mal. Wirklich. Das ist ein Erlebnis! Ach, es gibt unzählige Beispiele. Mich stört es ungemein, wenn ich Menschen bei einem Strauß-Walzer nur hin- und herpendeln sehe, beim Wiener Opernball zum Beispiel. Schrecklich. Das ist mir ein körperlicher Schmerz. Aber ich glaube, es geht nur mir so. „G'schichten aus dem Wiener Wald", mein Lieblingswalzer, beginnt mit einem endlosen Vorspiel ohne Walzertakt. Es ist eine Beschreibung des Waldes, die Waldhörner tönen, Klarinetten imitieren Vogelgezwitscher. Dann – der Übergang zum Walzer... Noch nie habe ich einen Passanten erlebt, ja, noch nie, der an dieser ungewöhnlichen Stelle innegehalten hätte. Wieder bewegt sich der Walzer, schüchtern anschleichend, dann – wie ein tanzender Falter.

Ein anderes Beispiel. Den Gefangenenchor aus „Nabucco" kennt irgendwie jeder. Das Vorspiel ist ein grimmiges Wummern, unterbrochen von spannungsgeladenen Pausen, und bevor der Chor einsetzt, gerät die Melodie in ein Taumeln, das mich an ein stehendes Schiff bei hohem Wellengang erinnert. Dann, dann setzt ein hundertköpfiger Chor ein, samtig und melodisch. Genau an dieser Stelle spazieren viele Leute weiter. Die merken nicht, dass hier eine der markantesten Passagen der Musikgeschichte gespielt wird. Ich empfinde es so. Auch wünsche ich mir jedes Mal, dass genau in diesem Moment jemand eine Münze in den Koffer wirft, weil ich diesen Part so schwebend interpretiere, wie er gesungen ist. Niemand wirft ein, zumindest genauso zufällig wie bei einem unbedeutenden Übergang. Ich stelle fest, dass bei einem eher nichtssagenden Stück vorher, wo ich mich mit meinen Bewegungen sehr schwer tue, genauso viele Menschen stehen wie beim „Gefangenenchor".

Aber da steht der Dirigent im Stadtpark. Immer mehr Leute sammeln sich dort. Der Dirigent nimmt jede Schwingung des Orchesters und des Publikums auf, steigert sich in seiner Darbietung. Das ist viel mehr als Taktschlagen. Er mahnt das Orchester, treibt, bremst, lobt und tadelt es mit Gesten, hüpft, duckt sich, empört sich und freut sich, rollt mit den Augen, spielt den Übermütigen. Das ist nicht nur Lorin Maazel, auch der hüpfende Leonard Bernstein, der abgehobene Herbert von Karajan, der leidenschaftlich fordernde Carlos Kleiber oder Willi Boskovsky in seiner wienerischen Väterlichkeit. Die Stimmung im Publikum schäumt auf. Das vorsichtige Beäugen schlägt um in Euphorie. Dann tanzt der halbe Stadtpark.

Menschen, die einfach nur im Stadtpark spazieren gehen wollten, schreiten nun mit würdig erhobenem Haupt, begrüßen sich mit einer noblen Handbewegung und sanftem Kopfnicken. Unter der Schnellpolka „Donner und Blitz" galoppieren sie die Wege entlang. Sie umarmen sich gegenseitig, um dann beim Walzer „Sphärenklänge" mit geschlossen Augen derwischartig zu kreiseln. Ach lieber Gott, könntest du nicht bei diesem Walzer die Schwerkraft aussetzen? Dieser Walzer gehört eigentlich nur in Himmelssphären, auf Wolken getanzt. Jeder macht individuell das, was ihm gerade in den Sinn kommt, und doch gibt es in der Gemeinschaft eine Gesamtharmonie, die niemand bestimmt – wie bei einem Schwarm von Zugvögeln oder Fischen. Ob jemand Geld einwirft, ist völlig egal. Alle fliegen, ausgeklinkt vom Alltag. Leute, die zufällig vorbeikommen, reihen sich ein. Das Wien des späten neunzehnten Jahrhunderts ist zurückgekehrt, hierher in den Stadtpark. Johann Strauß thront goldglänzend über allem. Der Dirigent daneben ist der Zeremonienmeister für die Stadtparkbesucher. Die Tanzenden schwärmen aus, kehren wieder zurück, bilden Kreisformationen, mischen Polonaise mit Walzer.

Zwei Stunden lang dauert das Festival. Dann steigt der Dirigent ab. Lange hat er noch Fotowünsche zu erfüllen oder er bleibt in feingeistigen Gesprächen über Kunst hängen.

So war's, ihr Lieben. Die tausend Kilometer mit dem Zug haben sich gelohnt.

Der einzige Sinn des Lebens ist, es gut zu gestalten, andere zu beschenken. Wenn ich so denke, überwinde ich meine Hemmungen. Vor solchen Auftritten sage ich mir das jedes Mal, im Leben geschieht so viel Alltägliches, sprenge den Trott der Langweiligkeit!

Ich handelte in Wien wie in vielen anderen Städten auch. Ich kümmerte mich nicht um eine Genehmigung. Da ich in dem Park aber nie einen Straßenkünstler antraf, hatte ich schon ein schlechtes Gefühl. Oft ist auch das Abspielen von Tonträgern verboten. Bis man zum Beispiel in einer Großstadt das entsprechende Amt findet, ist der halbe Tag vorüber. Ich baue mich an einer Stelle auf, wo ich nach Möglichkeit keinen Anwohner störe. Sollte sich jemand gestört fühlen, dann ziehe ich ab. Das ist alles. Sollte ein Polizist eine Genehmigung verlangen, dann breche ich ab. Das kommt selten vor. Einen Disput gab es kaum einmal, da ich mich verständig zeige. Ich bin ja nicht im Recht. Aber mir ist diese Methode lieber, als die halbe Zeit auf Ämtern zu verbringen. Ganz nebenbei, meistens war eine Genehmigung auch nicht nötig.

Tausend Kilometer bin ich mit der Bahn gefahren, um Johann Strauß zu dirigieren. Ich wollte das nicht irgendwo tun, nein, genau an der Stelle in Europa, wo es am passendsten ist, in Wien neben seinem Denkmal.

Manchmal kann man sich über den Rundfunk einen Herzenswunsch, der nicht mit Geld zu bezahlen ist, erfüllen. Der meine wäre eindeutig, einsam thronend über allen anderen Wünschen, die Wiener Philharmoniker zu dirigieren – als Pantomime versteht sich. Eine ganz schlechte Figur würde ich nicht abgeben. Gleich werde ich euch sagen, warum ich mir da ziemlich sicher bin.

*

„Ein Teil von uns kennt nach unserer Freizeit in Hirschegg die Breitachklamm", beendet Herbert den Abend. „Ich bereite euch schon heute auf den morgigen Tag vor. Ich habe keine Wiederholung dieser Wanderung vor. Aber morgen durchsteigen wir wieder eine Klamm. Wer kennt die Partnachklamm? Niemand? Sie ist auch relativ unbekannt, zumindest für Nicht-Allgäuer. Morgen ist ein warmer Sommertag angesagt. Nehmt eure guten Wanderschuhe. Es geht teilweise ordentlich bergauf. Ich kann nur sagen, dass ihr euch auf den morgigen Tag freuen könnt."

In Fahrgemeinschaften geht's den Bergrücken hinunter auf die gegenüberliegende Talseite nach Burgberg. Der Grünten stürzt mit seinen Hängen in den Ort hinein. Die Sonne wärmt das ganze Tal. Es ist der richtige Tag, um eine Schlucht zu begehen.

Die Starzlach hat eine Kerbe in den Grünten geschlagen, die unten im Flussbett teilweise nur noch einen Meter breit ist. Die Wege entlang der steilen Felsen sind gut gesichert. Canyoning ist gar auf dieser kleinen Starzlach möglich. Ein paar Abenteurer, mit roten Sicherheitswesten bekleidet, kämpfen sich durchs Flussbett. Für Boote ist die Klamm viel zu eng. Es ist eine verwegene Wanderung in einem Sturzbach. Man kann sich im Wasser treiben lassen, sich über Felsen abseilen, an ihnen hinabrutschen oder mit einem kühnen Sprung in ein tiefes, von einem Wasserfall geschaffenes Becken springen.

Unser Weg führt bergauf, verlässt die Starzlach, um uns dann in Serpentinen hinaus auf weite Almwiesen zu leiten. Die Sonne scheint inzwischen auf die Westhänge des Grünten. Auf der Terrasse einer gemütlichen Hütte zu verweilen oder in den Wiesen zu ruhen, ist das ganze Nachmittagsprogramm. Es ist nicht so leicht, gar nichts zu tun, keine Termine, keine Pflichten zu haben und das zu akzeptieren. Unsere Freunde sind in dem Alter, wo das gut gelingt.

„Die nachfolgenden Generationen werden sich da eventuell schwerer tun. Sie gehen kaum ein paar Meter ohne Ohrenstöpsel, ohne zu telefonieren oder auf irgendwelchen Geräten herumzufingern“, fügt Beate bei dieser Gelegenheit ein.

„Gegenüber von uns seht ihr unser Ofterschwanger Horn“, erklärt Herbert die Gegend von dieser Seite aus. „Man kann sogar den Allgäuer Berghof erkennen und nicht weit davon liegt unsere Hütte.“

*

Als Mimo habe ich nicht mehr viel zu erzählen. Ich spürte, dass meine Zeit vorüber war. Ich hatte keine Lust mehr. Ich fühle mich auch nicht mehr so toll. Auch die Zeiten für Straßen-Pantomimen sind ganz allgemein vorüber. Es gibt zu viele davon. Hervorragende und viel zu viele Nichtskönner, die eine Kunst zu Grabe tragen. Ich spürte schon längst, dass mein Ende eingeläutet war. Aber ich wollte es nicht wahrhaben. Ich tat es nur noch für mich, ohne darauf zu achten, wer und wie viele einwarfen.

Zu Hause bewege ich mich auf Musik. Daraus entwickelten sich neue Ideen. So heißt ein Stück, das ich nun auf der Bühne präsentiere „Der Tanzkurs". Mit Inbrunst verkörpere ich einen schrecklich unbegabten, verklemmten Tanzschüler und einen abgehobenen, narzisstischen Tanzlehrer. Aus dem Wechselspiel zwischen diesen beiden ergibt sich eine äußerst komische Nummer. Bei den meisten meiner Bühnenstücke spielt Musik eine große Rolle. Meinen Erfolg aber habe ich zum großen Teil meiner fünfzehnjährigen Erfahrung auf der Straße zu verdanken. Obwohl ich relativ kurz auf der Bühne stehe, sind meine Stücke ausgereift, sagt zumindest die Kritik. Aber nun zu meinem Abgesang als Straßenkünstler:

*

Immer mehr beleidigen mich folgendermaßen: Sie werfen ein und gehen, ohne sich umzuschauen, weiter. „Der arme Hund soll auch was haben." Das ist mein Abstieg zum Bettler.

Irgendwann gab es mehr Statuen als alle anderen Künstler zusammengenommen. Sie malen sich golden an, stehen gelangweilt rum, pfeifen einem nach und zeigen auf ihren Hut, „Los, wirf ein", ist ihre eindeutige Geste. Das sind ungehobelte Menschen, die zum Beispiel an einem solch würdigen Ort wie der Frauenkirche in Dresden stehen. Neulich standen sie zu zweit links und rechts des Eingangs kurz vor dem Gottesdienst und nötigten mit ihren Gesten Passanten und Kirchenbesucher. Die Glocken läuteten schon. Wer genehmigt solche Aufdringlichkeiten?

Ich bin auch schon oft als „Gesindel" eingestuft worden. Die bösen Blicke verraten alles. Das genervte Wegschauen genauso. In München stand ein halbes Jahr lang eine Bande. Meistens standen ein Mann und eine Frau. Sie hatten sich aus kitschigem Glitzerstoff goldene Kleider genäht. Auch der Mann trug ein weit ausgestelltes Frauenkleid aus Billigstoff – schon der Anblick war eine Verschandelung des Marienplatzes mit der Mariensäule und dem altehrwürdigen gotischen Rathaus. Sie standen auch nicht still. Sie standen einfach rum. Es gab genügend Menschen, die sich zusammen mit dieser Bande fotografieren ließen. Warf man etwas in den Korb, dann grinste einem ein verfaulter Mund entgegen. Ihr Gesichtsausdruck zeigte etwas Brutales, was eigentlich zu dem unsagbar geschmacklosen Kleid keinen großen Gegensatz darstellte.

Ich legte der Frau einen Zettel in den Korb. „Sie sind der Tod der Straßenkunst." Sie stand noch den ganzen Sommer lang.

Eine riesige organisierte Bande besetzt seit Jahren den Englischen Garten. Sie hat den letzten guten Musiker, den letzten Puppenspieler vertrieben.

Es war ein Prozess. So wie der riesige Aralsee in Russland langsam versiegt, so versiegte bei mir nach und nach meine Quelle der Inspiration. Ich musste auch immer mehr investieren, um das Publikum zu fesseln, denn das wurde immer gleichgültiger. Es war übersättigt. Die Passanten sind müde von den Ziehharmonika spielenden Nicht-Künstlern. Zu viel fahrendes Volk, von dem sich nicht wenige als Statue versuchen, führt die Idee der Straßenkunst auf den Scheiterhaufen. Das war die erste Stufe. Die Glut in mir war noch heiß, flackerte immer wieder auf. Aber ich wurde müde und lustlos. Das war die zweite Stufe. Die dritte Stufe war der Frust. Die war von kurzer Dauer. Dass ich die überhaupt noch mitmachte, lag daran, dass ich es nicht glauben konnte, dass die Uhr abgelaufen ist. Die Demütigung war es. Wenn jemand zusammengekauert am Straßenrand hockt, auf Kniehöhe der Menschen, dann ist es kein Wunder, dass er sich gedemütigt fühlt. Fast noch schlimmer ist es, wenn du auf einem Sockel stehst und die Leute missachten dich genauso wie kauernde Bettler, dann ist der Gipfel der Demütigung erreicht.

Nun bleibe ich bei dem Vergleich mit dem Aralsee. Der versiegt nicht einfach so. Es ist die Schuld der Menschen, dass einer der größten Seen der Erde bald Salzwüste sein wird. So waren es auch Einflüsse von außen, die mein heißes Feuer der Freude zu Asche machten. Aber alles hat seine Zeit. Der Aufstieg war rasant. Es folgte ein Hochplateau von fast zehn Jahren und dann eine langsame aber unaufhaltsame Talfahrt. Ich fange nochmal Stimmungen von damals ein:

Ein Mädchen erscheint rechts hinten, ich höre ihre Stimme nur leise, dann durchbricht sie den Zuhörerkreis und läuft telefonierend fast in mich hinein, merkt es aber nicht.

Ein Mädchen erscheint rechts hinten, ich höre ihre Stimme nur leise, dann durchbricht den Zuhörerkreis läuft laut telefonierend fast in mich hinein, merkt es aber nicht.

„Du-u, Conny, ich hab' mir einen neuen Pulli gekauft. Ja, ehrlich, wenn ich's dir sage. Welche Farbe? Türkis. Echt geil. Weißt du, der Ausschnitt fängt an den Schultern an. Und nein, also so gewagt ist er auch wieder nicht. Aber du wirst staunen. Er ist so ähnlich wie..."

Stimme und Mädchen verschwinden. Sie merkt auch nicht, dass sie mitten durch einen Halbkreis von Menschen geht. Sie verschwindet auf der anderen Seite. Dann ist sie weg. Sie weiß nicht, wo sie geht.

Es dauert nicht lange. Taucht von der anderen Seite wieder ein Mädchen auf...

„...und, bist du immer noch so verliebt in ihn... Jetzt komm', mir kannst du's ja erzählen... Waaaas? Du gehst nicht mehr mit Kevin! Das darf doch nicht wahr sein. WOW! Echt krass. Waaaaas? Du gehst jetzt mit Arthur! Hat der mit Janine Schluss gemacht? Seit wann? Also, ich hab es ja gleich gewusst. Den Kevin, den mochte ich ja auch nie..."

Dann ist sie weg.

Beide merkten nicht, dass hier Musik läuft und ich mitten in einer Vorführung bin. Ungeniert quatschen welche ins Telefon – in einer Lautstärke, kann ich euch sagen. Das passiert mir überall, im Zug, im Restaurant. Diese Menschen dominieren die ganze Umgebung. Diese Lautstärke, diese Wichtigkeit, diese Ignoranz! Vor noch nicht allzu langer Zeit gab es Telefonhäuschen. Wehe, es hätte einer die Türe aufgemacht oder an der Scheibe gehorcht. Aber jetzt plärren die Leute ihre privaten Dinge mitten in die Räume hinein. Eine neue Generation wächst heran, die mit ihren iPads irgendwo sind, nur nicht in der Welt, in der sie sich gerade aufhalten.

Die Menschen, die laut gestikulierend - ohne Gesprächspartner - durch die Gegend rennen, die kamen erst später. Neulich kreischte extrem laut eine Frau in der Münchner Fußgängerzone: „Warum machst du das mit mir! Warum machst du das mit mir! Sag es! Sag es, du Schwein!" Sie schlug mit den Armen. Die Stimme überschlug sich. Sie stand alleine. Sie hatte kein Telefon. Dann erst sah ich, dass sie so ein Kopfhörertelefon benutzte.

Solche Menschen gab es erst nach meiner Zeit auf der Straße. „Ich habe 617 Facebook-Freunde und keinen Freund", klagte einmal ein Schüler von mir. Ja, ja, der leibhaftige Mensch wird als Freund immer seltener. Und so langsam spüre ich, dass ich als Statue immer blasser werde - in den Augen der Menschen, meine ich.

*

Es ist wieder in Kempten. Der Schlusspunkt, der Grabgesang. Ein älteres Ehepaar bleibt einen Meter vor meinem Koffer stehen. Sie müssen mich sehen. Sie stehen frontal zu mir. Ludwig van Beethovens 5. Sinfonie donnert, dass mein Koffer vibriert. Meine Bewegungen sind spannungsgeladen. Dieses Ehepaar trifft direkt vor mir ein anderes.

„Ja, griaß di, Hedwig, griaß di Hans."
„Ja, des isch aber schee, dass mir eich treffet, ja eieieieiei."
„Ja, so was, seid ihr au in dr Schdat, ja waas, ja waas."
„Ja, ja, mir send au in dr Schdat."
„Ond schee Wettr isch."
„Ja, ja, des Wettr isch au schee."
„Geschtern war's Wettr ja it so guat."
„Ja, ja, geschtern war's it so guat..."

Gegen dieses Geschwätz ist Smalltalk eine hochintellektuelle Angelegenheit. Es gibt Menschen, die können stundenlang reden, ohne dass sie wirklich etwas mitteilen. Merken die denn nicht, dass sie im Zentrum meines Wirkungskreises stehen! Wenn der Mann, dieser Hans, einen halben Schritt zurücktritt, schlägt er an meinem Koffer. Das waren noch Zeiten, als das Publikum in einem Radius von zehn Metern stand. Beethovens 5. Sinfonie lässt die Luft erzittern und reflektiert sich an den Hauswänden. Der kleine Platz in der Kemptener Fußgängerzone ist ein Konzertsaal.

Vor mir, der Hans, hat es gleich geschafft. Er tritt nun mit der Ferse fast in meinen Koffer.

„Gant ihr au zum Eikaufa?"

„Ja, ja, mir gant au zum Eikaufa. Heit friah hot d' Hermine zu mir gsagt, komm Sepp, heit gehn mir zum Eikaufa. Ja, hab i gsagt, heut gehn mir zum Eikaufa."

„Mir schauet halt, was es so alles gibt."
„Do hant ihr recht. Des dont mir au. Ja, ja, so isch es halt. Sooo sooo, jaaa jaaa."

So geht das bedeutungslose Geschwafle weiter und weiter. Ich greife nicht ein, weil ich meine Bedeutungslosigkeit nicht fassen kann. Die vielleicht markantesten vier Töne der Musikgeschichte, drei Mal das „G" und einmal das „Es", der Anfang von Beethovens „Fünfter", wiederholen sich. In Fortissimo! Der Hans merkt überhaupt nichts und die anderen drei, die Hedwig, der Sepp und die Hermine auch nicht. Ich tanze auf meinem Schemel und schlage dem Hans fast auf den Hinterkopf. Der Hans merkt nichts. Ich steige vom Schemel.
„Sehen Sie nicht, dass ich etwas vorführe und Sie mitten in meinem Wirkungskreis stehen?"
„Oh, Entschuldigung. Mir hant gar it g'merkt..."
Ich wende mich ab, klappe den Koffer zu – FÜR IMMER.
Einmal ist Schluss – in einer Sekunde. Das war der letzte Atemzug Straßenstaub.

*

Heute ist der Abreisetag. Nach dem Frühstück und nachdem die Koffer schon im Hausgang stehen, trifft man sich vor der Hütte. Das Panorama ist allen vertraut und wird zu den Kostbarkeiten zählen, die man von diesem Aufenthalt mitnimmt.

Mimo: „Was ich in dieser Woche erzählt habe, ist die lange Vorlaufzeit meiner tatsächlichen Arbeit als Pantomime, die man mit Straßenkunst in keiner Weise vergleichen kann. Maske, so etwas gibt es nicht mehr. Auch von Versteck- und Verwirrspielchen habe ich genug. Die wirkliche Pantomime lebt von der Mimik. Das Potenzial für die Bühnenarbeit habe ich mir im Laufe des Lebens erworben. Dann nahm ich mir Lehrer, solche, die zu den besten Europas zählen. Am meisten hat mir Peter Makal geholfen."
„Oh, Peter Makal hat doch ein eigenes Theater in Stuttgart! Ich kenne ihn gut." Theresa ist eine Theatergängerin, auch das Pantomimentheater schätzt sie sehr.
„Ja, Peter Makal hat mich in einer Woche zu einem Solopantomimen

geformt, ihr habt recht gehört, in einer Woche. Er unterrichtete mich sieben Tage lang, dann stellte er mir seine Bühne für ein Abendprogramm zur Verfügung. Vor einigen Jahren übergab er seiner ersten Pantomimin, Giselle Schwenk, die Leitung. Giselle, der ich auch viel zu verdanken habe, verstarb bald nach der Übernahme. Das Theater wird wohl nicht mehr weitergeführt. In ganz Süddeutschland gibt es nichts Vergleichbares mehr."

„Soweit ich informiert bin, hast du auch eine Ausbildung für Orchesterleitung oder etwas Ähnliches absolviert." Herbert forciert noch einmal das Thema Pantomime, weil er zu gerne noch einmal die Geschichte vom Gärtnerplatz, die er kennt, hören will.

Nein. Eine Ausbildung habe ich nicht. Aber irgendwie schon. Kompliziert, gell. Wie soll ich das erklären. Leg' ich mal los:

Es war Anfang der Sechzigerjahre. Da kauften wir uns einen Fernsehapparat, schwarz-weiß gab's damals nur. Da wurde am ersten Januar das Neujahrskonzert der Wiener Philharmoniker übertragen. Es wurde zu einem Schlüsselerlebnis für mein Musikverständnis. Ich kann es auch nicht erklären, warum mir Johann-Strauß-Musik durch Mark und Bein geht. Das habe ich längst erzählt. Mein Blick war dauernd auf den Dirigenten gerichtet. Auf Willi Boskovsky! Mit welchem Charme er das Orchester leitete, mit welcher aufmunternden Heiterkeit er jeden einzelnen Musiker forderte, wie er sich selbst als Bestandteil des Orchesters fühlte, vor allem, wenn er wie Johann Strauß selbst zur Violine griff und, zum Publikum gedreht, mitspielte... Willi Boskovsky.

Was gehört zum Programm eines Wienbesuchs? Der Stephansdom, der Prater, die Hofburg, vielleicht wird sich mancher im Fiaker durch die Innenstadt kutschieren lassen, die Caféhauskultur genießen. Natürlich habe ich das alles erkundet, war auch draußen in Grinzing. Aber ich besuchte auf dem Zentralfriedhof auch Willi Boskovsky. Diese Ehrerbietung war ich ihm schuldig. Er liegt nicht weit von Mozart und Beethoven entfernt. Ich bedankte mich bei ihm für seine Musik, die er der ganzen Welt geschenkt hat. Einundzwanzig Mal hat er das Neujahrskonzert geleitet, so oft wie kein zweiter, so wienerisch wie kein zweiter. Nie empfand ich die Wiener Philharmoniker und Orchesterleiter als eine solche Einheit. Die größten Dirigenten der Welt folgten nach ihm, Bernstein, Karajan, Kleiber, Maazel und andere. Gut, Kleiber sehe ich als den grandiosesten von allen an, aber Boskovsky öffnete wie kein anderer das Wiener Herz vor der ganzen Welt.

Von dieser Zeit an verinnerlichte ich die Bewegungen, Mimik und Gestik aller großen Dirigenten. Einer meiner Freunde schenkte mir eine DVD mit der Zweiten Sinfonie von Johannes Brahms und – für mich die Steigerung – die Siebte Sinfonie von Ludwig van Beethoven, beide Male von Carlos Kleiber dirigiert, vielleicht nie mehr erreichte Spitzenleistungen der Dirigierkunst. All das erzähle ich, um euch verständlich zu machen, dass ich, ohne das Dirigentenhandwerk je studiert zu haben, doch eine Menge davon verstehe. Ich übte für mich am Spiegel und dirigierte dabei die Ouvertüre zu „Pique dame" von Franz von Suppé. Ich liebe dieses Stück, vor allem, weil man es hervorragend dirigieren kann. Vom Pianissimo einer einzelnen Flöte bis zum Fortissimo des gesamten Orchesters, vom fließenden Legato bis hin zu abrupten Unterbrechungen mitten im Stück, alles ist geboten und kann fabelhaft, mit pantomimischer Überzeichnung, dirigiert werden. Aus purer Freude übte ich zu Hause dieses Stück, ohne je an eine Aufführung zu denken. Aber einmal, an einem Geburtstag, tat ich es doch. Mein Leben als echter Pantomime nahm seinen Lauf. Entschuldigt, wenn ich so weit aushole. Aber ihr versteht dann besser, was ich euch jetzt erzähle.

*

Es ist ein warmer Sommermorgen im Juli 2009: Ich höre Radio, Bayern IV Klassik. „Liebe Zuhörer, wir machen Sie auf eine wunderbare Veranstaltung aufmerksam, vor allem für unsere Hörerinnen und Hörer, die in München wohnen. Das Theater am Gärtnerplatz öffnet für Sie alle Tore und bietet Ihnen heute ein buntes Programm. Sie hören Opern- und Operettenmusik, können mit Mitgliedern des Ensembles plaudern, können sich hinter den Kulissen umschauen, Sie erleben außerdem einen Dirigentenwettbewerb..." Wie bitte? Habe ich richtig gehört? Dort gibt es einen Dirigentenwettbewerb! Den würde ich gerne miterleben. Vieles interessiert mich, aber dieser Wettbewerb am meisten. Also radle ich in die Stadt.

Von Weitem sehe ich rote Teppiche, auf denen prunkvoll kostümierte Menschen flanieren. Ich betrete das Theater. Gerade werden die Möglichkeiten der sechsundzwanzig Meter hohen Bühnentechnik erklärt.

„Entschuldigen Sie, wann findet der Dirigentenwettbewerb statt?", frage ich einen Menschen in Frack und Zylinder. „Augenblick, mal nachsehen... um siebzehn Uhr." „Vielen Dank", sage ich und denke, „jetzt ist es vierzehn Uhr, ob ich so lange bleibe, weiß ich auch nicht." Ich schlendere durch die Gänge. Dann entdecke ich eine Theke. Darüber steht:

ANMELDUNG ZUM DIRIGENTENWETTBEWERB. MELDESCHLUSS 15 UHR

Mir gibt es einen Stich. Jetzt ist vierzehn Uhr dreißig. Wie ein Tiger im Gitterkäfig pendle ich an der Theke hin und her, dann fasse ich mir ein Herz. „Äh, Entschuldigung..." „Ja, bitte..." „Ach nichts." Ich entferne mich von der Theke und verschwinde im Labyrinth der Gänge. Jetzt ist es dreiviertel drei Uhr. „Äh, Entschuldigung..., äh, ich hätte eine Frage..." „Ja, bitte..." „Kann bei dem Wettbewerb jeder mitmachen?"

„Prinzipiell jeder, vorausgesetzt er versteht etwas vom Dirigentenhandwerk. Eine hochrangige Jury bewertet Sie, und Sie können Ihren Wert als Dirigent einschätzen."

„Ach soooo."

„Geben Sie sich einen Ruck. Es ist bald Meldeschluss..."

„Welche Stücke muss man da dirigieren?"

„Drei stehen zur Auswahl. Alle drei sind von Johann Strauß. ‚An der schönen blauen Donau' und der ‚Kaiserwalzer', jeweils von Johann Strauß Sohn, und der ‚Radetzkymarsch' von Johann Strauß Vater."

„Aha."

„Wenn Sie Orchestererfahrung haben, machen Sie doch mit! Nur keine falsche Bescheidenheit!"

Ich hebe die Hand. „Oh nein! Danke für Ihr Angebot." Ich hebe nun beide Hände und entferne mich rückwärts.

Ich verschwinde im Malstrom der Menschenmassen. Selten in meinem Leben fühlte ich mich so aufgewühlt. Wieder stelle ich mir meine Standardfrage: Was kann dir im schlimmsten Fall passieren? Eventuell, dass du vor einem gnadenlos pfeifenden Publikum mit großem Abstand Letzter wirst. „Unerhört, meldet sich da einer, der keine Ahnung hat, überhaupt nicht vom Fach ist", höre ich die Jury. Hältst du das aus? Nein, sage ich, nein, das tue ich mir nicht an.

Innerlich bleibe ich aber hartnäckig. „Ich tue doch nichts Schlimmes. Man wird mich schon nicht verhaften. Bisher habe ich mir im Leben immer etwas Unvergessliches beschert, wenn ich mutig war. Hier zu dirigieren, hat doch nichts mit Waghalsigkeit zu tun..."

Es ist fünf Minuten vor drei Uhr. Ich kehre um, gehe schnurstracks auf die Theke zu. Als mich die Dame auffordernd anblickt, erstarre ich und kehre um. Doch ich kehre wieder zurück.

Hilde meldet sich.

Frage nicht, ich kann es selbst nicht erklären, warum ich noch einmal zurückkehrte. Mein Gefühl kann ich beschreiben. Es sagte mir: Du machst vielleicht etwas Falsches, aber wahrscheinlich nicht. Und dann wird es ein unvergessliches Erlebnis - eventuell.

„Entschuldigen Sie, jetzt bin ich doch hier. Ich melde mich an."

„Na, das freut mich." Die Dame reicht mir ein Formular. „Füllen Sie das hier bitte aus."

Auf der letzten Zeile trage ich das Stück ein, das ich dirigiere. Stück Nummer Drei „Radetzkymarsch" von Johann Strauß Vater. Die „Schöne blaue Donau" und den „Kaiserwalzer" beherrsche ich im Schlaf, weiß genau, wann ich ein Crescendo, wann ein Decrescendo verlange, wann die Hörner den Ton halten müssen, während die Trompeten in ein Stakkato wechseln. Alles weiß ich auswendig. Nur beim Radetzkymarsch fühle ich mich ein wenig unsicher. Trotzdem wähle ich ihn, weil ich - ich glaube, mich reitet der Teufel - einen besonderen Effekt einbauen will.

„Hier haben Sie die Partitur." Die Dame reicht mir ein großes, in Leder gebundenes Buch über die Theke. Mir rutscht das Herz in die Hose. Noten kann ich lesen, aber zum ersten Mal in meinem Leben sehe ich eine Partitur. Ich schlage die erste Seite auf. Zehn Zeilen sehe ich da: Erste Geige, zweite Geige, Cello, Bass, Hörner, Trompete, Klarinette, Querflöte, Fagott, Oboe, ob die Perkussion auch eingetragen war, kann ich mich nicht erinnern. Ich blättere weiter. Interessanterweise kann ich in dem Meer von Noten genau erkennen, wo sich das Orchester gerade befindet.

Noch genau zwei Stunden bis zum Wettbewerb. Nachträglich kann ich vieles nicht erklären, zum Beispiel, dass ich noch die Nerven besaß, quer durch die Stadt nach Schwabing zu radeln, um meiner Frau mitzuteilen, dass ich in einer guten Stunde im Gärtnerplatztheater als Dirigent auftrete. Sie kam dann mit dem Fahrrad nach und hat den Wettbewerb fotografisch dokumentiert. Ich kann euch die Bilder zeigen.

Ich kehre abgehetzt ins Gärtnerplatztheater zurück. Meine Kollegen, oder soll ich sagen Konkurrenten, haben sich in den Kellergewölben versammelt. Einer erscheint mir besonders nervös. Ein toller Musiker, kann ich euch sagen. Ich habe ihn erst vorhin auf der Bühne als Pianist erlebt. Aber nervös ist der vielleicht. Mit der Partitur auf dem Schoß sitzt er auf der Kellertreppe und zeichnet in Miniaturbewegungen seine Dirigiernummer nach. Die anderen kann ich nicht einschätzen. Ein älterer Herr kommt mir für diese Veranstaltung etwas daneben vor, sicher ein netter Kumpel, aber irgendwie so rau, so kulturlos.

Ich sollte mich nicht geirrt haben. Mit einem jungen Burschen, fein, zart, ordentlich gescheitelt, komme ich ins Gespräch. Er macht mir einen sehr sympathischen Eindruck und scheint von höchster Kompetenz. Doch bald schweigen alle.

Die Partitur schaue ich nicht mehr an. Ich dirigiere mindestens fünfmal in Gedanken das Stück durch, wie ein Skiläufer, der vor dem Start mental den Slalomkurs durchfährt. Messungen haben ergeben, dass er dabei genauso lang braucht wie für den Lauf selbst.

Natürlich weiß ich genau, wo die einzelnen Orchestermitglieder sitzen. Die Sitzordnung eines klassischen Orchesters war zum Beispiel eine Prüfungsfrage in der Sportakademie Grünwald. Ich war damals gut vorbereitet und weiß die Sitzordnung heute noch exakt. Aber da sollte ich eine Überraschung erleben. In einem Orchestergraben ist die Sitzordnung teilweise anders, aus Platzgründen, denke ich mal.

„Noch fünf Minuten, dann startet Nummer eins“, höre ich eine Stimme aus dem Orchestergraben, der über uns liegt. Die Musiker stimmen ihre Instrumente. Uns wurden Startnummern zugeteilt. Ich zog die Nummer acht, war also, wie es das Schicksal so will, als Letzter dran. Das ist mir sehr recht. Lieber halte ich die Nervosität aus, kann aber beobachten, wie der Wettbewerb abläuft und wie die Konkurrenten ihre Aufgabe lösen.

Ein älterer Herr ist die Nummer eins. Was heißt älterer Herr? Der ist vielleicht jünger als ich. Wie ich später erfahre, ist er der Vater eines Orchestermitglieds. Seine musikalische Vita kenne ich nicht, die von den anderen auch nicht.

Das Raunen und Räuspern im Opernsaal verstummt. Ich höre:

„Verehrtes Publikum, nun folgt der mit Spannung erwartete Dirigentenwettbewerb. Acht Teilnehmer haben sich der Jury gestellt. Die Jury setzt sich wie folgt zusammen..."

Neugierig beuge ich mich nach vorne, um einen Blick auf die Bühne zu erhaschen. Mein Blick fällt genau auf die Jury, die über dem Orchestergraben sitzt.

„Da ist zunächst der Chefdirigent dieses Hauses, Herr David Stahl."

Herr Stahl erhebt sich und erwidert mit einer leichten Verbeugung den Beifall des Publikums.

„Weiterhin möchte ich vorstellen, den künstlerischen Leiter unseres Balletts, Herrn Alexej Gorganov." Beifall. Verbeugung.

„Neben ihm der künstlerische Direktor des Hauses, Herr Dr. Alwin Neuhäuser." Beifall. Verbeugung.

„Und last but not least unsere charmante Korrepetitorin Carmen Rüger." Auch sie erhebt sich, nickt und lächelt.

„Die Jury verteilt Noten von Eins bis Sechs, wie in der Schule also. Diese Note setzt sich aus drei Einzelnoten zusammen. Erstens der Technik, zweitens der Orchesterführung, drittens der persönlichen Ausstrahlung. Und nun darf ich auf die Bühne bitten die Startnummer Eins, Herrn Werner Petri!" Herr Petri steigt die Stufen empor. Im Zuschauerraum wird es still. Beifall brandet auf.

„Herr Petri dirigiert für Sie den Walzer ‚An der schönen blauen Donau' von Johann Strauß, Sohn."

Wieder beuge ich mich nach vorne. Ich kann nur den Kopf des Dirigenten sehen, dafür aber die ganze Jury und... das darf doch nicht wahr sein... Worauf habe ich mich da nur eingelassen? Darüber wurde ich nicht informiert, ich denke, wir alle nicht. Oder geschah diese Information, als ich nach Schwabing radelte? Auf der größten Leinwand, die ich je gesehen habe, ist per Video der Dirigent von vorne eingeblendet. Ist eigentlich logisch, denn der steht im Orchestergraben.

Die Zuschauer sehen nur seinen Hinterkopf. So sieht man ihn frontal, und er füllt die ganze Leinwand.

Es wird völlig still. Dann flirren die Geigen. Diesen Anfang kennt die ganze Welt. Hörner fügen sich ein. Mir erscheint der Auftakt zu langsam, so richtig... - darf ich das überhaupt sagen (?) - so richtig lahm.

Wir im Keller drängen uns an den Treppenaufgang. Nur der Pianist brütet auf der Kellertreppe über seiner Partitur.

Doch nun, nach etwa einer Minute beginnt der Walzer, schön verschleppt, gut, sehr gut, doch wo der Walzer munter Fahrt aufnehmen soll, verharrt der Dirigent im gleichen trägen Tempo.

Ich weiß nicht, ich habe eine völlig andere Auffassung vom Fluss der „Blauen Donau". Das ist nie und nimmer das Tempo eines Wiener Walzers. Die tanzwütige Wiener Gesellschaft hätte sich damals sicher beschwert. So kann man doch keinen Walzer tanzen. Ich werde die Sache anders angehen. Ich möchte auch die damalige Zeit interpretieren.

Doch dann stecke ich gleich wieder den Kopf zwischen die Schultern. Übermut rächt sich meistens. Aber von diesem Moment an werde ich mutiger. Ganz gleich was kommt, ich werde mit heiterem Elan à la Willi Boskovsky dirigieren, dann überträgt sich mein Feuer auch aufs Orchester, rede ich mir ein. Trotzdem bin ich mir der Gratwanderung zwischen Erfolg und Fiasko bewusst, da ich eben nicht vom Fach bin. Worauf habe ich mich da eingelassen?

Ist es nur meine Einbildung, oder tun sich die Interpreten tatsächlich schwer, das müde Tempo zu halten. Auftrag und Umsetzung stimmen nicht mehr genau überein.

Da bricht Herr Stahl ab. Nicht, weil er das nicht mehr hören kann, sondern weil es abgemacht ist, das relativ lange Stück dann abzubrechen, wenn sich die Wertungsrichter einig sind.

Leider verstehe ich unten im Keller die Beurteilung von Herrn Stahl nur bruchstückhaft.

„Solide... Dynamik... eindeutig zu wenig... Denken Sie in Zukunft daran, dass..."

Dann zieht er eine Tafel mit der Note Drei. Gnädig, denke ich, aber gleichzeitig höre im Voraus Herrn Stahl bei meinem Auftritt urteilen: „Nicht bewertbar." Herr Petri wird noch mal mit einer Drei und zweimal mit der Note Vier beurteilt.

Startnummer drei ist wieder erwähnenswert. Es ist der feine junge Mann. Wie ich später erfahre, ist er wiederum der Sohn eines Violinisten des Orchesters, von der Wiege an mit der Musik aufgewachsen, so schätze ich ihn ein. Er gehört zu den dreien, die den Donauwalzer wählen. Vier Teilnehmer entschieden sich für den Radetzkymarsch und einer – dieser nervöse Pianist – für den Kaiserwalzer. Der sitzt immer noch auf der Kellertreppe. Übrigens beherrsche ich den Kaiserwalzer bis in die feinste Nuance, da ich ihn hunderte Male all die Jahre als Straßenkünstler interpretierte. Aber ich bin ganz bei meinem Radetzkymarsch und denke an den besonderen Effekt, den ich einbauen will. Das steigert aber auch meine Nervosität. Im Saal oben wird es still. Dann wieder dieses Flirren, das mich jedes Mal verzückt. Oh, das Orchester spielt mit viel Kraft und Farbe. Ein anfangs unruhiger Wellengang formt sich zu schwingender Walzer-Harmonie. Wunderschön. Es ist nicht zu glauben, wie unterschiedlich ein und dasselbe Orchester spielen kann. Es spielt, wie wir dirigieren. So informierte man uns zu Anfang.

Bei dem jungen Mann kommen die Wertungsrichter schnell zu einem Ergebnis. Vielleicht bekam er auf Grund seiner Jugend den einen oder anderen Pluspunkt, aber diese Darbietung wirkte sehr überzeugend. Die Noten: Eins, Eins, Eins, Zwei.

Anerkennendes Schulterklopfen, als er erleichtert zu uns in den Keller zurückkehrt.

„Und nun Startnummer vier, Herr..." Ich habe den Namen nicht behalten. Es ist dieser Mann, der mir immer etwas suspekt vorkam.

„Zacklzement, i bi dran, also pack' mer's", sagt er. Der passt überhaupt nicht in einen Orchestergraben.

Soweit ich das über die Leinwand verfolgen kann, steht er einfach mit blödem Gesichtsausdruck vor dem Orchester. Irgendwann fängt das Orchester an – nicht er. Dann nimmt er nachträglich den bereitgelegten Dirigierstab und schlägt damit auf und ab, so gefühllos, wie man es auf dem Oktoberfest erlebt, wenn sich Freiwillige fürs Dirigentenamt melden.

Das Orchester spielt seinen Stiefel herunter und achtet nicht auf seinen Leiter, der den Rhythmus des Radetzkymarschs sowieso nicht halten kann.

„Stooopp", greift Herr Stahl ein. Hier hat sich tatsächlich einer verirrt, der gar nicht weiß, worum es geht. Bei der Bewertung weiß ich nur noch, dass Herr Dr. Neuhäuser die Note Sechs extra hoch hält und dann umdreht. So bekommt der Herr die Note „Neun". Richtig. Wo sind wir denn schließlich.

Die Nummer fünf ist dann unser Pianist. Ein Goliath von Mensch. Er steht schon neben mir. Er wischt sich mit einem riesigen Schweißtuch das ganze Gesicht ab. Dabei sehe ich, dass das weiße Hemd an vielen Stellen völlig durchnässt ist. Meine Nasenflügel vibrieren wie die Nüstern eines wiehernden Pferdes. Ich weiche etwas zurück.

„Und nun mit der Startnummer fünf unser Starpianist aus dem vorigen Konzert, Herr..."

Interessant, als Pianist war er so dynamisch und sicher. Auf seinen „Kaiserwalzer" bin ich gespannt.

Seine Vorführung ist gutes Handwerk. Nach meinem Gefühl fehlen aber die Spannung und der Charme. Aber ich bin ja kein Wertungsrichter. Die Ausführungen der Jury höre ich nicht, sehe aber die Noten Zwei, Drei, Zwei, Drei. Schweren Schrittes keucht er die Treppen herunter. Er scheint sehr enttäuscht. Ich habe diesen Menschen als Pianist völlig anders erlebt, als wäre am Klavier ein anderer Mensch gewesen.

Wir sind nur noch zu dritt im Keller. Von der Präsentation meiner beiden Vorgänger weiß ich gar nichts. Ich gerate unter Hochspannung, versuche mich voll und ganz auf meine Aufgabe zu konzentrieren und blende die negativen Gedanken, was passieren könnte, aus.

Nummer sieben ist schon oben und ich stehe alleine im Kellergang. Auch ich setze mich jetzt auf die Treppe, stütze den Kopf in beide Hände. Was mach' ich da, was mach' ich da... Aber in mir steigt die Gewissheit hoch, auf die Minute genau das Beste geben zu können. Besonders spüre ich in mir die Lust nach musikalischer Entfaltung. Wann „Nummer sieben" zurückkommt, nehme ich nicht wahr. Ich sehe, wie oben ein Bediensteter meine Partitur geöffnet auf das große Leuchtpult legt. Der bereitgelegte Dirigentenstab ist mir viel zu lang. Dann höre ich sehr deutlich: „Und zu guter Letzt präsentiert Ihnen Herr... noch einmal den Rrrradetzkymarsch."

Gut, es gibt viel wichtigere Dinge im Leben als einen solchen Wettbewerb. Aber die nächsten Minuten sollten einige meiner eindrücklichsten in meinem Künstlerleben werden.

Behände springe ich, zwei Stufen auf einmal nehmend, hoch in den Orchestergraben. Mit fliegenden Rockschößen und weit ausgestrecktem Arm, wie ich das als Pantomime tue, steuere ich auf den „Ersten Violinisten" zu. Der erhebt sich, steht senkrecht wie ein Telegrafenmast. Ich reiche ihm die Hand. Mein mehrfaches aufmunterndes Nicken sagt so viel wie „Kopf hoch, Junge, wird schon". Der verdutzte Mann setzt sich.

Im Orchester entdecke ich ein paar wippende Schultern vom unterdrückten Lachen. Im Publikum entsteht heitere Unruhe. Doch als strenger Musikdirektor verbiete ich mir das. Mit reiner Gestik - die geöffnete linke Hand abweisend zum Orchester, die offene rechte Hand mit dem Zeigefinger an den Lippen - sorge ich für Ruhe.

Der Gesichtsausdruck – hängende Augenlider, hochgezogene Augenbrauen, leicht nach rechts gekippter Kopf – ist pure Arroganz, gespielte Arroganz natürlich. Das spürt das Orchester, macht aber hervorragend mit. Das Publikum, es sieht mich auf der Leinwand, raunt und ist dann mucksmäuschenstill. Ich sehe mich noch ganz kurz auf der Riesen-Leinwand. Jetzt ist nur mein Gesicht eingeblendet – etwa zwei mal drei Meter groß.

Mit einem Ruck reiße ich die Arme nach vorne. Die Hände rasten ein. Der Dirigierstab steht still. Das Orchester ist in Hab-Acht-Stellung. Ein kurzer strenger Blick. Meine erste Bewegung mit dem langen Dirigierstab ist ein Peitschenschlag. Als würde ein Feuerschlucker eine Flamme ausstoßen, so entzünden sich die Instrumente. Der erste Ton, gleich im „Forte", sitzt. Er kommt aus dem Nichts. Das Orchester hat schon vor dem ersten Ton verstanden was hier läuft und gibt Vollgas. Die eleganten Armbewegungen der Streicher, ihre wippenden Oberkörper sprechen ihre eigene Sprache. Auch auf das Publikum ist die Flamme übergesprungen, lauter Jubel begleitet schon den Auftakt.

Doch nach drei Takten bricht der Marsch schon wieder ab. Ich erledige das mit einem Hieb aus dem Handgelenk heraus. Im Körper bin ich geduckt. Stille. Sie dauert nur einen halben Takt, ist aber höchst effektvoll. Auch das Publikum ist still.

Nun setzt der Marsch ein – in einem mäßigen Mezzoforte. Wo ist denn eigentlich die Pauke? Sie sitzt nicht dort, wo sie laut Orchesterordnung zu sitzen hat. Ich finde sie rechts hinten neben dem Eingang zum Keller, hinter den Bässen versteckt.

Ich weiß nicht, habt ihr schon einmal das Neujahrskonzert der Wiener Philharmoniker gesehen? Es wird, glaube ich in bald hundert Länder übertragen, im Fernsehen und im Rundfunk. Dann wisst ihr auch, dass der Radetzkymarsch traditionsgemäß den Abschluss bildet. Und, auch traditionsgemäß, ist es dabei üblich, dass das Publikum mitklatscht, was bei einem klassischen Orchester nicht üblich ist, auch wenn es sich hier um leichte Klassik handelt. Das Besondere daran ist aber, dass der Orchesterleiter genau bestimmt, wann und in welcher Lautstärke geklatscht wird. Er dirigiert praktisch Orchester und Publikum. Habt ihr das schon einmal gesehen?

Lydia, Katharina und Heiner melden sich mit einem lauten „Ja." „Selbstverständlich", fügt Heiner noch an.

Und da sind wir bereits bei meinem Einfall. Ich wollte die Szenerie und Stimmung des berühmtesten Konzerts der Welt ins Gärtnerplatztheater übertragen. Eventuell, wohlgemerkt. Ich wollte es auf meinen persönlichen Mut in diesem Augenblick ankommen lassen.

Aber diese Stimmung im Theater gibt mir Mut. Ich drehe mich schon im vierten Takt zum Publikum. Da gibt es nämlich im Original in Wien schon den ersten Publikumseinsatz. In geduckter Haltung, vorsichtig ein Klatschen andeutend, drehe ich mich um. Das Publikum, euphorisch vom ersten Augenblick an, klatscht laut mit. Ich ducke mich noch mehr, bremse mit der offenen linken Hand. Sofort ahmen die Zuhörer meine Körperhaltung und das vorsichtige leise Klatschen nach. Das Orchester hält den Rhythmus, wechselt auf mein Zeichen zu „Forte" und auf mein Zeichen mit der anderen Hand wechselt auch das Publikum zu „Forte". Ich kann es nicht ganz begreifen, mit stolzem Erstaunen, aber auch leichter Verwirrung nehme ich wahr, dass das ganze Theater, vor mir und hinter mir, präzise auf die kleinste Handbewegung, auf jede Mimik reagiert.

Das Orchester ist in voller Fahrt. Mit fröhlichen Gesichtern antworten die Instrumentalisten auf meine weit geöffneten Augen. Inzwischen habe ich, wieder mit einem waagrechten Peitschenhieb des langen Dirigierstabs, das Klatschen gestoppt.

Jetzt folgt ein Andante im Mittelteil, bei dem man sich kaum vorstellen kann, dass darauf jemand marschieren soll. Wie triumphierende Fanfaren halten die Hörner und Posaunen ihren Ton, während die Streicher weitereilen. Natürlich steht meine hoch erhobene linke Hand, damit die Bläser den Ton mit dem ganzen Lungenvolumen halten. Mit dem Vibrieren des Dirigierstabs animiere ich die Streicher zu einem flimmernden Tremolo. Eine anstrengende Stelle für alle. Dann hüpft der Marsch weiter. Fachleute sagten mir verschiedentlich, dass ich hier sehr stark an Leonard Bernstein erinnere. Mag sein, er gehört auch zu meinen Vorbildern.

Der Mittelteil leitet wieder über in den Anfangssatz. Nach den ersten drei Takten folgt wieder diese kurze Pause.

Wumm!, haut der Paukist, ohne dass es in der Partitur steht, in die Pauke. Das war ein Donner! Mitten in der Pause! Das hebt einen vom Sitz.

Ich strecke ihm den erhobenen Daumen entgegen. Stark! Wir lachen beide. Das Publikum steht schon längst. Jetzt geht's wieder mit dem Klatschen los. Ich dirigiere nochmals den ersten Satz - Orchester und Publikum -, um am Ende mit drei Schwerthieben den Marsch zu beenden. Totenstille in der Oper. Dann erst bricht der Jubel los.

Ich gratuliere wieder per Handschlag dem „Ersten Geiger" für seine Leistung. In den drei Minuten bin ich bei aller Anstrengung nicht ins Schwitzen gekommen, aber, wie es alle großen Dirigenten tun, tupfe ich mir mit einem riesigen Schweißtuch das Gesicht trocken. Ich genieße den stürmischen Applaus des Publikums, den Jubel und das Trommeln. Es wird dann aber still, als sich der musikalische Direktor des Hauses, Herr David Stahl, würdevoll erhebt.

Wie das Publikum reagiert und wie eine Jury entscheidet, die nach strengen Kriterien zu werten hat, ist ein himmelweiter Unterschied. Im Saal gibt es nicht mehr das geringste Geräusch. Herr Stahl sagt nichts. Sein Blick schweift langsam durchs Opernhaus, über die Köpfe der Menschen hinweg, dann hinauf in die Ränge. Er sagt nichts. Ich fühle, die Stimmung schlägt um.

„So etwas hat das Haus noch nie erlebt“, beginnt er. Dann schweigt er wieder. Oh je, jetzt gibt’s nicht nur eine Sechs, sondern dazu noch eine Moralpredigt. Hab’ ich’s mir doch gleich gedacht. Aber ich habe mir zu Anfang geschworen, so etwas hältst du aus.

„Haben wir den Komiker Loriot als Dirigenten?“ Pause. Oh ja, „Thema verfehlt“, sage ich zu mir selbst.

„Zur Technik. Unser Kandidat hat die Bedeutung der Vertikalen und Horizontalen hervorragend demonstriert. Die Präzision seiner Einsätze ist beeindruckend. Führungshand und Spielhand korrelieren hervorragend.“

Mir ist noch nicht ganz klar, ob Herr Stahl flunkert, um seine vernichtende Kritik noch effektvoller zu servieren.

„Die Orchesterführung aber, das haben Sie alle erlebt, liebes Publikum, die Orchesterführung war brillant. Ich wünschte mir, das Orchester spielt in Zukunft immer mit diesem Elan.“ Publikum und Orchester lachen.

„Die persönliche Ausstrahlung, diese Sicherheit (wenn der wüsste), diese Kraft, all das stelle ich auf die höchste Stufe.“

Irgendwann muss doch noch der Knall kommen!

„Deshalb gebe ich dem Kandidaten die Note...“ Er macht eine Kunstpause, auch kramt er lange in dem Kasten mit den Notentafeln herum. Oh je, er zieht zwei Tafeln hervor. Es sind die Eins und die Zwei. Habe ich es mir doch gedacht. Note Zwölf!

„Ich gebe diesem Auftritt von Nummer acht die Note, die Note...“, dann stellt er die beiden Tafeln übereinander, „die Note ‚Einhalb‘!“

Das Publikum steht Kopf. Natürlich handelt es sich hier um den „Tag der offenen Tür“, natürlich ist die Wertung nicht ganz ernst zu nehmen, aber ein fairer Wettbewerb soll es schon sein und kein Klamauk. Ich fühle mich sehr geehrt.

Der Ballettmeister fasst präzise zusammen und gibt mir auf alle drei Bewertungskriterien glatt die Note Eins, also Gesamtnote Einskommanull.

Die anderen beiden Wertungsrichter stecken die Köpfe zusammen. Carmen Rüger ergreift mit nicht gerade heiterer Miene für beide das Wort: „Ja, Herr ‚Loriot‘, ich weiß noch nicht recht, was ich sagen soll. Was bezweckten Sie mit dem Dirigieren des Publikums?“

„Beim Neujahrskonzert der Wiener Philharmoniker ist es längst üblich, beim Radetzkymarsch das klatschende Publikum ebenfalls zu dirigieren. Das imitierte ich."

„Aha." Es klang so, als hätte Frau Rüger in diesem Moment etwas Neues erfahren.

„Für mich ist das zwar schon Note Eins. Man kann für die pantomimische Übersteigerung gar Zusatzpunkte geben. Aber ich entscheide mich für die Note Zwei, weil es Pantomime ist. Sie haben so viel Selbstbewusstsein, dass Sie das schon packen." (Selbstbewusstsein. Wenn die wüsste, wie nervös und unsicher ich war), dann hebt sie die Tafel mit der „Zwei" hoch.

Herr Dr. Neuhäuser sagt nur, dass er sich der Meinung von Frau Rüger anschließe und hebt ebenfalls die Note Zwei.

Für mich war natürlich auch die Note Zwei hervorragend. Jetzt hätte ich um ein Haar, mit einem halben Punkt hinter dem Sieger, einen Dirigentenwettbewerb gewonnen. Unglaublich. Für mich war das sensationell. Einen Quereinsteiger aus dem Fach Pantomime kann man nicht allen Ernstes bei einem Dirigentenwettbewerb gewinnen lassen. Das werden gerechtigkeitshalber auch Frau Rüger und Herr Neuhäuser besprochen haben.

Ein Zertifikat gab es nicht. Es war eine rein professionelle Überprüfung der eigenen Dirigierkunst. Ich als Pantomime zehre heute noch von dieser Bewertung, denn sie bestätigt mir, dass meine Dirigiernummer, die ich auf der Bühne aufführe, nicht nur als Humoreske, sondern auch als Musikinterpretation hohes Niveau hat. Auch wenn meine Straßenkunst noch lange weiterlebte, parallel dazu arbeitete ich schon an der wahren Pantomime.

Als ich den Koffer in Kempten endgültig zuklappte, war ich auch schon fertiger Bühnenkünstler.

Und nun ihr Lieben, verabschiede ich mich als „Mimo".

*

Fünfzehn Menschen verabschieden sich herzlich von Kathrin und Philipp und bedanken sich für die „vorzügliche Bewirtung und die einfühlsame Betreuung". So jedenfalls drückt sich Hilde aus, während sie dem „sympathischen Ehepaar" eine Flasche Wein, „Stuttgarter Remstaler" und einen Bildband „Ein Spaziergang durch Stuttgart" überreicht.

Dann verabschieden sich alle persönlich von Mimo. Jeder auf seine Art, die meisten mit einer Umarmung. Hilde zieht es vor, nach einem flüchtigen Kuss auf Mimos Wange, eine stille Träne zu vergießen. Am Schluss stehen nur noch Herbert und Michael voreinander. Sie halten sich wie zu Anfang gegenseitig an den Schultern, schauen sich lange an und sagen nichts. Ein kurzes Senken der Augenlider sagt so viel.

Dann setzen sich beide in ihr Auto, rollen auf dem Rücken des Ofterschwanger Horns entlang, dem Grünten entgegen.

Ende

Nachwort

Ich habe ein Buch geschrieben. Meine Frau unterstützt mich durch ihre Mitfreude und ihr Mitdenken, vor allem auch bei meinen Bühnenschöpfungen. Gleiches mache ich bei ihrer Kunst. Damit hoffe ich, sofern ich gesund bleibe, noch viele Menschen erfreuen zu können.

Mein Dank gilt auch dem Bauer-Verlag, Thalhofen, der sich mit allen MitarbeiterInnen in sehr professioneller und persönlicher Weise für mich engagierte. Danke an die Lektorin Frau Kristina Rundt für ihre einfühlsame Zusammenarbeit.

Mein lieber Freund Shynja Murajama, übrigens ein exzellenter Pantomime, hat mir die Texte auf Seite 150 ins Japanische übersetzt. Hier in deutscher Übersetzung:

Oh, mitegoran. Nante subarashiinda!
„Oh, schaut her, das ist ja wunderbar!"

Oh, kareha ugoiteiru.
„Oh, er bewegt sich."

Hahahahaha!
„Hahahahaha!"

Sayounara
„Auf Wiedersehen"

Übersetzung des italienischen Textes auf Seite 95:

Die Mimen gehören inzwischen schon zum Corso. Nachdem Groß und Klein schon bei verschiedenen Gelegenheiten mit Komischen Pantomimen ihr Vergnügen hatte, gab es diesmal ein religiöses Thema: DIE MADONNA. In einem wunderschönen Kostüm präsentierte der Mime eine szenische Handlung, die er mit Geschick und Stil interpretierte.

Die Straßenkunst ist Vergangenheit. Sie war mir aber eine hervorragende Lehrzeit für meine jetzige Tätigkeit. Auf der Bühne spiele ich nunmehr als Komödiant und Pantomime viele Rollen, komische, tragische, in der auch die Musik nicht zu kurz kommt. Die professionelle Grundlage hierfür ist natürlich meine lebenslange Tätigkeit im Bereich Sport. Namhafte Lehrer im Fach Pantomime aus dem In- und Ausland gaben mir dann den Schliff.

Auf meiner Homepage (www.il-mimo.de)

erfahren Sie mehr von mir (Bilder, Filme, Kommentare, Presse),
auch die Orte meiner Auftritte.
Vielleicht ist einer auch einmal in Ihrer Nähe.

Wolfgang Fendt